U0524047

裁 判 精 要 与 规 则 适 用 丛 书

房屋拆迁、土地纠纷裁判精要与规则适用

人民法院出版社
《法律家》实践教学编委会　编

FANGWU CHAIQIAN TUDI JIUFEN
CAIPAN JINGYAO YU GUIZE SHIYONG

人民法院出版社

图书在版编目（CIP）数据

房屋拆迁、土地纠纷裁判精要与规则适用 / 人民法院出版社，《法律家》实践教学编委会编. -- 北京：人民法院出版社，2023.12
（裁判精要与规则适用丛书）
ISBN 978-7-5109-3999-0

Ⅰ．①房… Ⅱ．①人… ②法… Ⅲ．①房屋拆迁—民事纠纷—审判—规范—中国②土地—民事纠纷—审判—规范—中国 Ⅳ．①D922.181②D922.3

中国国家版本馆CIP数据核字(2023)第253552号

房屋拆迁、土地纠纷裁判精要与规则适用
人民法院出版社、《法律家》实践教学编委会　编

策划编辑	李安尼　**责任编辑**　刘晓宁
封面设计	尹苗苗
出版发行	人民法院出版社
地　　址	北京市东城区东交民巷 27 号（100745）
电　　话	（010）67550572（责任编辑）　67550558（发行部查询） 　　　　　65223677（读者服务部）
客服 QQ	2092078039
网　　址	http://www.courtbook.com.cn
E-mail	courtpress@sohu.com
印　　刷	三河市国英印务有限公司
经　　销	新华书店
开　　本	787 毫米 ×1092 毫米　1/16
字　　数	345 千字
印　　张	19.25
版　　次	2023 年 12 月第 1 版　2023 年 12 月第 1 次印刷
书　　号	ISBN 978-7-5109-3999-0
定　　价	68.00 元

版权所有　侵权必究

《房屋拆迁、土地纠纷裁判精要与规则适用》编辑委员会

主　编：李　莹

副主编：陈洪友　胡金国　王松涛　房树仁
　　　　李华勇

编　委：程浩峰　谢　洁　李　爽　李明月
　　　　代展鹏　王梓伊　高庆双　吕文丽
　　　　韩晞宇　陈　磊　王如意　宋卓琳
　　　　钱　诚　赵　娇　王先武　张亚娟
　　　　李唯正　杜德斌　曲焕成　赵　哲
　　　　陈诗萱　孙靖婷

前　言

最高人民法院一向重视案例在司法审判中的作用，二十世纪五六十年代开始，就有通过编选案例来总结审判工作经验、指导审判工作的习惯。自1985年起，最高人民法院编辑的《最高人民法院公报》定期公开出版发行，并在《最高人民法院公报》中发布典型案例，登载该案例的裁判摘要或裁判要点。2010年最高人民法院发布《关于案例指导工作的规定》，建立了在司法审判中"类案参照适用"的规则与制度。同时，最高人民法院规定了作为"类案"标准的"指导性案例"的来源、甄选、审查、发布的规则。到目前为止，最高人民法院已经发布一定数量的指导性案例。这些案例对统一法律适用、提高审判质量、维护司法公正起到了相当大的作用。

此时应当看到，最高人民法院对推出指导性案例较为慎重，而司法实践中对指导性案例的需求量又很大，现有指导性案例尚不能完全满足司法实践对指导性案例的需求。因此，就需要有其他具有一定权威性和规范性的典型案例在司法审判工作中类比参考适用。基于上述情况，人民法院出版社与《法律家》实践教学编委会共同推出了《裁判精要与规则适用》丛书。本丛书从最近几年《最高人民法院公报》中发布的案例和最高人民法院各审判庭选择公布的案例中精选部分对我国司法审判工作具有一定指导与示范作用的典型案例，提炼出体现认定事实和适用法律裁量标准范式的"裁判要旨"，在法理上深入论述，并着重指出参考适用的要点。

本丛书为开放式丛书，本次编纂拟推出4册，分别为《买卖合同纠纷裁判精要与规则适用》《民间借贷纠纷裁判精要与规则适用》《侵权责任纠纷裁判精要与规则适用》《房屋拆迁、土地纠纷裁判精要与规则适用》。每一分册在体例上均包含案例来源、基本案情、判决主文、裁判要旨、重点提示五部分。

本丛书具有以下显著特色：

1.案例权威，内容丰富。本丛书选取的案例主要来自最高人民法院、最高人民检察院发布的指导性案例、典型案例，最高人民法院公报案例，民事审判指导与参考案例，人民法院案例选案例，人民司法案例，人民法院报案例等，并依托案例大数据资源，对民事审判实践中较常见的争议点进行归纳总结，抓住案件认定事实和适用法律的关键点，并对民事审判实践中适用案例时要注意的问题做了重点提示。

2. 实用方便，指导实践。本丛书对选取的案例逐个进行梳理，通过对案例基本案情、判决主文、裁判要旨的提炼，法律修订前后的对比，编辑出契合司法审判中常见问题的裁判规则，对解决类似问题具有一定的参考作用。

本册为《房屋拆迁、土地纠纷裁判精要与规则适用》，依据《民法典》及最高人民法院最新司法解释进行编写，并包含最新典型案例，以期为读者提供丰富的法律适用借鉴。

最后，要着重强调，正是由于本丛书所选取案例的裁判法官们具有深厚的学术造诣、严谨的执法态度以及在司法实践中积极探索的精神，才使本丛书中的案例能够成为司法实践中具有指导参考作用的案例，成为中国法学理论界、法律实务界和社会各界学习、研究、适用法律的重要参考，在此特别表示感谢。

人民法院出版社
《法律家》实践教学编委会
二〇二三年十二月二十五日

目 录

第一章　房屋拆迁管理

一、拆迁管理……………………………………………………………（1）
1. 以危房拆除为名规避房屋征收程序的认定及处理……………（1）
2. 代履行制度在违法建筑强制拆除中的适用……………………（3）
3. 行政机关代履行权利的行使与审查……………………………（5）
4. 受托拆迁公司误拆房屋时行政机关的责任认定………………（8）
5. 撤销拆迁行政许可行为损害社会公共利益时的处理…………（10）
6. 房管部门是否有权对集体土地征收中的房屋作出拆迁补偿裁决……（13）

二、强制拆迁……………………………………………………………（16）
1. 生活水平不降低原则在集体土地上房屋拆迁赔偿中的适用…（16）
2. 农村违法建筑可保护利益的认定………………………………（18）
3. 强制拆迁赔偿诉讼中过错责任原则的适用……………………（21）
4. 违法强制拆迁中赔偿责任及赔偿数额的认定…………………（23）
5. 未申请强制执行即强拆房屋行为的合法性认定………………（27）
6. 房屋强拆案件中适格被告和赔偿数额的认定…………………（29）
7. 仅凭责令改正通知书实施的强拆行为合法性的认定…………（32）
8. 已被征收农村房屋被非法强拆的损害赔偿范围的认定………（35）
9. 无法确定违法拆除损失时赔偿数额的认定……………………（37）

第二章　房屋拆迁安置补偿

一、拆迁补偿安置………………………………………………………（40）
1. 违法征收案件中行政补偿和行政赔偿的竞合…………………（40）
2. 集体土地上经营性房屋征收中承租人合法权益的保护………（42）
3. 外嫁女是否享受村民安置补偿待遇……………………………（44）

4. 行政补偿案件适用变更判决的条件……………………………………（47）
　　5. 房屋征收过程中公共利益与个人利益平衡问题………………………（50）
　　6. 被征收人不配合房屋价值评估时行政机关作出的
　　　 房屋征收补偿决定的合法性认定…………………………………（53）
　　7. 违法评估报告对征收补偿决定效力认定的影响…………………………（57）
　　8. 户口被征收机关冻结后因结婚或出生入户的人口是否属于安置人口……（59）
　　9. 房屋征收补偿决定的送达及效力认定…………………………………（62）
　　10. 国有土地上房屋被纳入征收拆迁范围是否必然不予登记……………（64）
　　11. 无法实行产权调换时征收补偿款支付标准的认定……………………（66）
二、拆迁安置补偿协议……………………………………………………………（69）
　　1. 在行政协议履行之诉中能否一并审查行政机关的解除行为……………（69）
　　2. 行政机关撤销行政协议的合法性审查…………………………………（71）
　　3. 对拆迁安置补偿协议内容存在争议的处理……………………………（74）
　　4. 安置补偿协议合约性与合法性冲突时的处理…………………………（76）
　　5. 对安置协议格式条款争议的处理………………………………………（78）
　　6. 补偿协议未达成一致时行政机关的拆除行为是否合法………………（81）
　　7. 拆迁安置补偿协议的权利义务确定……………………………………（83）
　　8. 无权处分的行政协议的效力判定………………………………………（86）
　　9. 安置补偿协议中合同相对性原则的突破………………………………（89）
　　10. 房屋被征收前所有权人死亡的被征收人资格如何认定………………（91）
　　11. 乡政府与村民签订集体土地上房屋补偿安置协议的效力……………（93）
　　12. 房屋征收补偿协议内容不合法的处理…………………………………（96）
　　13. 补偿安置协议中不当联结情形的认定…………………………………（98）
　　14. 在行政诉讼中对基础民事法律关系的确认…………………………（100）

第三章　土地登记与权属纠纷

　　1. 相邻人与集体土地确权登记的利害关系……………………………（103）
　　2. 仅取得土地代用证的土地使用权转让合同是否有效…………………（105）
　　3. 土地管理部门不履行公告创设的义务时相对人的救济途径…………（108）
　　4. 存在第三人时行政机关举证时限的适用………………………………（112）
　　5. 不动产物权登记簿中可否加注限制内容………………………………（115）

6. 土地部门未对土地登记资料公开的法律后果……………………（117）
7. 提交建设用地规划许可证是否属于土地登记前置条件…………（120）
8. 土地管理部门对土地用途登记作出的行政解释的效力认定………（123）
9. 土地管理部门为行政相对人颁发土地使用权证的效力认定………（126）
10. 同宗土地连续变更登记案件的起诉与受理………………………（129）
11. 善意受让人取得的土地使用权证是否应当撤销…………………（131）

第四章 建设用地使用权

1. 合同义务能否成为附解除条件合同的失效条件……………………（135）
2. 丧失强制执行力的给付之诉判决能否对抗强制执行………………（137）
3. 国有土地使用权出让合同中土地交付期限的认定…………………（140）
4. 建设用地转让合同中合同义务转移的认定…………………………（143）
5. 合同相对性原则在建设用地使用权转让合同中的适用……………（147）

第五章 宅基地使用权

申请程序有瑕疵的行政许可补正后的合法性认定………………………（152）

第六章 土地使用权出让转让

一、土地使用权出让………………………………………………………（155）
1. 因法律法规及政策出台导致合同目的不能实现的合同解除问题……（155）
2. 违约金补偿性功能与惩罚性功能的区别与适用……………………（158）
3. 国有土地使用权出让合同纠纷的属性认定及救济途径……………（161）
4. 政府未能履行国有土地使用权出让合同的责任承担问题…………（164）
5. 民行交叉下"毛地"转让合同的性质及效力…………………………（166）
6. 前置行政行为对后续订立国有土地使用权出让合同的影响………（170）
7. 出让土地不符合"净地"要求是否构成违约…………………………（172）
8. 政府机关不履行土地使用权出让合同应承担的责任………………（174）
9. 收回国有土地使用权行政处理决定的合法性认定…………………（176）
10. 行政机关内部行政行为外部化的认定………………………………（180）
11. 受让人与原使用权人约定的交地义务对出让合同性质认定的影响……（182）

二、土地使用权转让 …………………………………………………（186）
土地使用权转让未经人民政府批准的效力认定 ………………（186）

三、土地使用权的其他纠纷 …………………………………………（189）
1. 未就土地使用权抵押合同办理抵押登记的责任性质及承担 ……（189）
2. 土地被征用后原土地使用权人出让土地的效力认定 ……………（192）
3. 国有土地使用权收回的程序条件 …………………………………（194）

第七章　农村土地承包经营权

一、承包合同纠纷 ……………………………………………………（197）
1. 村委会将林地发包给非本集体经济组织成员的合同效力问题 …（197）
2. 包含互换土地经营内容的连环房屋买卖合同的效力认定 ………（200）
3. 土地上已种植经济作物的土地互换合同的解除 …………………（202）

二、经营权登记与流转纠纷 …………………………………………（205）
家庭新增成员是否有权分配土地流转收益 ……………………（205）

第八章　土地征收征用

1. 征收补偿协议未约定分期支付补偿款时逾期支付的认定 ………（208）
2. 无权代理人与行政机关签订的行政协议的效力问题 ……………（210）
3. 征收集体土地上"住改非"房屋时补偿金额的确定 ………………（212）
4. 行政机关的补偿安置职责能否因基层单位的强拆行为免除 ……（215）
5. 土地征收案件中行政赔偿数额的认定 ……………………………（218）
6. 关于国有土地使用权的收回及补偿问题 …………………………（220）
7. 农村集体土地补偿费的执行 ………………………………………（223）
8. 征收土地地上物补偿纠纷与侵权纠纷的区别 ……………………（226）
9. 行政复议中对补正材料存在争议能否视为申请人放弃复议申请 ……（230）

第九章　审理程序

一、诉与诉权 …………………………………………………………（234）
1. 城镇总体规划可诉性的认定 ………………………………………（234）
2. 履行行政协议诉求客观上不能实现时的处理 ……………………（237）
3. "一行为一诉"原则的适用 …………………………………………（239）

4. 预签征收补偿协议引发争议的处理……………………………（242）
　　5. 土地行政管理部门不履行征地协议时相对人的救济途径…………（244）
　　6. 拍卖国有土地使用权并与竞得人签署成交确认书的行为是否可诉……（246）
　　7. 房屋被强拆后调解书确定的所有权人能否就强拆行为提起诉讼……（250）
　　8. 债权人能否就登记机构为债务人办理的土地变更登记提起诉讼……（252）
二、诉讼当事人……………………………………………………………（255）
　　1. 第三人撤销之诉中第三人主体资格的认定……………………（255）
　　2. 行政机关负责人在行政诉讼中的职责认定……………………（258）
　　3. 有共同被告的行政案件出庭应诉人的确定……………………（260）
　　4. 土地出让合同解除诉讼中必要当事人的认定……………………（262）
三、立案管辖………………………………………………………………（265）
　　1. 行政行为与行政赔偿请求的处理可分时如何审理和裁判…………（265）
　　2. 人民法院民事诉讼受案范围的判定……………………………（267）
四、举证责任………………………………………………………………（271）
　　1. 公房承租人的举证责任及信赖利益保护………………………（271）
　　2. 行政赔偿案件中行政机关可否在二审期间提供新证据…………（274）
　　3. 土地行政登记诉讼中起诉期限的认定依据及举证责任的探究……（276）
五、诉讼时效………………………………………………………………（278）
　　1. 建设用地规划许可诉讼的原告资格和最长起诉期限的认定………（278）
　　2. 普遍登记背景下相对人对登记行为起诉期限的计算………………（281）
六、审理裁判………………………………………………………………（283）
　　房屋征收案件中仅补偿决定不合理时能否单独撤销…………………（283）

附录　房屋拆迁、土地纠纷相关规定………………………………（286）

第一章　房屋拆迁管理

一、拆迁管理

1. 以危房拆除为名规避房屋征收程序的认定及处理

【案例】王××诉长沙市天心区住房和城乡建设局房屋拆迁行政裁决案

案例来源

发布单位：最高人民法院中国应用法学研究所《人民法院案例选》2022年第2辑（总第168辑）

审判法院：湖南省长沙市中级人民法院

判决日期：2021年6月24日

案　　号：（2021）湘01行终287号

基本案情

天心区×××路×号第×栋×号房屋为王××所有。长沙市天心区人民政府于2020年6月24日发布天政征（2020）4号《房屋征收决定》，涉案房屋位于征收范围内。2020年12月15日，长沙市天心区×××街道办事处向王××送达通知，告知涉案房屋存在安全隐患，要求其加强对房屋的检测，保障人身财产安全。2020年12月28日，天心区住建局委托××省建设工程质量检测有限责任公司对案涉房屋主体结构进行房屋安全性检测鉴定。2021年1月4日，××省建设工程质量检测有限责任公司出具《天心区×××路×号第×栋房屋安全鉴定报告》，综合评定该房屋危险性等级为D级，即该房屋承重结构已不能满足安全使用要求，房屋整体处于危险状态，构成整幢危房，建议拆除。

2021年1月7日，天心区住建局作出《危房拆除告知书》，并于2021年

1月14日向王××送达,告知王××案涉房屋被综合评定为D级危险房屋,存在严重安全隐患,要求王××在收到告知5日之内停止使用并自行拆除危房,逾期仍未履行义务的,该局将委托无利害关系的第三人代为实施拆除。2021年1月22日,天心区住建局以紧急避险为由作出案涉《危房拆除决定书》,要求王××于5日内腾空并拆除涉案房屋,该决定书于1月27日向王××送达。2021年2月8日,长沙市天心区人民政府对王××作出天政征补〔2021〕3号《房屋征收补偿决定》。2021年4月2日,案涉房屋被拆除。

王××以天心区住建局强制拆除房屋严重违法为由提起诉讼,请求依法撤销该《危房拆除决定书》。

一审判决后,天心区住建局不服,提起上诉。

判决主文

一审判决判决:确认被告天心区住建局作出案涉《危房拆除决定书》的行为违法。

二审法院判决:驳回上诉,维持原判。

裁判要旨

被纳入征收范围的房屋系危房,如确实有紧急拆除的必要性,可以启动危房认定和拆除程序。行政机关为推进拆迁进程、降低拆迁征收成本,启动危房认定和拆除程序,应当认定违法。相对人已经对房屋补偿问题产生合理预期,即使依照危房管理程序,也应当对相对人予以补偿。

重点提示

危房处置相关立法规定的目的在于消除住宅安全隐患,保障居民的人身以及财产安全,行政机关拆除危房既要符合法律规定,也要符合立法目的,危房处置程序运用不当,会侵犯相对人的合法权益。在司法实践中,对于行政机关以危房拆除为名规避房屋征收程序的行为而引发的争议,应当注意以下两点:(1)危房认定程序。《城市危险房屋管理规定》中规定了危房认定的主管部门以及认定程序,县级以上地方人民政府房地产行政主管部门应当按照危房管理的具体规定实施危房鉴定程序,并予以治理。该规定中还同时规定了鉴定的程序、鉴定单位及人员的资质、鉴定文书的出具以及危房鉴定后的法律责任等内容。由此可知，危房鉴定需要经过非常严密谨慎的流程，而对此作出严格规定的目的之一也是保障房屋所有人的合法权益不受侵害，而在危房认定的过程中还应当充分保障行政相对人的救济权利。若未能按照法定程序进行危房鉴定工作的，应当认定其构成程序违法。（2）以危房处置名义行房屋拆迁之实，所作出的《危房拆除决定书》违法。房屋被纳入征收范围后，应当按照国有土地征收补偿程序进行征收，若被征收房屋系危房，也应当依照《城市危险房屋管理规定》中所规定的程序对危房进行管理，并且危房管理不能任意成为征收补偿程序的代替程序。若行政机关仅为加快拆迁进程，规避征收程序，而在未与相对人签订征收补偿协议的情况下作出《危房拆除决定书》，应当认定执法目的不当，构成程序滥用。人民法院应当依法撤销决定书，但若房屋已被拆除，不具有可撤销内容，也应当通过判决确认行政机关所作出的决定书违法。

2. 代履行制度在违法建筑强制拆除中的适用

【案例】邓××诉江苏省××市城市管理局房屋拆迁行政强制案

案例来源

发布单位：最高人民法院《人民司法·案例》2022年第26期（总第973期）
审判法院：江苏省南通市中级人民法院
判决日期：2021年4月28日
案　　号：（2021）苏06行终124号

基本案情

2011年，邓××未经规划审批在××市××镇河南中路团结闸南侧搭建彩钢棚结构售货亭一座，用于古玩、工艺品销售。售货亭位于城镇规划区范围内，建筑面积为13平方米。2020年4月22日，××市城市管理局对邓××作出限期拆除违法建设决定书，认为邓××未取得建设规划许可审批擅自搭建售货亭，责令邓××在4月24日17时前自行拆除违法建设。

2020年4月25日，××市城市管理局对邓××作出代为拆除违法建设催告书，告知邓××逾期不拆除售货亭且无正当理由的，将代为拆除或委托第三人代为拆除，所需费用由邓××承担。4月29日，××市城市管理局对邓××作出代为拆除违法建设决定书，决定自4月30日起委托有关单位代为履行拆除义务，要求邓××在代为拆除前将售货亭清空，代履行费用由邓××承担。5月8日，××市城市管理局再次催告邓××将实施代履行。7月30日，××市城市管理局组织人员拆除售货亭，拆除前将售货亭内的物品搬出，并由公证机关进行证据保全。

邓××以××市城市管理局强制拆除其售货亭的行为侵犯其合法权益为由，提起诉讼，请求确认××市城市管理局强制拆除售货亭的行为违法，责令恢复原状。

一审判决后，邓××不服，提起上诉。

判决主文

一审法院判决：确认被告××市城市管理局强制拆除原告邓××位于××市××镇河南中路团结闸南侧亭棚的行为违法；驳回原告邓××要求恢复原状的诉讼请求。

二审法院判决：驳回上诉，维持原判。

裁判要旨

根据《行政强制法》第50条的规定，适用代履行的范围包括交通安全、环境污染防治和自然资源保护行政管理领域。对违法建设的建筑物、构筑物和设施等实施强制拆除，应当依照《行政强制法》第44条规定的有关程序进行，行政机关以代履行方式实施违法建筑拆除的，人民法院不予支持。

重点提示

行政机关在拆除违法建筑时应当遵循相应法定程序，实践中行政机关能否通过代履行的方式对违法建筑进行强制拆除存在争议，法院审理此类案件时，应当注意以下三点：（1）强制拆除违法建筑应当遵循法定程序。在我国现行的行政法律体系中，违章建筑的拆除程序如下：行政机关调查确认建筑物违章，作出责令停止违法行为通知书；当搭建人拒不拆除违章建筑，拆迁人应当向房屋拆迁管理部门提出申请；由市政府作出期限拆除决定书并进行送达；制定强制执行措施；张贴强制拆除公告；实施强制拆除。（2）代履行的作用和适用范围。在行政强制履行中，代履行无须相对人自己履行义务，而是由行政机关委托他人代为履行，相对人原本的作为义务转化为金钱给付义务，同时行政机关避免强制执法方式，使得两者之间有所缓和。但由于行政强制本身对行政相对人的权益有一定减损，且代履行是行政机关强加给当事人接受的后果，当事人还要为此承担费用，代履行仍具备一定程度的强制性，应当遵循法律的严格规范和约束，体现职权法定要求。《行政强制法》第50条、第51条、第52条对代履行的基本构成、实施程序以及特殊适用进行了规定。且结合《行政强制法》第5条规定，实施代履行须遵循必要性原则，即运用其他手段难以确保该义务的履行。根据职权法定原则和法律保留原则，对于不属于代履行范围的，不应当进行适用。根据上述法律规定来看，代履行的范围限于"要求当事人履行排除妨碍、恢复原状等义务"，该部分义务属于行政相对人的作为义务和可代替义务。即使有特殊规定，也仅限于"交通安全、环境污染防治和自然资源保护"的范围之内，超过此范围的，仍然不适用代履行制度。(3) 拆除违法建筑是否适用代履行问题。该问题的争议关键在于，违法建筑物、构筑物、设施占用土地等自然资源的情形是否属于自然资源保护的范围。从法律规定上看，《行政强制法》第44条对强制拆除违法建筑物、构筑物和设施进行了特别规定，因此拆除违法建筑应当适用第44条，而非代履行程序。从强制拆除这一行政行为的特点上看，房屋建筑对相对人有明显重要价值，且拆除行为是不可逆的，房屋一旦被拆除，极有可能对当事人产生不利影响。因此，在程序上应当比一般行政行为更为严格，以保障强制行为本身的合法性。综上所述，拆除违法建筑这一行政行为不适用代履行制度。

3. 行政机关代履行权利的行使与审查

【案例】张×兵诉江苏省××县自然资源和规划局等房屋拆迁行政强制案

案例来源

发布单位：最高人民法院《人民司法·案例》2021年第35期（总第938期）

审判法院：江苏省高级人民法院

案　　号：（2021）苏行终541号

基本案情

2015年12月，江苏××控股集团有限公司（以下简称控股公司）取得了射国用（2015）第00813号国有土地使用权证（以下简称813号土地证），并以此取得东××地区约 69 643.56 亩滩涂的使用权,其中 4425.9 亩滩涂实际属于海域范围。张×兵几经转手承租了 813 号土地证范围内的 155 亩滩涂用于渔业养殖。后××县不动产登记局注销了 813 号土地证,未就 4425.9 亩海域换发海域使用权证。

2019 年 8 月,江苏省××县自然资源和规划局(以下简称自然资源和规划局)发现控股公司仍在无海域使用权证的海域从事渔业养殖。当月,自然资源和规划局要求控股公司立即停止违法占用海域实施水产养殖的行为,拆除用海设施和建筑物,随后又告知案涉海域范围内的养殖户立即停止水产养殖、经营活动。在收到通知书后控股公司未自行拆除用海设施和建筑物,故自然资源和规划局于 2019 年 12 月作出代履行决定书、行政强制执行决定书,并于 2020 年 4 月,委托有关单位对 4425.9 亩海域范围内的用海设施和建筑物执行强制拆除。

张×兵以自然资源和规划局强拆设施与建筑物侵害了其合法权益为由,提起诉讼,请求判令确认自然资源和规划局强制拆除张×兵滩涂鱼塘的设施及建筑物的行政行为违法。

自然资源和规划局辩称:控股公司不具有案涉 4425.9 亩海域的使用权,遂拆除用海设施和建筑物,行为合法。因控股公司怠于履行,故自然资源和规划局根据相关规定委托有关单位代为拆除,行为合法。

一审判决后,张×兵不服,提起上诉。

判决主文

一审法院判决:驳回原告张×兵的诉讼请求。
二审法院判决:驳回上诉,维持原判。

裁判要旨

行政机关发现当事人存在违法占用等行为后要求当事人停止侵害,经过催告当事人仍不履行且已经造成严重后果的,行政机关为了尽快排除妨碍、消除危害、恢复原状,可以代履行,或者委托无利害关系的第三人代履行。当事人认为上述行政机关代履行行为侵害其合法权益并提起行政诉讼的,对于人民法院的审查范围,其应当从当事人是否存在违法行为、行政机关作出代履行的程序并委托第三人代履行的行为是否合法、代履行的范围以及行政机关是否超范围执行三方面来进行审查。

重点提示

代履行是间接强制执行的一种，其是指义务人不履行行政义务，为达到排除障碍、强制拆除等最终目的，由行政机关自己代为履行或者委托第三人代为履行的一种强制执行制度。在司法实践中，对于行政机关代履行权利的行使与审查的问题，应当注意以下三点：（1）行政机关代履行权的行使与注意事项。为了能够在保障当事人权利的同时兼顾行政管理效率，我国在《行政强制法》中明确规定了行政机关的代履行权力，当事人拒绝履行作为义务时，由行政机关代履行或委托无法律关系的第三人代履行。以此维护当事人的合法权益并保证行政机关依法履行其职责，排除妨碍、消除危害。但行政机关代履行时也应注意以下几点：①行政机关代履行权的行使是由《行政强制法》规定的一项强制执行的权利，若经法院审理发现，行政机关的代履行错误并造成当事人一定损失的，当事人可以申请国家赔偿并要求行政机关承担赔偿责任。②虽然代履行的费用由当事人承担，但行政机关在收取时也应合理地以履行时的实际支出进行计算。（2）行政机关应当委托第三人行使代履行时，第三人应当满足的条件。行政机关行使代履行权力时应保障代履行过程是合法有效的。根据相关规定行政机关行使代履行过程中应当履行催告，作出代履行决定书、行政强制执行决定书、行政强制执行通知，并对行政强制进行公告等程序，决定书中应当载明强制执行的相关信息。此外对于委托第三人行使代履行中第三人的选择，为了保障第三人代履行的专业性、安全性与合法性，上述第三人应当满足以下条件：①根据《行政强制法》第50条可知，第三人应当与案件并无利害关系。②为保障当事人的权益，减轻其代履行费用的负担。行政机关在选定第三人时应当选择专业性较强并能够合理控制代履行费用的支出的专业机构。（3）行政机关代履行行为不得超过履行范围。行政机关代履行只针对当事人的可以代为履行的义务，即代履行的是行政机关决定要求当事人作出一定行为的义务，故行政机关或行政机关委托的第三人只能在行政决定所确定的范围内强制执行，不能造成其他损害。如果行政机关在代履行过程中的不当行为造成公民、法人或者其他组织受损，那么行政机关应当依法承担相应的赔偿责任。若代履行是由行政机关委托的第三人行使的，因第三人原因造成公民、法人或者其他组织一定损害的，也应当由委托的行政机关承担赔偿责任。

4. 受托拆迁公司误拆房屋时行政机关的责任认定

【案例】裘××诉浙江省××市人民政府房屋征收办公室、浙江省××市人民政府××街道办事处房屋拆迁行政强制案

案例来源

发布单位：最高人民法院《人民司法·案例》2018年第20期（总第823期）

审判法院：浙江省宁波市中级人民法院

判决日期：2018年3月13日

案　　号：（2017）浙02行终530号

基本案情

裘××在奉化区××街道××路××号拥有一处车库，房权证号为奉化市字第××号，土地证号为奉国用（2004）第×-5×××。2013年1月16日，原××市人民政府作出房屋征收决定（奉政房征决［2013］第1号），决定征收东至××路-××路-××路，南至××东路，西至×××路，北至××东路四至范围内房屋，房屋征收部门为原浙江省××市人民政府房屋征收办（以下简称奉化征收办），房屋征收实施单位为原浙江省××市房屋征收拆迁事务所，房屋征收责任部门为原浙江省××市人民政府××街道办事处（以下简称××街道办事处）和原××市××建设投资有限公司（以下简称投资公司）。房屋征收补偿按照《××市××东路一号区块旧城改造项目国有土地上房屋征收补偿方案》执行。涉案房屋被列入本次征收范围，且裘××尚未就涉案车库签订征收补偿协议。

2013年9月5日，宁波市江北区××拆房有限公司（以下简称拆房公司）接受投资公司委托，对奉化区××东路一号区块房屋拆除一标段工程项目承担旧房拆除业务。拆房公司在拆除涉案房屋周边旧房时，将涉案该车库一并拆除。2016年9月28日，浙江省人民政府发布《关于调整宁波市部分行政区划的通知》，通知撤销县级奉化市，设立宁波市奉化区。

裘××以奉化征收办、××街道办事处强制拆除侵害其合法权益为由，提起诉讼，请求确认强制拆除行为违法。

一审判决后，裘××不服，提起上诉称：一审法院事实认定及法律适用

严重错误，一审法院否定拆除行为是以房屋征收为前提，也没有查清投资公司实施征收地块旧房拆除的依据或权利来源，房屋征收部门应当对房屋征收实施单位在委托范围内实施的行为后果承担法律责任。拆房公司受托于奉化征收办并受其监督，投资公司的行为也是房屋征收行政行为，也应由房屋征收部门来承担法律后果。原审判决认定涉案房屋未被征收，与所在区块已由开发商取得土地使用权并进行商品房屋开发即已经出让土地的事实相矛盾，证明存在违法征收行为。因此，请求撤销一审法院裁定，指令继续审理。

奉化征收办和××街道办事处口头辩称：奉化征收办没有实施被诉行政行为，一审判决认定事实清楚，适用法律正确。请求驳回上诉，维持原裁定。

判决主文

一审法院裁定：驳回原告裴××的起诉。

二审法院裁定：驳回上诉人裴××关于确认被上诉人××街道办事处为被告、一审行政裁定中相关内容并指令继续审理的上诉，维持原裁定相关内容；一审行政裁定中驳回上诉人裴××对被上诉人奉化征收办的起诉的相关内容，指令一审法院继续审理。

裁判要旨

政府在拆迁过程中委托拆房公司等以民事行为的方式组织强制拆除，但政府责任并不因此转化为民事责任。对拆迁过程中的误拆情形，相关责任由行政机关承担。

重点提示

司法实践中，行政机关强制拆迁房屋时会委托拆迁公司实施拆迁行为，而受托单位在实施拆迁行为时有可能会发生误拆，此时被拆迁人的财产受到损失的赔偿责任应当由受托拆迁公司还是行政机关承担的问题就成为争议的焦点，在审理此类案件时，应当注意以下两点：（1）从房屋拆迁行为实施的事实角度分析。要想判断被误拆房屋的所有人的损害赔偿责任应当由谁承担，重点应当放在拆迁公司的拆房行为是不是受到行政机关的指令进行的，但对于证明这一问题的举证责任应当如何分配则在实务中存在较大争议。"谁主张，谁举证"是我国目前司法审判工作中在一般情况下适用的证据规则，在该规则下，需要由被拆迁人来举证证明拆迁公司的拆除房屋行为是受到行政机关的指令进行，这对于被拆迁人而言显失公平，被拆迁人也不具有获得相应证据的条件，故只要被拆迁人提供证据证明自己的房屋在被征收的范围之内，而行政机关系征收的责任部门的话，就可以在一定程度上证明拆迁公司的拆除行为系受到行政机关的指令，此时举证责任就转移到了行政机关，行政机关需要自行举证证明其没有指使拆迁公司实施拆房行为。此外应当注意的是，拆迁公司作为拆房行为的直接实施人，理论上对于案件争议事实也有权利举证，但由于其与案件存在利害关系，其证言不能作为直接证据进行认定，只能结合其他证据证明待证事实。（2）从法律层面上分析。《行政诉讼法》第26条第5款规定："行政机关委托的组织所作的行政行为，委托的行政机关是被告。"行政主体为提高行政效率，将行政职权委托给受托方，受托方以委托方的名义行使行政权力，其法律后果由行政主体承担。另外，对于行政机关而言，将自己的职权交予受托方以后，为保障相对人的利益，还应当对受托方进行监督，防止行政权力的滥用和误用。受托方也应当在法律法规所规定的范围内行使权力。受托方拆迁公司从事具体的事务性工作，损失后果应当由行政机关承担。拆迁公司在未达成征收补偿协议的情况下拆除房屋的行为是违法的，对于被拆迁人的损失，应当先由行政机关承担，后行政机关与拆迁公司之间可依照合同约定追究相应责任，但不能根据合同约定对抗被拆迁人以及社会公众。因此宜认为在征收红线范围内，征收办对被拆迁房屋由拆迁受托人实施的拆除具有担保义务，即担保所安排拆除的房屋均已完成了房屋征收补偿手续，即便事实上确系拆房公司误拆，也应由征收管理部门承担责任。

5. 撤销拆迁行政许可行为损害社会公共利益时的处理

【案例】 方××等三人诉××县国土资源局、××县×××镇人民政府国土行政许可案

案例来源

发布单位：最高人民法院中国应用法学研究所《人民法院案例选》2017年第2辑（总第108辑）

审判法院：浙江省杭州市中级人民法院

判决日期：2015年12月8日

案　　号：（2015）浙杭行终字第502号

基本案情

方××、邵×潮、邵×祥（以下简称方××等三人）是××县×××镇××村（以下简称××村）村民。2013年11月，浙江省人民政府审批同意××县征收集体土地进行城镇化改造，由××县×××镇人民政府（以下简称镇政府）负责具体实施。同年12月，县国土资源局经镇政府申请，向其颁发了《房屋拆迁许可证》，准许镇政府征用包括××村在内的面积为40 779平方米的集体土地房屋及其附属物，用于改造、建设城中村××区块，且明确了拆迁期限为2013年12月25日至2015年12月24日，搬迁期限为2013年12月25日至2014年2月28日。次日，县国土资源局登报公告前述许可内容，并告知被拆迁主体享有行政复议和行政诉讼权利。次年2月，方××等三人向市国土资源局提出行政复议，市国土资源局作出了维持县国土资源局颁发的《房屋拆迁许可证》的复议决定。同年12月，县国土资源局召开案涉房屋拆迁许可的听证会。

方××等三人以县国土资源局作出的拆迁行政许可程序违法为由，提起诉讼，请求判令撤销案涉行政许可。

一审判决后，方××等三人不服，提起上诉称：（1）镇政府不具有申请拆迁行政许可的资格，县国土资源局为其颁发拆迁许可属于实体违法。（2）县国土资源局适用的《拆迁管理条例》系地方性法规，违反了上位法的规定，应属无效。而县国土资源局及原审法院均适用《拆迁管理条例》，属于法律适用错误。（3）县国土资源局未依法审慎审核拆迁补偿标准，致拆迁补偿标准严重显失公平，侵害了本方的财产权；且其在作出拆迁许可前未告知被拆迁人享有听证的权利，程序严重违法。（4）案涉拆迁许可只有征收土地决定，不包含征收房屋决定，不能对房屋进行拆迁。综上，《房屋拆迁许可证》在实体和程序上均存在违法，依法应当撤销，原审法院借行政许可"涉及公共利益"不撤销拆迁许可，系认定事实错误、适用法律错误。

县国土资源局辩称：（1）《拆迁管理条例》虽是地方性法规，但不违反《宪法》《物权法》《立法法》等上位法的规定，本局在作出行政许可以及一审法院在判决时适用法律依据正确；（2）镇政府经批准实施城中村改造的前期工作，是"城中村改造"项目征收集体土地房屋的实施主体，按照《拆迁管理条例》

第 5 条的规定，其可以成为拆迁人，从事拆迁工作；（3）《房屋拆迁许可证》是针对城中村改造的房屋拆迁，包括了房屋拆迁；（4）案涉行政许可在审查时虽未组织被拆迁人听证，程序违法，但该许可是城中村改造工程，工程进度已基本完成，撤销将对公共利益造成重大损害，故依法不应撤销。

判决主文

一审法院判决：确认被告县国土资源局作出的拆迁行政许可违法。
二审法院判决：驳回上诉，维持原判。

裁判要旨

在具有法定情形的情况下，行政行为可以被撤销，但撤销后会导致国家利益或社会公众利益受损的违法行政行为，则不应撤销，而是由人民法院判决确认行政行为违法。在房屋拆迁行政许可纠纷中，拆迁行政许可行为被确认违法且不可撤销的，因该许可行为利益受损的当事人可以向作出违法拆迁行政许可的组织要求赔偿损失。

重点提示

具体行政行为，是指国家行政机关和行政机关工作人员、法律法规授权的组织、行政机关委托的组织或者个人在行政管理活动中行使行政职权，针对特定的公民、法人或者其他组织，就特定的具体事项，作出的有关该公民、法人或者其他组织权利义务的单方行为。在具有法定情形的情况下，具体行政行为可以被撤销，但对于撤销违法行政行为会对公共利益造成损害时，应当如何处理的问题，司法实践中应当注意以下三点：（1）行政行为可撤销的法定情形。根据《行政诉讼法》第 70 条的规定可知，行政行为具有下列情形的，人民法院应当判决撤销或者部分撤销，并可以判决重新作出行政行为，具体包括：①主要证据不足的；②适用法律法规错误的；③违反法定程序的；④超越职权的；⑤滥用职权的；⑥明显不当的。其中，人民法院判决行政机关重新作出行政行为的，行政机关不得以同一事实和理由作出与原行政行为基本相同的行政行为。（2）撤销违法行政行为会导致公共利益受损的，应不予撤销。除应当撤销的行政行为的法定情形外，《行政诉讼法》第 74 条还规定了不予撤销行政行为的情形，具体包括：①行政行为依法应当撤销，但撤销会给国家利益、社会公共利益造成重大损害的；②行政行为程序轻微违法，但对原告权利不产生实际影响的。在具有上述情形时，人民法院应当依法确认行政行为违法。如此规定，是由于在行政行为的效力存续期间，会以该行为作为核心产生各种的新的利益，而新的利益又与原行政行为存在因果关系，若随意判决撤销该行政行为，则新的利益就失去了继续赖以存在的法律基础，而若新产生的利益关乎国家或社会公共利益时，判决撤销显然不符合维护社会稳定的要求。应当注意的是，所谓的"会给国家利益、社会公共利益造成重大损害"并非指违法行为继续存在会造成的损害，而是指违法行为被撤销后会造成的损害。（3）行政行为被确认违法后当事人的救济。虽然撤销后会对国家利益或社会公共利益造成重大损害的违法行为不可撤销，但不代表因违法行政行为而使权益遭受损害的当事人无从主张自身的合法权益，对此，《行政诉讼法》第76条规定，人民法院判决确认违法或者无效的，可以同时判决责令被告采取补救措施；给原告造成损失的，依法判决被告承担赔偿责任。因此，在人民法院判决确认无法撤销的行政行为违法或无效后，当事人因此遭受损害的，可以向作出违法行政行为的行政机关要求赔偿。

6. 房管部门是否有权对集体土地征收中的房屋作出拆迁补偿裁决

【案例】贵州省××市××酒厂诉贵州省××市房产管理局房屋拆迁行政裁决案

案例来源

发布单位：最高人民法院行政审判庭《中国行政审判指导案例》（第4卷）
审判法院：贵州省遵义市中级人民法院
判决日期：2010年7月22日
案　　号：（2010）遵市法行终字第34号

基本案情

2005年，××市发改局批复同意拟建设茅台城区长征道路工程。同年9月，××市国土资源局同意××市城市开发建设投资经营有限责任公司（以下简称城投公司）使用茅台镇长征路范围内11 760平方米国有土地用于茅台城区道路改造建设。随后，××市建设局对属于集体所有的土地，办理了茅台镇长征路用地项目的《建设用地规划许可证》以及该项目的《建设工程规划许可证》。次年4月，在贵州省××市××酒厂（以下简称××酒厂）未参加的情况下，经测绘处现场勘丈测绘，确认××酒厂房屋以及附属房屋的建筑面积。2007年2月，城投公司向贵州省××市房产管理局（以下简称房产管理局）提供资金证明等材料。同年5月，房产管理局为城投公司颁发《房屋拆迁许可证》，确定拆迁建筑面积、占地面积以及拆迁期限。2008年11月，城投公司作出《拆迁补偿安置方案》，对××酒厂房屋实行一次性货币补偿701 882元，并在不影响规划的前提下由××酒厂自行购地异地建房。因未能与××酒厂达成拆迁安置协议，城投公司遂申请房屋拆迁行政裁决。2009年3月，房产管理局作出《房屋拆迁行政裁决书》。××酒厂不服，申请行政复议，但仍不服。

××酒厂以房产管理局作出的行政裁决以及复议决定有误为由，提起诉讼，请求判令撤销房产管理局作出的《房屋拆迁行政裁决书》。

一审判决后，房产管理局不服，提起上诉。

判决主文

一审法院判决：撤销被告房产管理局作出的《房屋拆迁行政裁决书》。

二审法院判决：驳回上诉，维持原判。

裁判要旨

根据相关规定，房管部门有权针对城市规划内国有土地上的房屋拆迁作出裁决。而被拆迁人房屋原依附于集体土地，集体土地征收程序中的房屋拆迁补偿在性质上属于征地补偿程序，依法应由人民政府或土地征收主管部门作出补偿决定，房管部门无权对此作出拆迁补偿裁决。房管部门作出裁决的，依法应当撤销。

重点提示

集体土地是指农民集体所有的土地，农村土地除依法属于国家所有的外，均归属于农民集体，集体土地上的房屋也就是农村宅基地上的房屋建筑。司法实践中，认定集体土地征收程序中的房屋拆迁补偿，房管部门是否有权作出拆迁补偿裁决的问题时，应当注意以下两点：(1)集体土地房屋征收与国有土地房屋征收的区分。在实践中，集体土地上房屋的征收与国有土地上房屋的征收存在以下不同之处：一是在征收的目的方面。集体土地上房屋的征收既可能是为了公共利益，也可能是为了集体利益；而对国有土地上的房屋征收则主要是为了公共利益的需要。二是在救济途径方面。集体土地上房屋征收发生纠纷时，应当先由县级以上地方人民政府进行协调，协调不成的，再由批准征收土地的人民政府裁决。而国有土地上房屋征收发生纠纷时，可以由房产管理部门作出裁决，被征收人对补偿决定不服的，可以依法提起行政诉讼或申请行政复议。三是在被拆迁人身份方面。在城市规划区内，拥有国有土地使用权且是土地上房屋所有权人的单位或城市居民是国有土地上房屋的征收对象。而在农村，拥有集体土地使用权的集体或村民则是集体土地上房屋的征收对象。四是在补偿的具体内容方面。国有土地上房屋征收补偿应当包括根据房屋的种类并由有关机构评估后确定的房屋价值对被征收房屋人的补偿；房屋征收后的安置费用；经营性房屋被征收后造成的经济损失的补偿等。而集体土地房屋征收补偿内容主要包括土地补偿费、安置费用以及土地附着物损失等。(2)房管部门无权对于集体土地上的房屋作出拆迁补偿裁决。在房屋的拆迁过程中，房屋的拆迁问题与房屋所附着的土地密切相关，按照土地的权属进行分类，土地分国有土地和集体所有土地。因此，在对国有土地上建成的房屋与集体所有的土地上建成的房屋进行拆迁时，需要分别予以处理。第一，根据《城市房屋拆迁行政裁决工作规程》第3条的规定："市、县人民政府城市房屋拆迁管理部门负责本行政区域内城市房屋拆迁行政裁决工作。房屋拆迁管理部门及其工作人员应当按照有关法律法规规定，依法履行行政裁决职责。"由此可知，房管部门只能针对城市国有土地上的房屋拆迁作出裁决。第二，在性质上，集体土地征收程序中的房屋拆迁补偿属于征地补偿程序。而根据《土地管理法实施条例》关于征地补偿程序的规定可知，县级以上地方人民政府依法制定并开展听证会确定征地补偿安置方案后，由被征用土地所在地的市、县人民政府组织实施。因此，对于集体土地征收程序中的房屋拆迁补偿，房管部门无权作出拆迁补偿裁决。房管部门作出裁决的，依法应当予以撤销。

二、强制拆迁

1. 生活水平不降低原则在集体土地上房屋拆迁赔偿中的适用

【案例】高××诉山东省枣庄市××区人民政府房屋拆迁行政赔偿案

案例来源

发布单位：最高人民法院《人民司法·案例》2022年第35期（总第982期）
审判法院：最高人民法院
案　　号：（2021）最高法行申7017号

基本案情

2011年3月26日，山东省枣庄市××区人民政府（以下简称××区政府）拟定××区西鲁居委会第二居民点棚户区改造项目房屋征收补偿安置方案。同年10月31日，山东省人民政府作出鲁政土字〔2011〕1328号建设用地批复，批准征收枣庄市××区山城街道办事处东鲁社区、西鲁社区建设用地。高××系西鲁社区居民，其房屋位于征收范围内，××区政府向其颁发了集体土地建设用地使用证。2017年8月27日，××区棚户区改造指挥部发布东鲁、西鲁社区棚户区改造项目房屋征收补偿安置方案。涉案房屋被拆除前，由区、街道、村人员对房屋进行了测量，并就补偿标准与高××进行了沟通，但未达成一致意见。2017年11月23日，涉案房屋被拆除。

随后高××提起诉讼，枣庄市中级人民法院作出生效行政判决确认××区政府强制拆除其房屋的行政行为违法。2019年10月8日，高××向××区政府提出国家赔偿申请，但××区政府未予赔偿。

高××遂以××区政府应就强制拆除其房屋的违法行政行为进行赔偿但未予赔偿，侵害其合法权益为由，提起诉讼，请求判令××区政府依法对其进行行政赔偿。

一审判决后，高××不服，提起上诉。

二审判决后，高××不服，提起再审申请。

判决主文

一审法院判决：被告××区政府限期赔偿因违法强拆给原告高××造成的经济损失共计42万余元及利息；驳回原告高××的其他诉讼请求。

二审法院判决：驳回上诉，维持原判。

再审法院裁定：二审法院重审。

裁判要旨

保障被征收人原有生活水平不降低，系集体土地征收补偿中应遵循的重要原则之一，2019年修改后的《土地管理法》对此亦作了相应规定。因行政机关的违法行政行为导致其在集体土地征收补偿中原应履行的行政补偿责任转化为行政赔偿责任后，该原则在行政赔偿程序中应继续予以适用。通过公平、合理确定集体土地上房屋的赔偿价格，切实保障被征收人的居住权益，系在涉集体土地征收行政赔偿案件中贯彻该原则的重中之重。

重点提示

在集体土地上的房屋征收补偿过程中，因政府机关违法强制拆除集体土地上房屋，引起行政赔偿案件，在具体实践中土地补偿费、安置补助费、其他地上附着物和青苗等补偿费用均有统一标准，比较有争议的是房屋住宅拆迁补偿费用如何计算。其关系到农民的居住权，而农村住宅相较于城市住宅难以评估其价格，致使房屋补偿价格往往成为焦点问题，进而引起行政争议。法院在审理此类案件，确定赔偿标准和赔偿数额时，应当注意以下两点：（1）生活水平不降低原则的含义。生活水平不降低原则，是由2019年修改后的《土地管理法》所规定的房屋征收补偿过程中应当遵循的一项基本原则，具体指原有生活水平不降低、长远生计有保障。生活水平不降低，主要指被征地人当前的生活水平，包括居住条件、收入水平等不会因为土地征收而降低；而长远生计有保障，指的则是建立实施长期的保障机制，确保被征地人有持续稳定的生活保障，包括提供就业技能培训和就业机会、纳入社保体系等配套措施。根据《土地管理法》第48条第1款、第2款的有关规定可知，征收土地应当依法及时足额支付土地补偿费、安置补助费以及农村村民住宅、其他地上附着物和青苗等的补偿费用，并安排被征地农民的社会保障费用。同时该条第4款还规定：

"对其中的农村村民住宅,应当按照先补偿后搬迁、居住条件有改善的原则,尊重农村村民意愿……"《国有土地上房屋征收与补偿条例》中规定,搬迁必须以补偿到位为前提。上述法律规定均是对于农民生活水平不降低原则所提出的具体规定,在拆迁安置补偿的过程中,行政机关需要予以遵守。(2)生活水平不降低原则的适用。《土地管理法》第48条第4款规定:"……采取重新安排宅基地建房、提供安置房或者货币补偿等方式给予公平、合理的补偿,并对因征收造成的搬迁、临时安置等费用予以补偿,保障农村村民居住的权利和合法的住房财产权益。"《最高人民法院关于审理行政赔偿案件若干问题的规定》第27条第1款规定:"违法行政行为造成公民、法人或者其他组织财产损害,不能返还财产或者恢复原状的,按照损害发生时该财产的市场价格计算损失。市场价格无法确定,或者该价格不足以弥补公民、法人或者其他组织损失的,可以采用其他合理方式计算。"根据上述法律及司法解释规定,结合实践,房屋补偿价格方面可参考以下因素:①依照市场价格计算。尽管目前而言集体土地上房屋市场价格难以确定,但可参考集体经济组织成员之间的交易价格来评估集体土地上房屋价格,依照损害发生时为时点,计算赔偿价格。②以其他方式计算价格。在司法实践中,房屋拆迁过程中会为被拆迁人提供安置房。在无市场价格且经济组织成员之间的交易价格可参考的情况下,可以将安置房与被拆迁房屋进行比照,判断该安置房的价格是否能够弥补房屋拆除所造成的损失。如果二者相当,则可以参照安置房的价格对被拆迁人进行补偿,如安置房价格不足以弥补该损失,则可以在此基础上进一步评估确定房屋损失价格。另外,补偿价格还应当考虑到搬迁费、过渡费、奖励费等相关费用,并将其一并纳入赔偿价格之中。

2. 农村违法建筑可保护利益的认定

【案例】何××诉河南省沁阳市××镇人民政府房屋拆迁行政赔偿案

案例来源

发布单位:最高人民法院《人民司法·案例》2021年第23期(总第934期)
审判法院:河南省焦作市中级人民法院
判决日期:2020年9月30日
案　　号:(2020)豫08行终8号

基本案情

1998年在政府的倡导下，沁阳市××镇××村鼓励村民大力发展养殖业，何××积极响应该号召，在村民委员会划分的土地上建设了养殖场，从事养殖业。2018年××村村民委员会强行拆除了该养殖场，致使何××财产受损。2019年，何××向法院提起诉讼，请求确认强拆行为违法，一审及二审人民法院经审理均确认涉案强制拆除行为违法。

何××以××镇人民政府强制拆除其养殖场的行为侵害其合法权益，应予赔偿为由，提起行政赔偿诉讼，请求判令××镇人民政府赔偿15万元。

××镇人民政府辩称：（1）何××在提起行政赔偿诉讼前应向××镇人民政府提出先行处理，在未答复或者何××对赔偿数额有异议的情况下方可提起行政赔偿，而本案何××未预先提起先行处理，依据《最高人民法院关于审理行政赔偿案件若干问题的规定》第4条、第27条规定，应当驳回何××的起诉；（2）本案在拆除何××猪圈的时候，委托××村民委员会与何××进行了充分协商，因何××的养殖场长达十余年没有搞养殖，其同意由××村村民委员会予以拆除，且对其建设猪圈的部分材料予以赔付3000元，在此前提下才由××村将何××猪圈拆除，因此即使说行政行为是违法的，对何××的合法权利明显不产生实际影响，根据《最高人民法院关于适用〈中华人民共和国行政诉讼法〉的解释》第69条第8项规定，也应当驳回何××诉讼请求。

一审判决后，何××不服，提起上诉。

判决主文

一审法院判决：责令被告××镇人民政府对原告何××依法予以行政赔偿。

二审法院判决：改判"责令被上诉人××镇人民政府对上诉人何××作出赔偿决定"。

裁判要旨

被诉行政行为被判决确认违法，且案件中存在可保护权益，却因行政机关未依法进行公证或制作证据清单等证据固定工作，从而使法院在判决行政赔偿案件时，对我国法律保护的实体性合法权益难以认定或酌情确定。考虑到行政机关通过行政程序自行处理更有利于进一步明确被拆建筑物的结构、价值等损失的具体情况，更有利于矛盾的最终妥善化解和行政争议的实质解决，法院判决责令行政机关作出赔偿决定。

重点提示

农村违法建筑被强制拆除的行政行为被确认违法后，当事人提起行政诉讼要求赔偿，实务中是否应当支持当事人的诉讼请求，以及赔偿数额应当如何确定，应当注意以下三点：（1）行政相对人的实体性权益受到我国法律保护。《国家赔偿法》第2条第1款规定："国家机关和国家机关工作人员行使职权，有本法规定的侵犯公民、法人和其他组织合法权益的情形，造成损害的，受害人有依照本法取得国家赔偿的权利。"根据上述法律规定可知，行政相对人的人身权益以及财产权益等合法权益因行政机关及内部工作人员受到侵害时，相对人均有权利要求其进行赔偿。一般来讲，农村违法建筑不在国家赔偿法所保护的合法权益范围之内，但不意味着相对人的权益全部不受到保护，实务中的农村违法建筑大多已使用多年，若在此未受处罚，而仅因政策变化就认定为建筑违法不受保护对相对人而言显失公平，且建筑违法不代表建筑内的设施也是违法财产，因此对于相对人利益还是应当适当予以保护。（2）行政补偿案件中的举证责任分配。在行政补偿诉讼案件中，如果违法拆迁行为并未给相对人的实体合法权益造成损害，则实施具体行政行为的行政机关不承担责任，反之则应当承担赔偿或补偿责任，相对人与行政机关如何就合法权益受到损害的事实进行举证是审理此类案件的关键之一。根据《行政诉讼法》第38条第2款的规定："在行政赔偿、补偿的案件中，原告应当对行政行为造成的损害提供证据。因被告的原因导致原告无法举证的，由被告承担举证责任。"对于行政相对人针对已被确认违法的行政行为提起的行政赔偿诉讼来说，应当由相对人自行举证证明其损失，但若是由于行政机关未按照法定程序进行拆迁行为导致相对人无法就其损失进行赔偿的，则应当由行政机关承担举证责任。（3）赔偿数额的确定问题。一般房屋建筑被违法拆除时，行政相对人可就房屋价值、建筑物内物品损失费用以及得到安置之前相对人付出的必要费用等直接损失要求行政机关进行赔偿。即使房屋系违法建筑，但仍然具有一定价值，行政机关在拆除其房屋之前，应当对房屋进行拍照录像、财产登记等。但行政机关并没有能够提供相关的证明，根据《最高人民法院关于适用〈中华人民共和国行政诉讼法〉的解释》第 47 条第 3 款规定："当事人的损失因客观原因无法鉴定的，人民法院应当结合当事人的主张和在案证据，遵循法官职业道德，运用逻辑推理和生活经验、生活常识等，酌情确定赔偿数额。"

3. 强制拆迁赔偿诉讼中过错责任原则的适用

【案例】马鞍山市××商行、朱××诉马鞍山市××区人民政府房屋拆迁行政赔偿案

案例来源

发布单位：最高人民法院中国应用法学研究所《人民法院案例选》2020 年第 7 辑（总第 149 辑）

审判法院：安徽省高级人民法院

判决日期：2018 年 2 月 6 日

案　　号：（2017）皖行赔终 55 号

基本案情

马鞍山市××商行（以下简称××商行）系个体工商户，经营者为李××，其经营场所设在安徽省马鞍山市××区××街道××村民组朱××户的住房内，朱××与李×系夫妻关系。2015 年 7 月，××区征收部门对朱××户作出《马鞍山市国家建设用地征迁费用补偿表》等，同时，以连家店的形式对××商行予以补偿。次月，××区征收部门与朱××等人签订了《房屋拆迁补偿协议》，根据协议确定的内容，朱××户被拆涉案房屋已获得补偿安置。

2015 年 10 月，马鞍山市××区人民政府（以下简称××区政府）组织人员对涉案房屋进行拆除时，将××商行的物品登记造册，制作了光盘及《物品登记表》，物品存放在××区××街道居民委员会。同年 12 月，搬迁工作组给××商行邮寄了 EMS 特快专递，通知××商行领取物品，××商行未领取。

朱××、××商行以××区政府违反法定程序，强制拆除涉案房屋，并搬走其房屋内物品，造成其经济损失为由，提起诉讼，请求判令××区政府赔偿各项经济损失194.38万元，并安置不小于200平方米的门面房一间。

诉讼中，××商行提交了一份损失清单及光盘，证明其各项经济损失包括饮料、酒水以及储存这些经营物品的设备设施，该设备设施包括电冰箱、冰柜、空调、冷库、五菱汽车等物品，洗衣机、沙发、棉被等生活用品，以及律师费、经营损失费、搬迁费等损失，合计194.38万元。

2016年2月26日法院组织双方当事人进行调解，××商行同意将尚能使用的物品领回，对不能使用的由××区政府赔偿。××区政府认为，2015年12月9日已通知××商行将物品领回，应以2015年12月9日作为时间节点，在此之前超过保质期不能使用的物品由××区政府赔偿，在此之后超过保质期不能使用的物品应由××商行承担责任。经清点，××商行存放的饮料及酒水大部分在保质期内，尚能使用。2016年3月23日，××商行领取五台×尔冰柜、一台×信冰箱、一台×菱冰箱、两面镜子，其他物品未予领取。

一审判决后，××商行不服，提起上诉。

一审法院重审判决后，××区政府和××商行均不服，分别提起上诉。

判决主文

一审法院判决：被告××区政府返还存放在××区××街道居民委员会属于原告××商行的物品；被告××区政府赔偿原告××商行物品损失人民币5万元；驳回原告朱××、××商行的其他诉讼请求。

二审法院裁定：撤销一审法院判决，发回重审。

一审法院重审判决：被告××区政府返还存放在××区××街道居民委员会属于原告××商行的白酒742件等物品；被告××区政府赔偿原告××商行物品损失人民币305 488元。

二审法院判决：驳回上诉，维持原判。

裁判要旨

行政相对人不履行法律义务时，行政机关违反法律规定强制执行，造成行政相对人的合法权益受到损害，应当根据损害发生原因、按照过错程度承担相应赔偿责任。

重点提示

房屋征收过程中行政相对人不履行征收义务，行政机关在执行过程中同样应当遵守执行程序，避免行政相对人的合法权益因强制执行行为产生额外损害，司法实践中，因行政机关违反法律规定，致使行政相对人产生损害，由此产生纠纷，法院审理时应当注意以下两点：（1）行政赔偿的构成要件。本案中，依据《行政诉讼法》第76条的规定，人民法院判决确认违法或者无效的，可以同时判决责令××区政府采取补救措施；给××商行造成损失的，依法判决××区政府承担赔偿责任。《国家赔偿法》第2条第1款规定："国家机关和国家机关工作人员行使职权，有本法规定的侵犯公民、法人和其他组织合法权益的情形，造成损害的，受害人有依照本法取得国家赔偿的权利。"根据上述法律规定可知，行政赔偿需要具备以下四个要件：①侵权主体为行政机关及其工作人员和法律法规授予行使职权的组织及其工作人员，以及受行政机关委托行使职权的组织及其工作人员；②实施行为应当为具体行政行为；③行政相对人的人身、财产权益受到损害；④行政相对人的损害与集体行政行为之间存在因果关系。法院在审理行政赔偿案件时应当围绕上述构成要件进行审理，即对行政主体是否适格、是否存在违法履职等行政侵权行为、行政相对人是否受到损害以及其中因果关系进行认定，并从中依法作出裁判。（2）行政赔偿案件中过错责任原则的补充适用。随着社会发展，在行政赔偿诉讼案件中，《国家赔偿法》第2条规定的违法责任原则日益不能满足解决争议矛盾的需要，因此，为更好地保障行政相对人的合法权益，在司法实践中，对此类案件的审理引入了过错责任原则。具体而言，在确认行政行为违法的前提下，确定违法的具体事由，进而判别行政赔偿责任的范围以及额度等问题。

4. 违法强制拆迁中赔偿责任及赔偿数额的认定

【案例】许××诉金华市××区人民政府房屋拆迁行政强制案

案例来源

发布单位：《最高人民法院公报》2018年第6期（总第260期）

审判法院：最高人民法院

判决日期：2018年1月25日

案　　　号：(2017)最高法行再101号

基本案情

2001年，金华市后溪街西区地块改造及"两街"整合区块改造被纳入拆迁范围，金华市××开发有限公司取得了房屋拆迁许可证，拆迁期限为2001年7月10日至2001年8月9日，许××名下的房屋在拆迁范围内，后因故未实际完成拆迁。2014年8月，金华市××区人民政府（以下简称区政府）发布《××区人民政府关于二七区块旧城改造房屋征收范围的公告》，并公布了房屋征收范围图，明确对二七区块范围实施改造。次年9月，案涉房屋被金华市婺城建筑工程有限公司拆除。

2014年10月，区政府作出《金华市××区人民政府关于迎宾巷区块旧城改造建设项目房屋征收的决定》（以下简称《房屋征收决定》），载明：因旧城区改建的需要，决定对迎宾巷区块范围内房屋实行征收；房屋征收部门为金华市××区住房和城乡建设局，房屋征收实施单位为金华市××区××区块改造工程指挥部（以下简称改造工程指挥部）；签约期限为45日，搬迁期限为30日，具体起止日期在房屋征收评估机构选定后，由房屋征收部门另行公告；附件为《征收补偿方案》。次日，《房屋征收决定》及《征收补偿方案》在《金华日报》上公布，许××名下的案涉房屋被纳入本次房屋征收范围。

许××以其房屋被违法强制拆除，致使其遭受财产损失为由，提起诉讼，请求，确认区政府的强制拆除行为违法，并判令其承担赔偿责任。

一审判决后，许××不服，提起上诉。

区政府辩称：案涉房屋作为历史遗留的老房，本方愿意对其进行补偿；拆除行为并非违法强制拆除，具体是因为改造工程指挥部委托建筑公司对已达成补偿安置协议的案外人的房屋进行拆除时，因操作不慎导致案涉房屋坍塌，属于建筑公司的民事行为引发的民事侵权纠纷，区政府不应对此承担责任；案涉房屋不能作为营业用房进行补偿。

二审判决后，许××不服，申请再审称：二审法院在认定赔偿问题可以通过征收补偿程序解决的问题上所依据的事实错误，证据不足，并且二审法院要求本人通过征收补偿程序解决赔偿请求，不利于本人合法权益的维护。区政府对违法强拆行为给本人造成的物品损失，应当承担行政赔偿责任。二审法院的判决使区政府对违法行为免于承担法律责任，将使本人对由此产生的经济损失无从行使司法救济权利。因此,请求依法改判区政府将案涉房屋恢复原状,如不能恢复原状,则判令区政府依据周边房地产市场价格赔偿。

区政府同意二审法院判决。

判决主文

一审法院判决:确认被告区政府强制拆除原告许××名下案涉房屋的行政行为违法;责令被告区政府参照《征收补偿方案》对原告许××作出赔偿。

二审法院判决:维持一审法院判决第一项;撤销二审法院判决第二项;驳回上诉人许××的其他诉讼请求。

再审法院判决:维持二审判决第一项与一审判决第一项;撤销二审判决第二项、第三项与一审判决第二项;责令被申请人区政府对申请人许××依法予以行政赔偿。

裁判要旨

市、县级人民政府在既未作出补偿决定又未通过补偿协议解决补偿问题的情况下,违法强制拆除被征收人房屋的,应当赔偿被征收人房屋价值损失、屋内物品损失、安置补偿等损失。人民法院在确定赔偿数额时,应当坚持全面赔偿原则,合理确定房屋等的评估时点,并综合协调适用《国家赔偿法》规定的赔偿方式、赔偿项目、赔偿标准与《国有土地上房屋征收与补偿条例》规定的补偿方式、补偿项目、补偿标准,确保被征收人得到的赔偿不低于其依照征收补偿方案可以得到的征收补偿。

重点提示

根据《国有土地上房屋征收与补偿条例》第4条及第5条的有关规定可知,市、县级政府拥有对国有土地房屋征收的职权,建设单位与施工单位非经授权不得强制拆除他人的合法房屋。受托单位违法强拆房屋致使被拆迁人受损的,除行政机关能够证明其明确不知情的情形外,行政机关均应当承担赔偿责任。在司法实践中,因未依照法定程序拆除房屋致使被拆迁人受损引发的行政纠纷,法院审理时应当注意以下三点:(1)房屋拆除需要符合法定程序。《民法典》第243条第1款规定:"为了公共利益的需要,依照法律规定的权限和程序可以征收集体所有的土地和组织、个人的房屋以及其他不动产。"该条第

3 款规定:"征收组织、个人的房屋以及其他不动产,应当依法给予征收补偿,维护被征收人的合法权益;征收个人住宅的,还应当保障被征收人的居住条件。"《国有土地上房屋征收与补偿条例》第 27 条第 1 款规定:"实施房屋征收应当先补偿、后搬迁。"《最高人民法院关于办理申请人民法院强制执行国有土地上房屋征收补偿决定案件若干问题的规定》进一步规定了市、县级人民政府实施征收、补偿、强制搬迁、行政补偿的程序。市县政府在实施强制拆除时,应当严格依照上述规定执行,否则应当认定为违法。在具体案件中,政府应当先发布房屋征收公告,随后与被拆迁人就补偿方式、金额、支付期限等事项订立补偿协议,未能在期限内达成协定的,政府应当依法单方补偿。被拆迁人对补偿不服既可以行政复议也可以行政诉讼,被拆迁人未复议和诉讼,又不搬迁的,政府可以申请法院强制执行。(2) 行政补偿与行政赔偿的区分与适用。行政补偿,是指行政主体在管理国家和社会公共事务的过程中,因合法的行政行为给公民、法人或其他组织的合法权益造成了损失,由国家依法予以补偿的制度。行政赔偿,是指国家行政机关及其工作人员在行使职权的过程中侵犯公民、法人或其他组织的合法权益并造成损害,由国家承担赔偿责任的制度。在国有土地房屋征收过程中,可能既涉及行政补偿,也涉及行政赔偿,如行政机关未依照《国有土地上房屋征收与补偿条例》第 17 条规定对被征收人给予合理的补偿,且因强制拆除对被拆迁人的财产造成了损失,此时,赔偿与补偿的数额应当根据法律法规的规定以及被征收人财产损失的数额具体进行认定。同时,人民法院在确定赔偿义务机关和赔偿数额时,要坚持有权必有责、违法须担责、侵权要赔偿、赔偿应全面的法治理念,对行政机关违法强制拆除被征收人房屋,侵犯房屋所有权人产权的,应当依法责令行政机关承担行政赔偿责任,而不能让产权人因侵权所得到的赔偿低于依法征收所应得到的补偿。一般情况下,强制拆除被征收人房屋应当依据已经生效的补偿决定,而补偿决定应当已经解决了房屋本身的补偿问题。因此,即使强制拆除行为被认定为违法,通常也仅涉及对房屋内物品损失的赔偿问题,而不应涉及房屋本身的补偿或者赔偿问题。(3) 赔偿方式、标准、数额的认定。《国家赔偿法》第 32 条规定:"国家赔偿以支付赔偿金为主要方式。能够返还财产或者恢复原状的,予以返还财产或者恢复原状。"国家赔偿一般以给付赔偿金为主要赔偿方式,能够返还财产或者恢复原状的,予以返还财产或者恢复原状。若相关财产客观上已无法返还或恢复原状时,则应支付相应的赔偿金或采取其他赔偿方式。本案中,被征收的房屋系旧城区，房屋拆除已无法恢复原状，因此，应当以其他方式对被征收人予以赔偿，被征收人要求恢复房屋原状的请求不应当予以支持。赔偿数额的认定应以不低于当地征收房屋地或就近地段的房屋价格标准予以赔偿，房地产评估机构可以参考《国有土地上房屋征收评估办法》第13条的规定，根据行政机关与相对人提供的原始资料，本着疑点利益归于产权人的原则，独立、客观、公正地出具评估报告，据此为标准进行赔偿。在赔偿数额上，根据《行政诉讼法》第38条第2款规定："在行政赔偿、补偿的案件中，原告应当对行政行为造成的损害提供证据。因被告的原因导致原告无法举证的，由被告承担举证责任。"

5. 未申请强制执行即强拆房屋行为的合法性认定

【案例】李×德诉××市××区人民政府房屋拆迁行政强制案

案例来源

发布单位：最高人民法院发布的九起产权保护行政诉讼典型案例（2020年7月27日）

审判法院：陕西省高级人民法院

判决日期：2017年12月27日

案　　号：（2017）陕行终677号

基本案情

李×德在××市××区××镇陈家村（以下简称陈家村）拥有宅基地并建有房屋。2013年12月，××市××区旧城改造领导小组作出批复，发文对陈家村进行城中村改造。2015年9月，李×德与陈家村城改办签订《拆迁过渡协议》，约定全村实行统一的城中村改造拆迁安置补偿标准；协议中确认李×德的住房面积、过渡费和搬迁费，同时约定签订协议并腾空房屋、交付房屋钥匙，以及交由陈家村实施拆迁的时间。次月，李×德将房屋腾空并向陈家村城改办交付住房钥匙。2016年6月，××市××区人民政府（以下简称区政府）发布工程建设土地征收公告，李×德的房屋位于该公告的范围内。同年9月，陈家村村民委员会组织实施拆除了李×德的房屋。

李×德以区政府强拆其房屋的行为违法为由，提起诉讼，请求确认区政府的强拆行为违法。

一审判决后，李×德不服，提起上诉。

区政府辩称：本政府与李×德达成的协议表明，李×德已经放弃了房屋权利，其主张与事实不符。一审法院认为本政府具有拆除房屋的合法权利正确，且房屋被拆与本政府无关，一审法院认定是本政府许可或者授意实施的拆除行为与事实不符。

判决主文

一审法院判决：驳回原告李×德的诉讼请求。

二审法院判决：撤销一审法院判决，确认被上诉人区政府拆除上诉人李×德房屋的行为违法。

裁判要旨

行政机关在对土地上房屋拆迁征收的过程中，应当采取先与被拆迁人进行协商补偿，再对被拆迁房屋进行拆迁的方式。同时在拆迁时，尽管被拆迁人已经依法取得安置补偿，但行政机关也应按照法定程序向人民法院申请拆迁，未经人民法院准许，行政机关不得提前进行强制拆除。

重点提示

在房屋征收类案件的司法实践中，对于行政机关未向人民法院申请强制执行即强拆房屋行为的合法性认定以及相对人的权利救济问题，应当注意以下三点：（1）行政机关应当按照法定程序对房屋进行征收与拆迁。根据《国有土地上房屋征收与补偿条例》的规定，我国对土地上的房屋进行征收时采取先补偿、后拆迁的原则。在行政机关不能与被征收人达成补偿协议的情况下，作出征收决定的行政机关理应对被征收人作出安置补偿决定，这样才算在法律上完成土地征收工作。被征收人在法定期限内不申请行政复议或者不提起行政诉讼，在补偿决定规定的期限内又不搬迁的，再由作出房屋征收决定的行政机关依法申请人民法院强制执行。因此，在获得人民法院准许强制执行裁定前，行政机关没有直接强制拆除被征收房屋的权利。且对征收房屋的拆除，须以落实安置补偿为前提和基础。（2）行政机关应当对被征收人作出实质性补偿安置。首先，作出补偿安置决定前，必须经过依法征地、提前告知、听证等程序。还必须强化决定作出前的协商和解,包括一些地方法规则直接明确了征地房屋补偿协调程序。其次,补偿安置决定主要内容要包括被征收人基本情况、协商的过程、分歧的原因、补偿安置决定的依据和理由、补偿款项保存方式、房屋腾出期限和具体要求等,并告知被征收人申请复议和起诉的权利。此外,补偿安置决定应当遵循诚信、合法合理、公平的原则,当被征收人所提出的补偿安置要求明显不符合法律规定时,行政机关应当及时依法作出书面安置补偿决定,固定补偿内容,不得与被征收人反复协商。(3)行政征收人不服补偿安置协议的救济。房屋征收拆迁的整个过程中,拆迁公告、补偿安置方案应当向被征收人完整公开。其中的补偿安置方案,关乎被征收人的最终补偿,因此,补偿安置方案的合法、合理与否,会对被征收人的利益产生影响。公告阶段被征收人对补偿安置方案不服的,此时被征收人可向行政机关发表其意见,并可以要求行政机关组织召开听证会,经过会议发现确需修改补偿安置方案的,行政机关应当按照相关法律法规对方案进行及时修改。同时,被征收人对补偿安置方案不服的,也可以申请行政复议,复议后仍不服的,可以向人民法院提起行政诉讼。被征收人在复议或诉讼过程中应当注意补偿安置方案是否存在违法之处,积极收集证据,并以此为据请求复议机关或人民法院维护其合法权益。

6. 房屋强拆案件中适格被告和赔偿数额的认定

【案例】黄××诉江苏省南京市江宁区人民政府××街道办事处房屋拆迁行政强制案

案例来源

发布单位:最高人民法院《人民司法·案例》2019年第5期(总第844期)
审判法院:江苏省南京市中级人民法院
判决日期:2017年6月22日
案　　号:(2017)苏01行终332号

基本案情

2010年9月,黄××分别与曹××、张×签订了房屋租赁合同,租用南京市江宁区××街道××路的房屋作为南京市江宁区××菜馆(以下简称菜馆)经营场所。2011年,涉案房屋所在的沪宁路连接线实施景观改造,南京市江宁区××街道××社区居民委员会(以下简称××社区)与涉案房屋的所有权人达成一致意见,分别签订了《房屋拆迁安置补偿协议》,后江苏省南京市江宁区人民政府××街道办事处(以下简称××街道办事处)将涉案房屋进行了拆除。黄××认为,××街道办事处未与其就菜馆的装潢费用等达成一致,就对菜馆实施了强制拆除,且屋内许多贵重财物也遭毁坏,致使其遭受多项经济损失。

黄××以××街道办事处的违法拆迁行为致使其遭受多项经济损失为由,提起诉讼,请求确认××街道办事处实施的拆迁行政行为违法,并判令××街道办事处赔偿各项拆迁补偿款及利息损失等共计1 620 970.57元。

××街道办事处辩称:本办事处并非拆迁实施主体,××社区与黄××承租的房屋所有权人就房屋搬迁事宜达成一致意见,签订房屋拆迁安置补偿协议后,才对涉案房屋实施了拆除。××社区也自认实施了拆除行为,并愿意承担合理的补偿,黄××起诉本办事处无事实根据。黄××未提供证据证明其主张的各项财产损失,且其主张利息损失和租金没有法律依据,请求依法驳回黄××的起诉。

××社区述称:因黄××提出的赔偿数额过高,双方未能达成一致意见。本社区与房屋产权人协商一致并签订了房屋拆迁安置补偿协议后,才对涉案房屋实施了拆除。

一审判决后,黄××不服,提起上诉。

判决主文

一审法院判决:确认被告××街道办事处强制拆除原告黄××菜馆的行政行为违法;被告××街道办事处赔偿原告黄××604 010.79元;驳回原告黄××的其他赔偿请求。

二审法院判决:驳回上诉,维持原判。

裁判要旨

在房屋强拆案件中,对因行政机关过错导致原告无法证明具体实施主体的,应降低原告的证明责任。对合法建筑的拆除,首先应推定为行政强制行为,除非有证据足以推翻。在已有初步证据,结合行政惯例,能够确信被诉行政机关具有高度可能性的,法院应当据此认定适格的被告。在强制拆除房屋引发的行政赔偿诉讼中，因行政机关未依法进行催告、财产登记等，导致原告、被告均无法对实际财产损失进行举证的，法院可根据当事人的主张，结合评估报告、补偿方案确定的补偿标准，运用逻辑推理和生活经验，综合认定原告损失的合理范围和价值，并据此酌定赔偿数额。

重点提示

房屋拆迁关系到居民的重大利益，行政机关在作出房屋拆迁的决定时，应当依法履行程序，充分保障被拆迁人的利益。在审理房屋拆迁案件时，如何确定适格被告以及赔偿数额的问题始终是司法实践中争议的焦点，针对上述问题在审理过程中应当注意以下两点：（1）房屋拆迁案件中适格被告的认定。根据《行政诉讼法》第49条的有关规定可知，提起行政诉讼应当具有明确的被告，因此在审理房屋拆迁案件时，应当首先确定的就是原告所提起诉讼的对象是否具有行政诉讼被告的主体地位，若原告无法提供有力证据证明其提起诉讼的当事人实施了强拆行为，则对方当事人就不具有被告的主体地位。首先，从行政诉讼的目的来看，主要是为了保护公民、法人以及其他组织的合法权益，在房屋征收类案件中，房屋所有权人相较于行政机关而言无疑处于弱势地位，这就要求对弱势方有侧重的保护，适当降低对其的证明标准。其次，若行政机关在对房屋进行强拆的过程中不依法履行法定程序，则必然会导致原告难以举证证明被告适格的主体地位，让原告因行政机关的过失而承担举证不力的后果显失公平，也不利于监督行政机关依法行政，因此，只要原告提供的初步证据被告难以提供相反证据进行推翻，就应当认定其为适格被告。最后，我国现行的土地征收制度，本质上是出于公共利益的需要而进行的，征收补偿由国家承担，因此，应当首先推定行政机关拆除房屋的行为系行政强制行为，除非有证据足以推翻。因此，对于合法建筑的拆除行为，通常应当认定为政府实施的行政强制行为，即行政机关为适格被告，且若由于行政机关存在程序违法，导致原告难以就被告的诉讼主体地位提供相应的证据的情况下，应当适当降低原告的证明责任。（2）赔偿数额的认定。《国家赔偿法》第15条第1款规定："人民法院审理行政赔偿案件，赔偿请求人和赔偿义务机关对自己提出的主张，应当提供证据。"《行政诉讼法》第38条第2款规定："在行政赔偿、补偿的案件中，原告应当对行政行为造成的损害提供证据。因被告的原因导致原告无法举证的，由被告承担举证责任。"在行政赔偿诉讼中，我国法律规定了双重举证责任标准，一般情况下适用"谁主张，谁举证"的举证责任标准，例外情况是，由于行政机关的原因导致原告对违法行为是否存在、违法行为造成的损失难以举证的，应当由侵权的行政机关举证具体的损害。在本案中，街道办事处在拆除房屋前既没有催告，也没有对被拆迁的房屋进行转移登记保存，导致原告的物品毁损，难以举证损失数额，应当由街道办事处承担举证责任。同时，街道办事处亦不能对实际损失充分举证，为了充分保障原告的财产权益，应当由法院引导当事人选择专业评估机构对涉案房屋装潢费用、损失物品价值进行评估，以确定补偿标准，结合实际调查情况和日常经验，认定损失的合理范围和价值，以此确定赔偿义务机关的赔偿数额，以保障当事人的合法权益。

7. 仅凭责令改正通知书实施的强拆行为合法性的认定

【案例】宣城市××毛巾厂诉宣城市××区城市管理行政执法局规划行政强制案

案例来源

发布单位：最高人民法院《人民司法·案例》2017年第32期（总第799期）

审判法院：安徽省宣城市中级人民法院

判决日期：2017年3月13日

案　　号：（2016）皖18行终106号

基本案情

2015年4月，宣城市××区城市管理行政执法局（以下简称区城管局）的工作人员在巡查时，发现宣城市××毛巾厂（以下简称毛巾厂）经营者张×在××服装厂内搭建钢构雨棚。区城管局为此作出第16018号《责令改正通知书》，责令张×停止搭建钢构雨棚并在当月27日前自行改正。同年8月，区城管局强制拆除了服装厂内雨棚。次年1月，毛巾厂为此事向××区人民政府申请行政复议。同年3月，××区人民政府以毛巾厂申请行政复议超过法定申请期限为由，作出1-1号《驳回行政复议申请决定书》。

毛巾厂遂以区城管局作出的《责令改正通知书》程序违法，并非行政处罚且未告知救济途径为由，提起诉讼，请求确认区城管局强制拆除雨棚及围墙的行为违法。

一审判决后,毛巾厂不服,提起上诉称:(1)区城管局作出《责令改正通知书》时未告知本人诉权和起诉期限,且《责令改正通知书》不是行政处罚,不具有行政强制力。因此,区城管局强制拆除雨棚的行为,不符合法定程序,即使认定强制拆除行为是行政强制行为,区城管局也违反了行政强制的法定程序。(2)区城管局提交的巡查日志是由其单方制作,不能因此确认其巡查过本厂,且本厂的工人及管理人员均在厂内的情况与其记载的"未找到当事人"冲突。区城管局提交的《责令整改通知书》,证明了其强制拆除的行为违法,且其在举证期限内提交的是执法证复印件,到开庭为止也未提交原件。因此,一审法院认定证据错误。(3)本厂的雨棚仅在一侧建筑且未超过4.5米,不属于城乡规划法的管理范畴,区城管局强制拆除雨棚属于滥用职权的行为。综上,区城管局强行拆除案涉雨棚行为是违法行为,请求撤销一审法院判决,改判确认区城管局强制拆除雨棚及围墙的行为违法。

区城管局辩称:(1)根据相关规定,本局可以行使建设监察的职权作出《责令改正通知书》,告知毛巾厂应停止违法建设行为。本局在毛巾厂拒不执行责令改正通知时,为减轻不良后果,可以对涉案雨棚采取强制拆除、恢复原状的措施。(2)本局提供的巡查日志并不是单方面制作的,而是依照职权制作的法律文书。作出的《责令改正通知书》是履行告知义务,告知毛巾厂应停止违法建设雨棚。因执法人员需随身携带执法证,因此提供了复印件,法庭可以对复印件的真实性进行核实。(3)毛巾厂位于城乡规划法调整和制约的区域,而不是其提出的不属于城乡规划法管理范畴。(4)新《行政诉讼法》规定行政起诉的期限为6个月,毛巾厂未在法定期限内提起诉讼。综上,请求驳回毛巾厂的上诉,维持原判。

判决主文

一审法院判决:驳回原告毛巾厂的诉讼请求。

二审法院判决:撤销一审法院判决;确认被上诉人区城管局强制拆除毛巾厂雨棚及围墙的行为违法。

裁判要旨

城管部门经县级以上地方人民政府责成后,方有权实施强制执行行为,否则即为无法定授权。城管部门在未依法履行事先催告,告知当事人陈述、申辩权,听取当事人陈述申辩意见,制作强制执行决定并公告等法定程序的前提下,仅在送达责令改正通知书后即实施强制拆除行为的,系程序违法。若规划部门没有对违法建筑出具认定意见,也没有其他证据充分证实强制拆除对象是违法建筑,则城管部门实施的强制拆除行为系证据不足、事实认定不清,人民法院应依照《行政诉讼法》中"行政行为违法,但不具有可撤销内容"的规定,判决确认强制拆除行为违法。

重点提示

在司法实践中,有时会发生城管部门强制拆除违法建筑的情形,由此而引发的纠纷也始终是争议的焦点,人民法院在审理此类城管部门强制拆除违法建筑的案件时,应当注意以下三点:(1)仅凭责令改正通知书即实施的强拆行为违法。行政强制执行应当符合《行政强制法》第35条、第36条、第37条、第44条关于行政强制执行程序的规定,即应当在作出行政强制执行前依法对相对人进行催告,并告知相对人有陈述、申辩的权利,城管部门应当听取相对人的申辩意见,最后由政府制作并公告强制执行决定,城管部门经过政府批准后,方才能实施行政强制执行。若城管部门未依照上述法律规定的程序,仅下达责令改正通知书后就实施强制拆除行为,应当认定为程序违法。(2)城管部门在实施强制执行前应当先受到政府责成。根据《行政强制法》第13条、第44条以及《城乡规划法》第68条规定可知,行政强制执行由法律设定,城管部门在获得县级以上地方政府的责成以后,才有权实施行政强制行为,否则在无法定授权的情况下强制执行行为应当认定为违法。而城管部门所在地当地的条例等文件不属于法律,无权对行政强制执行权进行设定,且其内容只能在行政强制执行法条范围内进行解释和细化,不得任意扩大解释,也不得作为城管部门实施行政强制执行行为的依据。因此,未经过政府部门责成的行政强制执行行为属于违法。(3)违法建筑认定权归属于政府规划部门。《城乡规划法》第45条第1款规定:"县级以上地方人民政府城乡规划主管部门按照国务院规定对建设工程是否符合规划条件予以核实。未经核实或者经核实不符合规划条件的,建设单位不得组织竣工验收。"根据规定可知,建筑物是否合法,应当由规划管理部门进行认定,一般情况下城管部门不能代为行使,从理论上看,违法建筑认定权的性质是行政确认,而非行政处罚。城管部门即使有权进行行政处罚行为,但无权对建筑是否构成违法建筑进行认定,城管部门在未经政府规划部门对建筑的合法性进行确认的情况下擅自拆除，属事实认定不清，其拆除行为构成违法。

8. 已被征收农村房屋被非法强拆的损害赔偿范围的认定

【案例】赵×诉重庆××建筑实业有限公司、重庆××房地产开发有限公司恢复原状纠纷案

案例来源

发布单位：最高人民法院《人民司法·案例》2016年第35期（总第766期）
审判法院：重庆市第五中级人民法院
判决日期：2016年7月29日
案　　号：（2016）渝05民终4351号

基本案情

赵×所有的位于××村×××村民小组的房屋于2012年6月被重庆市人民政府予以征收。随后，重庆经济技术开发区人民政府对被征地人员的补偿标准、安置途径以及征地范围内应补偿财产作出公告。同年8月，相关政府部门为赵×办理安置手续并要求赵×限期交出土地，领取安置款。同年10月，重庆市规划局下发建设用地规划许可证，涉案房屋被规划为重庆××房地产开发有限公司（以下简称房地产公司）建设××项目。次年7月，房地产公司与重庆××建筑实业有限公司（以下简称建筑公司）签订《××项目平基土石方工程施工合同》，约定建筑公司自房地产公司处承包该××项目的工程。同年10月，因赵×拒绝签订安置协议，交出土地，重庆市国土房管局经开发区分局下发了限期交地告知书，要求赵×拆除房屋，交出土地。同年11月，建筑公司未经法律程序擅自对赵×的房屋进行强制拆除。另查明，在房屋被拆除之前，赵×并未与拆迁管理部门、房地产公司以及建筑公司达成任何拆迁补偿协议。

赵×以建筑公司、房地产公司擅自拆除其房屋构成侵权为由，提起诉讼，请求判令建筑公司、房地产公司恢复房屋原状或按照商品房市场价格进行赔偿。

一审判决后，赵×不服，提起上诉称：本人的房屋并不在征收范围内，征收并未完成；本案属于民事纠纷，不应按行政标准处理民事侵权。因此，请求改判为按照当地商品房市场价格赔偿或返还赔偿相同面积的城镇商品房屋以及家居物品。

建筑公司、房地产公司辩称：不同意赵×的上诉请求，诉争房屋土地已经被征收，按照法律规定房屋所有权已经不属于赵×。开发商已经取得土地使用权，拆除建筑物是正当施工行为，该房屋已经不具备居住条件，其行为不构成对上诉人赵×的侵权。

二审法院另查明：房地产公司已于2013年1月取得该片土地房地产权证书。同年8月，重庆市南岸区人民法院收到重庆市国土房管局经开区分局强制执行申请，要求赵×迁出房屋，退出土地，但因被执行人名字错误，南岸区人民法院终结执行。

判决主文

一审法院判决：被告建筑公司、房地产公司支付原告赵×赔偿款299 093.5元；驳回原告赵×的其他诉讼请求。

二审法院判决：驳回上诉，维持原判。

裁判要旨

开发商对被政府征收但尚未达成补偿协议的宅基地上的建筑物及其构筑物不得实施强制拆迁，否则属违法行为。开发商强制拆迁致使被拆迁人遭受损害的，其损害赔偿范围仅限于被拆迁房屋内物品价值、房屋残值和房屋拆迁前占有利益的损失。

重点提示

政府部门征收宅基地上的建筑，开发商在政府部门与宅基地所有人尚未达成补偿协议的情况下强制拆除房屋的行为是否构成侵权以及责任认定的问题时常成为司法实践中争议的焦点，法院审理此类案件时，应当注意以下三点：（1）被行政征收的农村房屋依法受法律保护。房屋拆迁关系到被拆迁人的合法权益，无论在实体上还是程序上，都应当符合法律规定。在征收补偿尚未达成协议，且被拆迁人尚未向征收机关交付征收房屋的情况下，被征收的房屋的占有使用仍然应当受到法律保护。在农村土地收归国有，征地机关完成补偿安置以后，再由征地机关将没有权利瑕疵的土地交付开发商，开发商与被征地农民之间不存在直接权利义务关系。若房屋被征收后国家补偿行为尚未完成，当事人在尚未交付房屋的情况下继续占有使用房屋系合法行为，此时房地产开发商强制拆除房屋的行为构成侵权。（2）假设因果关系在损害赔偿中的运用。侵权法上的假设因果关系，是站在假设的立场所为之命名，指称某种原因事实与损害结果之间并未实际发生的因果关系。在实务中，对于已被征收但尚未完成征收补偿的房屋被开发商强拆的，开发商时常以假设因果关系作为抗辩事由，即该房屋最终必定会被政府征收部门依法强拆，故应当减轻或免除开发商的侵权责任。但政府的征收行为在未实际实施之前仅为假设行为，实际造成房屋损害后果的是开发商的强制拆除行为，而真正原因对损害发生应当承担的责任不因假设原因的存在而免除，因此，开发商不得以此作为抗辩事由主张减轻或免除赔偿责任。但由于房屋已被依法征收，房屋原本的价值已经减损，虽仍可以正常使用，但已然不能按照市场价格进行流通，因此，认定开发商的强制拆迁行为导致的损害数额时，应当依照被拆迁的房屋内物品的价值、房屋残值、拆迁以前的占有利益等因素进行考量。（3）对被开发商违法强拆房屋当事人的救济途径。根据《民法典》第179条的有关规定可知，承担民事责任的主要方式包括停止侵害、排除妨碍、消除危险、赔偿损失、恢复原状等。对于已被征收后被开发商违法强拆的房屋而言，已经不具备恢复原状的可行性，应该由开发商依法赔偿相应的损失；但由前述分析可知，已被征收的房屋在客观上已经无法继续长期使用，其自身价值也会受到影响，因此赔偿金数额也不应以实际城市商品房市场成交价格为依据，而应当由人民法院结合当地实际情况予以认定。

9. 无法确定违法拆除损失时赔偿数额的认定

【案例】沙×保等四人诉马鞍山市××区人民政府房屋拆迁行政赔偿案

案例来源

发布单位：最高人民法院指导案例91号（2017年11月15日）

审判法院：安徽省高级人民法院

判决日期：2015年11月24日

案　　号：（2015）皖行赔终字第00011号

基本案情

2011年12月23日,马鞍山市人民政府作出2011年37号《马鞍山市人民政府征收土地方案公告》,苏××名下的××区××镇丰收村丰收村民组B11-3房屋在本次征收范围内。苏××于2011年9月13日去世,其生前将该房屋处置给女儿古××、外孙沙×保、沙×虎、沙×莉。在实施征迁过程中,征地单位分别制作了《马鞍山市国家建设用地征迁费用补偿表》《马鞍山市征迁住房货币化安置(产权调换)备案表》,对苏××户房屋及地上附着物予以登记补偿,古××的丈夫领取了安置补偿款。2012年年初,马鞍山市××区人民政府(以下简称区政府)组织相关部门将苏××户房屋及地上附着物拆除。

沙×保等四人以区政府非法将上述房屋拆除,侵犯了其合法财产权为由,提起诉讼,请求判令区政府赔偿房屋毁损损失2 064 000元、装潢损失516 000元、财产损失100 000元、房租损失247 680元,以上各项经济损失共计2 927 680元。

一审判决后,沙×保等四人不服,提起上诉。

判决主文

一审法院判决:驳回原告沙×保、沙×虎、沙×莉、古××的赔偿请求。

二审法院判决:撤销一审法院判决;被上诉人区政府赔偿上诉人沙×保、沙×虎、沙×莉、古××被拆房屋内物品损失80 000元。

裁判要旨

行政机关违法拆除相对人房屋,致使相对人合法权益受到损害,相对人可就损失提供初步证据,因行政机关原因无法对房屋内物品损失进行举证,且行政机关未依法对屋内财产进行登记、公证的,人民法院应当对未超出市场价值的符合生活常理的房屋内物品的赔偿请求予以支持。但已经履行过征收补偿协议的部分,不在行政赔偿的范围内。

重点提示

在违法拆除引起的行政赔偿案件中，行政机关与相对人均无法对违法拆除造成的财产损失进行举证时，法院在分配举证责任、确定赔偿范围、赔偿数额方面应当注意以下三点：（1）行政赔偿案件中举证责任分配。《行政诉讼法》第 38 条第 2 款规定："在行政赔偿、补偿的案件中，原告应当对行政行为造成的损害提供证据。因被告的原因导致原告无法举证的，由被告承担举证责任。"在举证责任分配上，就行政相对人而言，其举证责任包括行政机关拆除行为违法，该违法行为对行政相对人造成了财产损失，财产损失与行政机关的违法拆除行为之间存在因果关系，财产损失数额。就行政机关而言，若行政相对人因行政机关的原因无法举证，行政机关应当承担举证责任，并承担举证不能的后果。若因行政机关的拆除行为导致行政相对人对房屋内财产举证不能，且未对房屋内的物品进行登记，亦不能说明房屋内财产的去向时，只要行政相对人可以初步证明存在财产损失，并提出了具体的赔偿请求，而行政机关不能对财产损失提出反证的，就应当承担举证不能的法律后果。（2）赔偿范围认定。《土地管理法》第 48 条第 1 款规定："征收土地应当给予公平、合理的补偿，保障被征地农民原有生活水平不降低、长远生计有保障。"根据该规定可知，土地征收时，对被征收人的补偿不应当少于原土地用途价值以及地上附着物的价值。若行政机关在合法征收的范围内已经对被征收人履行了安置补偿协议，被征收人对该部分请求赔偿时，法院应当不予支持。应当注意的是，如征收人与被征收人就补偿协议存在争议且补偿与赔偿标的没有实质区别，被征收人起诉请求赔偿，法院向被征收人释明后被征收人不变更诉讼请求的，法院可以根据行政赔偿事实，就补偿问题作出判决。（3）损失财产数额难以确定时赔偿数额认定。在被征收人确实有财产损失，而双方都无法证明实际损失数额的情况下，法律并没有对此种情况进行明确规定，法官应当综合全案的证据酌情确定。法官在行使自由裁量权时，应当结合现有证据以及一般家庭实际情况，最大限度地保障被侵权人的合法权益。

第二章　房屋拆迁安置补偿

一、拆迁补偿安置

1. 违法征收案件中行政补偿和行政赔偿的竞合

【案例】张×诉×街道办事处房屋拆迁行政补偿案

案例来源

发布单位：《人民法院报》2023年4月20日刊载

审判法院：浙江省绍兴市中级人民法院

判决日期：2021年2月10日

案　　号：（2020）浙06行初135号

基本案情

张×拥有位于A市B区C街道某国有土地上房屋一处。2020年6月，A市B区人民政府（以下简称区政府）发布房屋征收决定，其中C片区19号地块内的房屋位于项目征收范围红线内。×街道办事处为征收实施单位。张×涉案房屋被列入征收红线范围内。同年8月，在张×与×街道办事处就安置补偿未达成一致意见的情况下，×街道办事处拆除涉案房屋。后经生效行政判决书确认×街道办事处拆除张×房屋的行为违法。

张×以上述拆除行为违法，侵害其合法权益为由，提起行政赔偿诉讼，请求判令×街道办事处赔偿强制拆除其房屋造成的房屋损失、搬迁费、过渡费、奖励费等损失。

2021年12月，区政府出具房屋征收补偿决定书，对张×涉案房屋作出了房屋征收补偿决定。

判决主文

法院判决：被告×街道办事处在法定期限内对原告张×依法给予行政赔偿或者由人民法院对相关损失进行法定评估后直接作出赔偿判决。

裁判要旨

人民法院在审理因违法征收征用土地、房屋引起的行政赔偿案件过程中，行政机关在案件审理期间作出房屋征收补偿决定，但该决定未能充分弥补被违法征收人损失的，被违法征收人有权再向行政机关提起行政赔偿。

重点提示

行政法中较为重要的两个制度就是行政赔偿与行政补偿制度，两者均为行政机关及其工作人员在行使行政职权的过程中造成公民、法人或者其他组织的合法权益受损后国家所采取的补救措施。然而，针对行政相对人受损害的不同情况，行政机关或其授权组织可能给予的赔偿是不同的，既可能是行政赔偿，也可能是行政补偿，因二者之间的相似之处较多，所以容易混淆。司法实践中，在认定违法征收案件中行政补偿和行政赔偿的竞合时，应当注意以下两点：（1）行政补偿与行政赔偿的区分。两者之间存在相似之处，所以容易混淆，所以区分两者就极为重要。实务中，通常从以下几个方面对行政赔偿和行政补偿进行辨析：①性质方面。行政赔偿属于行政法律纠纷责任，而行政补偿则属于具体行政行为。②原因方面。二者均为行政机关及其工作人员在行政管理过程中对公民、法人或者其他组织的合法权益造成损害后，国家所采取的措施。然而，行政赔偿以违法作为前提，所赔偿的是行政机关及其工作人员的违法行为造成的损害；行政补偿则以合法作为前提，补偿的是行政机关及其工作人员的合法行为造成的损害。③范围方面。行政补偿的范围要大于行政赔偿的范围。④发生阶段方面。行政赔偿只能发生在侵权行为发生之后，双方调解不成的，采取行政侵权赔偿诉讼。行政补偿既可以发生在损害发生之前，也可以发生在损害发生之后，双方调解不成的，采取行政诉讼进行解决。（2）行政机关作出房屋征收补偿决定后，被违法征收人损失未能充分弥补的，其有权再要求行政机关进行行政赔偿。行政赔偿与行政补偿可能均因同一房屋，但行政赔偿是行政机关违法征收时应当承担的责任，行政补偿是行政机关合法征收时应当进行补偿的责任,两者的法律关系不同。行政机关违法征收时,其合法的补偿责任已转化为违法的赔偿责任,故不应将赔偿责任再认定为补偿责任。此外,根据我国相关法律规定可知,行政机关应该遵循充分赔偿原则,确保被违法征收人能够得到公平合理的补偿。同时,坚持侵权要赔偿、赔偿要充分的法治理念,对侵犯被违法征收人房屋所有权的行为,承担相应的法律责任。

2. 集体土地上经营性房屋征收中承租人合法权益的保护

【案例】合肥×××烤鸭食品有限公司诉合肥市××区人民政府拆迁行政征收案

案例来源

发布单位:最高人民法院中国应用法学研究所《人民法院案例选》2022年第1辑(总第167辑)

审判法院:安徽省高级人民法院

判决日期:2021年1月19日

案　　号:(2020)皖行终1263号

基本案情

2015年1月,合肥×××烤鸭食品有限公司(以下简称食品公司)法定代表人李××与彭××签订《租房协议》,约定李××承租彭××四间平房用于食品公司的生产经营,租金为每月1100元,租赁期限为1年。其中第7条约定:"如果政府拆迁的话,李××在租用期间投资、修造物一切概不属于李××所得、所有。"其后,食品公司一直实际租赁并使用前述房屋从事经营并支付租金。

2019年11月8日,食品公司与彭××签订《关于租房合同终止协议》,将原定于2020年1月16日到期的租赁合同自当日予以提前终止,理由为政府拆迁。同月20日,合肥市××区人民政府(以下简称区政府)就××街道××家园三期项目作出了房屋补偿安置方案和房屋补偿安置实施公告,案涉房屋在该项目范围内,彭××已将该房屋及附属设施移交拆除。2020年3月24日,食品公司向区政府递交《履行法定职责申请书》,请求区政府向其履行法定职责,支付停产停业费、装饰装修费、冷库损失费和搬迁损失费。次月,区政府作出《告知书》称，根据法律规定，征收主体对被征收人给予补偿是法定义务，如认为征收主体未履行征收补偿义务，可以通过法律途径解决。

食品公司遂以区政府拒不履行行政征收安置补偿职责为由，提起诉讼，请求确认区政府未依法履行安置补偿职责的行为违法，并判令其支付停产停业费 240 万元、装饰装修费损失 16.8 万元、冷库损失 5 万元和搬迁损失 1 万元。

区政府辩称：食品公司提起本案行政诉讼不符合法定起诉条件，应予驳回；食品公司并非案涉房屋的被征收人和补偿安置对象，本政府对其不负有补偿安置职责；所主张的各项补偿费用应由其与彭××自行协商解决，与本方无关。故请求驳回食品公司的起诉。

一审判决后，食品公司不服，提起上诉称：一审判决认定租赁合同到期日错误，认定本公司不享有补偿利益错误。本公司虽仅为被征收土地上房屋的承租人，但本公司多年来一直在此处经营，案涉征收行为给本公司的经营利益、经营设施等合法权益造成了损害，应当依法予以安置补偿。故请求撤销一审法院判决，改判支持本公司的全部上诉请求。

判决主文

一审法院判决：驳回原告食品公司的诉讼请求。

二审法院判决：撤销一审法院判决；由被上诉人区政府对上诉人食品公司作出征收补偿决定。

裁判要旨

一般情况下，集体土地上的经营性房屋承租人与土地征收补偿没有利害关系，其应当按照租赁合同的约定，通过自行协商、民事诉讼等途径向出租人主张所租赁房屋上的添附以及因征收而产生的搬迁费、停产停业损失等补偿费用。但是，当承租人与出租人签订的租赁合同中未对上述损失的补偿进行约定，且征收人亦没有证据证明已将该部分费用补偿给出租人的，承租人可以单独向征收人主张自己独立的补偿利益。

重点提示

在司法实践中，房屋拆迁有可能涉及第三人的利益，被征收人将涉案集体土地上的房屋出租给承租人用于生产经营时，对于行政机关是否应当对承租人进行征收安置补偿的问题,法院审理时应当注意以下两点:(1)承租人的原告主体资格认定。《行政诉讼法》第 25 条第 1 款规定:"行政行为的相对人以及其他与行政行为有利害关系的公民、法人或者其他组织,有权提起诉讼。"根据该规定可知,受到行政行为影响的并不只限于行政相对人,因行政行为产生损害的其他公民、法人或组织可以直接向作出行政行为的行政机关起诉。根据《国有土地上房屋征收与补偿条例》第 17 条规定,房屋征收补偿的内容包括房屋本身价值、搬迁、临时安置、停产停业所产生的费用。在房屋征收过程中,对房屋本身的补偿归被征收人所有,而涉及房屋装修装饰、停产停业、搬迁等产生的费用,在承租人与被征收人没有约定的情况下,如果不给予承租人一定的复议、诉讼等权利救济途径,则不利于保障承租人的财产权,在此种情况下,应当赋予承租人诉讼权。(2)承租人损失认定。《国有土地上房屋征收与补偿条例》第 17 条对补偿范围进行了规定,第 25 条进一步规定了征收补偿的具体事项。承租人的损失应当结合上述法律规定以及当地征收补偿的政策进行认定。在承租人承租房屋用于生产经营的案件中,承租人可以请求行政机关赔偿装修装饰以及添附损失、搬迁损失和停产停业损失等。上述损失可以根据具体案件中,出租人与承租人的约定,以及案件的实际情况予以确定。通常来讲,其中较为难以确定的是承租人因征地拆迁提前终止租房协议,而恢复经营需要另寻场地,在此期间产生的停产停业损失应当认定为过渡性费用,该笔费用的计算方式并没有统一的计算标准,一般而言,根据企业规模大小以及企业恢复生产经营所需要的时间来计算停业期间,通常为 2~6 个月,停业损失的计算可按"停业之前月平均净利润 × 停业期限"计算,月平均净利润以停业前一年月均实际缴纳的企业所得税推算。

3. 外嫁女是否享受村民安置补偿待遇

【案例】王 × 红诉山东省 × × 县人民政府房屋拆迁行政征收案

案例来源

发布单位:最高人民法院《人民司法·案例》2020 年第 32 期(总第 907 期)
审判法院:山东省高级人民法院
判决日期:2020 年 2 月 17 日
案　　号:(2019)鲁行终 1675 号

基本案情

××综合片区（四期）棚户区改造项目拆迁土地的实施主体和××县××街道办事处××村土地的征收主体均为山东省××县人民政府（以下简称县政府）。2017年4月，××县城中村棚改指挥部（以下简称指挥部）发布《西城区搬迁补偿方案》，载明："我县城市规划，采取货币补偿的方式，由村民自行购置商品住房，并对货币补偿及奖励标准进行了公布。与此同时，该指挥部发布《许商综合片区（四期）房屋拆迁明白纸》，其中在拆迁安置人口界定及标准中规定，给予安置的人员包括11种情形，不予安置的人员包括2种情形，具体为：'已婚嫁外村（有女无儿安置户除外）的、非本村集体经济组织成员在本村购房或建房的，不予安置。'"

2017年11月，××县××街道××村民委员会及××第一村民小组出具证明，载明："王×红原属我村第一小组成员，出嫁后一直不在我村生活，2016年小组调地时其原有的责任田已由村民小组村民一致表决同意，另行承包给本小组其他成员，王×红不再承担小组成员应承担的义务，现在已不属于我村民小组成员。"同月，指挥部与王×红之父王×存签订××综合片区（四期）棚户区改造项目按人口安置货币补偿协议及房屋拆迁货币补偿协议，约定房屋拆迁货币补偿，但未对王×红按人口进行安置补偿。

王×红以房屋拆迁项目中县政府未对其作出补偿和安置决定为由，提起诉讼，请求判令县政府作出安置补偿。

一审判决后，王×红不服，提起上诉，请求撤销原审判决，改判县政府作出补偿和安置决定或者发回重审。

判决主文

一审法院判决：驳回原告王×红的诉讼请求。

二审法院判决：撤销一审法院判决；责令被上诉人县政府对上诉人王×红作出补偿和安置决定。

裁判要旨

处理外嫁女安置补偿待遇问题时应当使外嫁女在农村或者城镇享受一次分配宅基地建房或者福利性购房时的基本居住权益。外嫁女在满足一定条件时即可享受村民安置补偿待遇。明确以侵犯妇女权益为代价作出的补偿安置方案和村民会议决定,不能作为判断外嫁女能否享受村民安置补偿待遇的证据或依据。在裁判应对上,从人民法院和行政机关两个维度探索如何选择适当的裁判方式保障外嫁女的合法权益。

重点提示

实务中,通常对"外嫁女"的概念从狭义与广义两方面进行探讨,狭义上是指本村女子嫁给本村以外的男子,但户口仍留在本村。广义上是指既包括嫁出的女子也包括嫁入且将户口迁入的女子、离婚或丧偶的外嫁女、入赘的男子以及上述人员的子女等。外嫁女征地拆迁安置补偿待遇引发的纠纷是政府和法院共同应对的难题,司法实践中,认定外嫁女是否享受村民安置补偿待遇时,应当注意以下三点:(1)外嫁女享受与同村村民同等安置补偿待遇的认定标准。我国法律对外嫁女是否为农村集体经济组织成员以及是否享有同村民一样的安置补偿待遇的问题并没有规定不同于普通村民,根据最高人民法院历年涉及外嫁女的类似案例,对于外嫁女的拆迁安置补偿纠纷,一般从以下几个方面进行认定:①外嫁女具有农村集体经济组织成员资格是其享有与本村村民同等安置补偿待遇的前提。根据《最高人民法院关于审理涉及农村土地承包纠纷案件适用法律问题的解释》第22条的规定可知,在征地补偿方案作出时具有集体经济组织成员资格的人有权请求农村集体经济组织或者村民委员会、村民小组支付行政机关发放的土地补偿费。故外嫁女要想享有与本村村民同等安置补偿待遇就应当具有集体经济组织成员资格。②是否是仍在原村集体组织内日常生产生活的外嫁女。我国在保障村内外嫁女权益的同时,也同样规定了对于户口仍在原籍的农村外出务工人员,在有重大事项(如征地拆迁等)需集体决定时,应当及时通知她们以行使她们的民主权利。③外嫁女是否在其他集体组织内享有村民待遇。若外嫁女未曾在其他集体组织享有过安置补偿待遇,那么其原村集体经济组织则有义务保障其的安置补偿的权利。④外嫁女是否在原集体组织内履行过村民应尽的义务。只要外嫁女的户籍未迁出其仍在履行村民义务,那么其就应当享有与原村村民同等的安置补偿待遇,给予其和其子女安置补偿,以此充分保障其合法权益。⑤外嫁女是否在原组织内拥有合法的宅基地。我国关于安置补偿政策的规定中要求,安置对象应当合法拥有宅基地使用权。因此,外嫁女请求给予与正常村民同样的安置补偿就需要其在原集体组织内拥有登记在自己名下的宅基地。(2)村民自治的内容与征地补偿方案不得违反国家法律法规与相关政策。实务中，经常会出现行政机关以村民自治作为理由，形成会议决定或安置补偿方案。而在征地补偿方案中规定外嫁女不属于农村集体组织成员且不向外嫁女发放其应当取得的土地征收安置补偿费。上述这种并未对外嫁女的真实情况加以进一步了解就作出具体排除外嫁女的规定是与国家法律法规以及相关政策相冲突的。这不能成为认定外嫁女能否取得安置补偿待遇的依据，应当依法及时予以纠正。(3)人民法院与行政机关保障外嫁女安置补偿权益的措施。首先，人民法院在查明行政机关确未履行补偿外嫁女应得的安置费用法定职责且裁判时机已经成熟的，人民法院可以直接判决行政机关在一定期限内给付外嫁女安置补偿费用。如果裁判时机尚未成熟且外嫁女安置补偿的问题仍需行政机关调查核实的，那么在行政机关不履行发放外嫁女安置补偿费用时，人民法院也应当依据外嫁女的诉求判决行政机关及时履行。其次，行政机关在处理外嫁女安置补偿费用纠纷时，应当充分发挥其自由裁量权。先协商解决，协调各方积极查明事实；协商不成的，也要及时给予外嫁女同其他同村村民同等的安置补偿待遇，以此保障外嫁女合法权益不受侵害。此外，外嫁女对于行政机关作出的安置补偿待遇仍不服的，也有权通过法律途径解决。

4. 行政补偿案件适用变更判决的条件

【案例】张××诉江苏省××市人民政府房屋拆迁行政补偿案

案例来源

发布单位：最高人民法院《人民司法·案例》2021年第23期（总第934期）
审判法院：江苏省高级人民法院
判决日期：2019年5月22日
案　　号：（2018）苏行终1769号

基本案情

2016年7月，原××县住房和城乡建设局（以下简称城建局）发布国有土地上房屋征收评估报名公告。次月，原××县人民政府（以下简称县政府）作出海政房征字〔2016〕4号房屋征收决定，并于当日发布征收决定公告，张

××所有的房屋位于该征收决定范围内。同日，城建局发布房屋征收评估机构选定公告，公告确定评估机构协商选定意见表回收时间为2016年8月8日。8月9日，江苏省××县公证处出具公证书，确定南通××房地产土地评估有限公司（以下简称评估公司）为本次工程房屋征收选定评估机构。次日，城建局发布房屋征收评估机构确定公告。

2016年10月31日，城建局发布南段工程项目分户初步评估结果公告，张××户的评估结果为：房屋所有权人张××、房屋坐落宁海中路50号、房屋用途为车库、合法建筑面积32.3平方米、装饰装修及附属物补偿44 563.2元、车库补偿219 640元，合计补偿264 203元，自建房3.96平方米/3278.88元。次月，城建局发布南段工程项目分户初步评估结果更正公告，将原公告中的自建房部分删除。

2017年4月，评估公司出具房屋征收分户估价报告，该评估报告于4月19日向张××送达。7月10日，评估公司出具房屋征收分户估价报告，对自建房部分，由原3.96平方米更正为6.35平方米，补偿额更正为5258元，其余未作变更。该评估报告于7月13日向张××送达。7月15日，张××提出复核评估申请，要求确认房屋坐落地址为宁海路50号-10、确认房屋合法建筑面积另有70个平方米以内50%享受、确认土地使用权面积、确认经营用房、确认其他补助。同时要求对封阳台的自建房部分计算为合法建筑面积。7月18日，评估公司于7月26日对张××户提出的异议进行了回复，内容为：评估报告中已明确标明房屋坐落，房屋及土地的合法性质应由有权部门确定，是否为经营用房应以权属资料为准。在征收过程中，征收部门与张××进行了多次协商，并在周边安排了多处车库供其选择，但张××坚持认为应给予其营业用房安置，致协调未果。

2017年8月17日，城建局向县政府提出《关于对被征收人张××作出房屋征收补偿决定的申请》。8月30日，县政府作出海政征补字［2017］21号《房屋征收补偿决定书》，认定张××的房屋坐落于中城街道宁海中路50号-10（楼房底层西起第二间），建筑面积为32.3平方米，用途为车库。根据评估结果确定张××的房屋补偿为：被征收房屋价值补偿219 640元、装饰装修及附属物补偿44 563.2元、改变房屋用途停业损失补偿43 928元，合计补偿308 131.2元，由××市人民政府支付张××。张××自征收决定公告之日起15日内，完成搬迁、交付被征收房屋。补偿决定于当日予以公告。

另查明，涉案房屋由张××于2000年6月从××市立发房地产开发有限公司购买取得，合同鉴证书载明，标的为车库，总金额30 000元。涉案房屋位于海安市××号，张××购买后用于理发经营，营业执照载明的经营场所为宁海中路50号–10（车库）。

张××以补偿安置不合理为由，提起诉讼，请求判令县政府给其安置具有合法产权的经营性用房，或者按照经营性用房计算停产停业损失的补偿数额。

一审判决后，张××不服，提起上诉。

判决主文

一审法院判决：变更被告县政府于2017年8月30日作出的21号补偿决定中"中城街道宁海中路50号–10被征收房屋总补偿为308 131.2元"为"总补偿为309 746.2元"。

二审法院判决：驳回上诉，维持原判。

裁判要旨

相对于撤销并责令重作，变更判决具有效率上的优势，避免了当事人因为行政机关重新作出行政行为而遭受二次伤害。行政机关作出房屋征收补偿决定但遗漏搬迁补偿费用的，基于保障公益性征收及时推进和维护被征收人补偿安置权益两方面考虑，人民法院可以适用变更判决，在征收补偿决定中径行增加搬迁补偿费用等补偿内容，而不撤销行政行为。

重点提示

房屋征收补偿是对被拆迁人权益的保障，行政机关在作出征收补偿决定前应当考虑补偿内容是否适当，以确保被拆迁人能够得到妥善安置。在实践中，难免出现行政机关对征收补偿存在遗漏，进而引发当事人提起行政诉讼，在审理此类案件时，司法机关是就补偿内容进行改判，还是撤销原行政行为要求行政机关重新作出补偿决定，应当注意以下三点：（1）允许法院选择主动使用变更判决系对行政相对人的保护。在行政诉讼中，司法机关一般以撤销被诉行政行为为主要判决方式，以确认、变更为例外与补充。在一般的行政纠纷中，相对人对行政机关所作出的行政行为不服，向法院提起行政诉讼，法院审理案件时对行政行为合法性进行审查,在确认行政行为违法后,司法机关通常判决撤销原行政行为,并不代替行政机关设立或变更行政法律关系或内容。《行政诉讼法》修改增加了法院解决行政争议的权力,即除考虑行政机关的首次判断权外,还应当考虑行政相对人的救济问题,在行政诉讼中,若相对人与行政机关的纠纷可以通过改变行政行为内容得以解决,基于对相对人的保护以及司法效率的考量,应当判决变更行政行为内容,以避免行政机关二次行为、引发二次诉讼、形成二次判决。根据《行政诉讼法》第 72 条及第 73 条的有关规定可知,法院在审查被诉行政行为时,发现行政机关有具体的履行职责或者给付义务,抑或履行义务的内容有不合理之处,此时相对于撤销原行政行为而言,判决变更行政行为的具体内容能够更直接对行政相对人的利益进行保护,避免行政机关在重新作出行政行为后对行政相对人造成二次伤害。(2)法院判决变更的权力限缩在行政机关没有裁量余地的范围之内。一方面,法院直接判决变更被诉行政行为提高了司法效率;另一方面,法院在采用变更判决时更应当谨慎。在司法审判过程中,司法机关应当判断行政机关是否对被诉行政行为有裁量或判断的余地,若行政机关仅能就被诉行政行为作出某种特定行为,则应当认定其没有裁量权,此时法院对该行政行为判决变更,也不会影响行政机关的裁量。(3)变更判决中对款额确认确有错误的判断。《行政诉讼法》新增变更判决适用于行政行为对款额的确定、认定确有错误,确有错误分为狭义的确有错误和广义的确有错误。狭义的确有错误,主要指行政处理的显然错误,即行政处理因为书写错误、计算错误、疏漏等导致其所表现的内容与行政机关的意思不一致。广义的确有错误,则包含了所有导致行政行为款额确认错误的原因,包括据以确认款额的事实不清,以及据以确认款额的法律错误。

5. 房屋征收过程中公共利益与个人利益平衡问题

【案例】××市××南方铁路配件厂诉××市洪山区人民政府房屋拆迁行政补偿案

案例来源

发布单位:最高人民法院发布的九起产权保护行政诉讼典型案例(2020 年 7 月 27 日)

审判法院：湖北省高级人民法院
判决日期：2018年11月29日
案　　号：（2018）鄂行终758号

基本案情

2015年5月，××市洪山区人民政府（以下简称区政府）作出洪政征决字［2015］第1号房屋征收决定，对杨泗港长江大桥建设用地范围内的国有土地上房屋实施征收，征收部门为该区房屋征收管理办公室（以下简称区征收办）。××市××南方铁路配件厂（以下简称南方配件厂）的厂房位于征收范围内，规划用途为工业配套。被征收人投票选定评估机构后，区征收办分别于2015年6月12日及24日对房屋初步评估结果和房屋征收价格评估结果进行了公告，评估公司在此期间制作了南方配件厂的分户评估报告，但区征收办直至2016年5月31日才向南方配件厂留置送达。区征收办另外委托资产评估公司对南方配件厂的变压器、车床等设备类资产的市场价值进行评估并出具了资产评估咨询报告，但未向南方配件厂送达。

因南方配件厂与区征收办始终未达成补偿协议，经区征收办申请，区政府于2016年8月12日作出洪政征补字［2016］2号《房屋征收补偿决定书》（以下简称2号补偿决定）并张贴于南方配件厂厂房处。该补偿决定设定的产权调换主要内容为："……房屋征收部门提供位于洪山区红霞村红霞雅苑10处房屋作为产权调换房……规划用途为住宅……"2016年9月28日，南方配件厂的厂房被强制拆除。

南方配件厂以该补偿决定严重违背事实为由，提起诉讼，请求判令确认2号补偿决定违法，并撤销2号补偿决定。

一审判决后，区政府不服，提起上诉称：2号补偿决定的程序合法合规；原审判决适用法律错误；即使本案因房屋灭失而进入补偿或赔偿程序，仍需以补偿决定作为赔偿依据，原审判决撤销补偿决定而不责令重作存在错误；南方配件厂提出的异地提供工业用地和厂房的要求，在该征收项目的征收补偿方案中并未设定，且存在政策障碍，房源不合适不能作为撤销2号补偿决定的理由，但可以采取补救措施。因此，请求撤销一审法院判决，改判驳回南方配件厂的诉讼请求。

南方配件厂辩称：区政府作出的2号补偿决定严重违法，损害了本公司的合法权益；区政府在评估过程中的程序违反法律规定。故请求驳回上诉，维持原判。

判决主文

一审法院判决：撤销被告区政府作出的2号补偿决定。
二审法院判决：驳回上诉，维持原判。

裁判要旨

行政机关在征收房屋过程中应当严格遵守房屋征收程序，同时征收补偿应当考虑被征收人的意愿和房屋的特定用途，严格审查征收程序的合法性与合理性，在不违背法律规定政策、公共利益的前提下，最大限度地保障被征收人的合法权益，以维持市场活力。

重点提示

在房屋征收过程中，应当做到公共利益与个人利益相平衡，房屋征收补偿应当严格遵守法定程序，保障被征收人的合法财产权益。在司法实践中，因房屋征收中的利益平衡问题产生争议的，法院审理时应当注意以下两点：（1）行政机关房屋征收补偿程序应当遵守法律规定。依据房屋征收法律法规，房屋征收程序通常有以下流程：①行政机关立项，并进行前期调查；②征收部门拟定征收补偿方案并报区（县）人民政府；③调查拟征收房屋，并公布调查情况；④如有未登记的建筑，有关部门应当对其进行调查、认定和处理；⑤公布补偿方案，征求公众意见，征求意见期限不得少于30日；⑥行政机关根据意见征求、听证情况对房屋征收补偿方案重新修订公布，并做好风险评估；⑦区（县）人民政府作出房屋征收决定，涉及被征收人数量较多的，经区（县）人民政府常务会议讨论决定；⑧公布房屋征收决定，做好房屋征收决定宣传解释工作；⑨由被征收人选择征收评估机构；⑩房屋征收部门与被征收人签订补偿协议，在规定期限内达不成协议的，由房屋征收部门报请作出征收决定的人民政府作出补偿决定，并依法送达被征收人并在房屋征收范围内公告；⑪被征收人对补偿决定不服的，可以依法申请行政复议或提起行政诉讼。行政机关在进行房屋征收过程中应当严格按照上述流程进行，并出具必要的手续。（2）征收补偿决定应当平衡个人利益与公共利益。根据《国有土地上房屋征收与补偿条例》第21条的有关规定可知，被征收人可以选择货币补偿,也可以选择房屋产权调换。被征收人选择房屋产权调换的,市、县级人民政府应当提供用于产权调换的房屋,并与被征收人计算、结清被征收房屋价值与用于产权调换房屋价值的差价。因旧城区改建征收个人住宅,被征收人选择在改建地段进行房屋产权调换的,作出房屋征收决定的市、县级人民政府应当提供改建地段或者就近地段的房屋。该项的立法目的在于保障被征收人可以依自己的意愿而保持生产生活的连贯性和便利性,不因征收而受到过度影响。故行政机关在作出征收补偿决定时,应当充分考虑被征收人个人利益与公共利益的平衡,在不损害公共利益的前提下,尽量保障被征收人的合法权益。

6. 被征收人不配合房屋价值评估时行政机关作出的房屋征收补偿决定的合法性认定

【案例】孙××诉舟山市××区人民政府房屋拆迁行政补偿案

案例来源

发布单位:最高人民法院发布的人民法院征收拆迁典型案例(第二批)(2018年5月15日)

审判法院:浙江省高级人民法院

判决日期:2016年11月21日

案　　号:(2016)浙行终626号

基本案情

孙××的坐落于舟山市××区××门××路×××号的房屋,建筑面积为107.44平方米,原划拨的土地使用权面积为67.20平方米。2014年被规划进××区半升洞区块旧城改造项目房屋征收范围内。2014年4月,舟山市××区人民政府(以下简称区政府)确定的房屋征收部门××区政府房屋征收与补偿管理办公室(以下简称区征收办)发布了有关征收范围和开展调查摸底、房屋评估测绘、房屋征收与补偿实施方案征求意见等相关工作的通告。2015年2月14日,区征收办向孙××发送选择评估机构的通知书。次日通知书达到后,区征收办发布选定舟山××房地产估价咨询有限公司(以下简称评估公司)作为评估机构的公告。同月16日,评估公司向孙××留置送达了对孙××被征收房屋评估后作出的《舟山市××区国有土地上住宅房屋征收评估分户报告》。同日，评估公司作出《半升洞区块被征收房屋及安置房评估结果公示表》，载明：孙××征收房屋评估单价为9072元/平方米，建筑面积为107.44平方米。区征收办也在同日发布了关于签约期限和签约地点的公告。在规定时间内孙××未与区征收办达成补偿协议。

2015年4月，区征收办向区政府报送《关于要求对孙××所有的被征收房屋作出房屋征收补偿决定的申请》并附房屋征收补偿决定方案。同月21日，区政府向孙××作出《选择征收补偿方式告知书》及房屋征收补偿决定方案，同时告知孙××可在方案送达之日起15日内提出意见并对征收补偿方式进行选择，逾期不作出选择的，根据区政府作出的补偿决定确定补偿方式。上述文件于2日后送达孙××，但孙××未在已告知的期限内选择征收补偿方式。次月，区政府作出了对孙××被征收房屋的征收补偿决定，向孙××直接送达，并进行了公告，该补偿决定载明：区政府确定的征收方式为货币补偿，孙××被征收房屋补偿费974 696元，搬迁费2149元，临时安置费14 182元。孙××共计可得货币补偿金额为991 027元，已存储于银行专用账户内；被征收房屋的装修及附属物经入户按实评估后，再按规定予以补偿；孙××应当自收到决定书之日起60日内腾空被征收房屋，并告知孙××有提起行政复议、行政诉讼权利以及相关法定期限等事项。

孙××以作为房屋征收补偿方案依据的评估报告违法，评估价格严重偏低、产权调换结算房屋差价的计算违法为由，提起诉讼，请求撤销区政府作出的被拆房屋征收补偿决定。

一审判决后，孙××不服，提起上诉称：（1）区政府以旧城改造为由征收房屋，但未按旧城改造程序、方法、途径和权利保护作出普政房征决[2015]1号房屋征收决定，侵害了本人合法权益，房屋征收决定违法，以此为依据作出的房屋征收补偿决定无效。（2）区政府未经本人选定的评估机构评估，程序违法，评估机构的评估报告是未经现场勘查而仅以房产证等书面材料和征收部门的意见作为依据作出，应认定为无效。此外，评估的公示、送达程序也违反相关法律规定，因此应当认定房屋征收评估报告因违法而无效。（3）被征收房屋评估价值严重偏低，完全偏离市场价格且评估结论和报告脱离实施不应当具有证明效力，区政府能够向本人送达相关文书与不能入户评估的说法存在矛盾，评估机构从未到过被征收房屋进行现场勘查，评估机构未对被征收房屋的装修、附属设施及未经产权登记的建筑物等一并评估既损害了本人的利益也构成违法，区政府用于产权调换的房屋并未建成并不具备作出补偿决定的条件，补偿决定中的产权调换结算房屋差价的计算违法，因此，区政府作出的房屋征收补偿决定因违法而无效，应予撤销。（4）一审法院审理过程中已经查明或者应当查明区政府作出的房屋征收补偿决定违法无效的事实，驳回本人诉求系认定事实不清，证据不足。综上，请求撤销一审判决，改判支持本人的一审诉求。

区政府辩称：虽然孙××等个别被征收人未对选定评估机构作出选择，但征收区域内85%被征收人均选择评估公司作为评估机构，孙××等人的决定并不会对最终选定评估公司进行评估产生影响。评估公司依照独立、客观、公正的原则作出评估报告，没有侵犯孙××的权利。评估公司在作出分户评估报告后，进行了公示并将公告送达了孙××，公告中对被征收户的询问、质疑等权利均予以告知并给予合理的期限，但孙××并未提出任何异议或复核申请，因此，本政府的送达程序并不违法；由于对未经产权登记的建筑物进行评估需要孙××配合，但孙××一直采取消极抗拒态度，导致评估公司无法进行评估工作，只能进行房屋外围勘查并依照本政府提供的相关材料进行评估，孙××如能配合评估公司履行评估相关程序，仍可以继续处理其未经产权登记的建筑物和室内装修部分的价值。因此，本政府对孙××未经产权登记的建筑物未认定是合法的，不存在剥夺孙××依法可能获得的权利的情形，评估报告也不违法；孙××关于房屋价值高达3万元／平方米的观点无事实依据；安置房的评估价格是依据所处位置并结合市场因素确定，因此房屋结算差价是客观的，补偿决定中的产权调换结算房屋差价的计算并不违法。

判决主文

一审法院判决：驳回原告孙××的诉讼请求。
二审法院判决：驳回上诉，维持原判。

裁判要旨

由于被征收人的不配合，评估机构只对被征收房屋进行了外围勘查，最终结合房屋所有权证记载的内容制作评估报告，房屋征收机构依据此评估报告作出了房屋征收补偿决定。由于评估机构制作评估报告的过程并无不当行为，也不存在重大、明显违法情形，因此房屋征收机构依据该评估报告作出的征收补偿决定合法。

重点提示

房屋拆迁之前需要对被征收的房屋的价值进行评估，以确保被征收人能够及时得到合理的补偿，评估过程不仅要求行政机关和评估机构依法评估，也要求被征收人积极配合。在被征收人不配合进行房屋价值评估的情况下，行政机关作出的房屋征收补偿决定的合法性认定问题，在司法实践中应当注意以下两点：（1）具体行政行为的合法要件。根据国务院发布的《全面推进依法行政实施纲要》规定，行政机关在实施行政管理行为时，应当公平公正，合理合法。第一，行政机关在实施具体行政行为时，应当有正确动机。该纲要规定："行政机关实施行政管理，应当遵循公平、公正的原则。要平等对待行政管理相对人，不偏私、不歧视。行使自由裁量权应当符合法律目的，排除不相关因素的干扰；所采取的措施和手段应当必要、适当；行政机关实施行政管理可以采用多种方式实现行政目的，应当避免采用损害当事人权益的方式。"第二，行政行为要于法有据。这要求具体行政行为应根据法律法规作出，在实施行政行为时应当符合法律规定的程序，不应当超过法律授予的职权，也不应当在权限内滥用职权，致使国家社会以及相对人利益受损。（2）被征收人拒绝履行配合协助的义务，其不利后果应由被征收人承担。《国有土地上房屋征收与补偿条例》第20条第2款规定："房地产价格评估机构应当独立、客观、公正地开展房屋征收评估工作，任何单位和个人不得干预。"这不仅要求行政机关与评估机构在评估时客观公正，也要求被征收人积极配合，当被征收人无正当理由，拒绝配合与协助，导致无法评估，其不利后果将由被征收人承担。在房屋征收过程中，若被征收人拒绝配合评估机构对被征收房屋价值进行评估，导致评估机构只能依照房屋外围情况对房屋出具评估报告的，行政机关以此评估报告为依据作出的房屋征收补偿决定应当认定为有效，被征收人不得以房屋征收补偿决定程序违法为由请求法院判令撤销征收补偿决定。

7. 违法评估报告对征收补偿决定效力认定的影响

【案例】吉林省××县××物资经销处诉吉林省××县人民政府房屋拆迁行政征收案

案例来源

发布单位：最高人民法院发布的八起人民法院征收拆迁典型案例（第二批）（2018年5月15日）

审判法院：吉林省高级人民法院

判决日期：2016年11月2日

案　　号：（2016）吉行终554号

基本案情

2015年4月8日，吉林省××县人民政府（以下简称县政府）作出《房屋征收决定》，该决定确定了对县城城东棚户区四区（城中村）范围内国有土地上房屋实施征收、征收实施时间、签约期限等内容。同日发布永政告字〔2015〕1号《房屋征收公告》并于拆迁范围公告栏张贴。4月27日至29日，××县房屋征收经办中心作出《县城城东棚户区四区（城中村）改造项目评估机构选定实施方案》并公告。4月30日，××县房屋征收经办中心召开城东棚户区四区（城中村）改造项目选定评估单位大会，选定房地产评估机构对该区进行评估。资产评估表中存在多处瑕疵：附属物估价报告中遗漏了一口机井、三相电配电箱（含动力电）等主要设备；资产评估结果汇总表中未附带项目明细，遗漏多处设备项目，未交待当事人在规定时间申请复核评估的权利，且没有评估师签字；土地估价分户报告单中亦未交待当事人申请复核评估的权利，且没有评估师盖章和签字。吉林省××县××物资经销处（以下简称经销处）认为县政府的评估行为存在诸多违法和不公平之处，2015年9月15日，县政府对经销处作出《房屋征收补偿决定》。

经销处以县政府作出的房屋征收补偿决定违法为由，提起诉讼，请求判令撤销上述房屋征收补偿决定。

一审判决后，县政府不服，提起上诉。

判决主文

一审法院判决：撤销被告县政府作出的永政房征补 [2015] 3 号房屋征收补偿决定；限被告县政府于本判决生效之日起 60 日内重新作出行政行为。

二审法院判决：驳回上诉，维持原判。

裁判要旨

房屋征收前对被征收的财产进行评估时，财产评估应当保障被征收人的合法权益，行政机关依据不能如实反映被征收财产情况的评估报告作出的房屋征收补偿决定侵犯行政相对人合法权益的，法院应当撤销房屋征收补偿决定，重新对相对人的财产进行补偿。

重点提示

在司法实践中，房屋征收人与被征收人就征收补偿决定产生矛盾，而争议的焦点通常指向涉案财产的征收评估报告。关于房屋征收评估报告违法对于房屋征收补偿决定效力的影响的问题，法院在审理过程中应当注意以下两点：（1）诉讼中法院对评估报告的审查义务。评估报告是征收机关作出补偿决定的主要依据，直接关系补偿决定的合法性，根据《国有土地上房屋征收与补偿条例》第 26 条第 3 款规定："被征收人对补偿决定不服的，可以依法申请行政复议，也可以依法提起行政诉讼。"《国有土地上房屋征收评估办法》第 22 条规定："被征收人或者房屋征收部门对原房地产价格评估机构的复核结果有异议的，应当自收到复核结果之日起 10 日内，向被征收房屋所在地评估专家委员会申请鉴定。被征收人对补偿仍有异议的，按照《国有土地上房屋征收与补偿条例》第二十六条规定处理。"根据上述法律规定可知，被征收人对评估报告结果有异议的，仍然可以进行起诉，法院在接到起诉后，应当对原告的异议进行实质性审查，以此判断行政机关作出的补偿决定是否合法，进而判断是否侵犯了原告的合法权益。（2）评估报告违法对征收补偿决定效力认定。评估报告在程序上存在瑕疵，但经过补正后对征收补偿决定没有影响的，基于维持合同关系的稳定性，应当维持补偿决定的效力；评估报告在程序上存在重大违法，侵犯被征收人的合法权益，据此作出的征收补偿决定也应当认定为不具有合法性。应当注意的是，根据《行政诉讼法》第 74 条第 1 款的规定，撤销违法行政行为会对国家利益以及社会利益产生重大损失的，可以不对行政行为进行撤销。即在认定行政行为违法后，还应当平衡个人利益与国家利益，在实现公共利益的前提下最大化保障个人利益。

8.户口被征收机关冻结后因结婚或出生入户的人口是否属于安置人口

【案例】王××诉北京市××区住房和城乡建设委员会房屋拆迁行政裁决案

案例来源

发布单位：最高人民法院发布的八起人民法院征收拆迁典型案例（第二批）（2018年5月15日）

审判法院：北京市第二中级人民法院

判决日期：2016年5月15日

案　　号：（2014）二中行终字第1289号

基本案情

2010年，北京市土地整理储备中心××区分中心（以下简称区土储分中心）获得《房屋拆迁许可证》，获准在2010年9月8日至2011年9月7日之间，对轨道交通房山线×××站项目建设涉及的房屋及附属物进行拆迁。××区××镇×××村村民王××居住在被拆迁区域，王××的宅院在册人口共七人，包括王××夫妻二人、王××长子夫妻及女儿三人，以及王××次子夫妻二人。其中王××长子女儿因出生于2011年11月8日入户，王××次子的妻子在二人2012年11月7日结婚后将户口迁入。

2010年9月，经区土储分中心委托的北京××房地产评估咨询有限责任公司（以下简称评估公司）评估，王××全家共能获得拆迁补偿款556 392元，并向王××送达了《拆迁估价报告》，但王××未予以签收。此后，区土储分中心也未与王××达成拆迁补偿协议。区土储分中心因此向北京市××区住房和城乡建设委员会（以下简称区住建委）递交裁决申请。2014年3月，区住建委作出了京房建裁字（2014）第10号《裁决书》，认定：王××全家在册共5人，只包括王××夫妻、王××长子夫妻及王××次子。王

××未在规定期限内签订拆迁补偿协议也未进行搬迁，不符合享受提前搬家奖励的条件。在扣除提前搬家奖励费和工程配合奖后，区土储分中心应向王××支付拆迁补偿款共计556 392元。依据相关方案，王××全家5人可按照均价2000元/平方米的价格购买优惠安置房200平方米。王××全家可自搬迁腾房将房屋交拆除之月起18个月，每月可获得周转费2000元。

王××以区住建委作出的裁决书侵害其合法权益为由，提起诉讼，请求判令撤销区住建委作出的裁决书。

区住建委辩称：区土储分中心取得了《房屋拆迁许可证》，同时拆迁补偿方案、拆迁补偿标准符合相关规定，拆迁行为合法；本委作出裁决的程序合法，认定事实清楚，适用法律正确，送达程序也合法，故请求驳回王××的诉讼请求，维持本委作出的裁决书。

区土储分中心述称：同意区住建委的答辩意见。

一审判决后，王××不服，提起上诉。

区住建委辩称：同意一审判决，请求予以维持。

区土储分中心辩称：不同意王××的上诉意见。

判决主文

一审法院判决：驳回原告王××的诉讼请求。

二审法院判决：撤销一审法院判决；撤销被上诉人区住建委作出的裁决书；被上诉人区住建委对原审第三人区土储分中心提交的裁决申请重新作出处理。

裁判要旨

房屋被征收人户口被征收机关冻结后，因结婚和出生新入户人口符合相关规定属于在冻结后可以继续入户的情形，基于保护弱势群体利益的需要，征收机关应当将因结婚和出生入户的人口认定为拆迁安置人口，而不应只以拆迁户口冻结统计的时间作为唯一认定节点。

重点提示

房屋拆迁补偿不仅与房屋价值相关联，也与安置人口有关，近年来农村土地升值，频繁出现房屋征收补偿过程中迁入户口以谋取不当利益的情况，为解决上述问题,行政机关在下达征收房屋决定后,会对被征收人户口进行冻结,以防止相对人恶意谋取不当利益。在实践中,认定房屋拆迁过程中入户的人口是否属于拆迁安置人口的问题,应当注意以下两点:(1)拆迁户口冻结制度的适用。《国有土地上房屋征收与补偿条例》第16条规定:"房屋征收范围确定后,不得在房屋征收范围内实施新建、扩建、改建房屋和改变房屋用途等不当增加补偿费用的行为;违反规定实施的,不予补偿。房屋征收部门应当将前款所列事项书面通知有关部门暂停办理相关手续。暂停办理相关手续的书面通知应当载明暂停期限。暂停期限最长不得超过1年。"在拆迁公告发布后,房屋拆迁前,由于需要依据对拆迁区域内的房产的评估制定相应的补偿或安置方案,为方便评估顺利进行,需要在一定期限内禁止房产持有人变更房产面积以及归属,并禁止人口迁入被征收房屋。上述规定既有利于提高行政效率,也有利于防止他人恶意增加补偿费用。(2)适用拆迁户口冻结制度时应当注重保护弱势群体的利益。拆迁户口冻结制度目的是提高行政效率,防止恶意相对人谋取不当利益,实践中应当根据具体情况进行适用,而不应当"一刀切",对于弱势群体应当予以保护。根据《北京市集体土地房屋拆迁管理办法》第8条第1款第3项"用地单位取得征地或者占地批准文件后,可以向区、县国土房管局申请在用地范围内暂停办理下列事项……(三)办理入户和分户,但因婚姻、出生、回国、军人退伍转业、经批准由外省市投靠直系亲属、刑满释放和解除劳动教养等原因必须入户、分户的除外"的规定可知,在户口被冻结后,根据相关规定对下列几类人仍应允许继续迁入:①在拆迁范围内有常住户口的妇女新生的婴儿需要落户的;②与拆迁范围内有常住户口的居民结婚后需要迁入配偶户口的;③复员、转业和退伍军人回本市原户口所在地投奔直系亲属必须将户口迁入被拆迁区域的;④刑满释放、解除劳动教养、解除少管人员回本市原户口所在地投靠直系亲属必须将户口迁入被拆迁区域的;⑤回国、退职、退休和退学人员回本市原户口所在地投靠直系亲属必须将户口迁入被拆迁区域的;⑥按有关政策规定,经市、区(县)公安局批准必须将户口迁入被拆迁区域的。该办法虽然不在全国范围内适用,但对于保障弱势群体合法利益有借鉴作用。

9. 房屋征收补偿决定的送达及效力认定

【案例】褚××诉×××市人民政府房屋拆迁行政征收案

案例来源

发布单位：最高人民法院中国应用法学研究所《人民法院案例选》2016年第10辑（总第104辑）

审判法院：吉林省高级人民法院

判决日期：2015年7月28日

案　　号：（2015）行监字第955号

基本案情

×××市人民政府（以下简称市政府）根据相关规定就本市××路东侧棚户区地块（二）作出房屋征收决定，并在被征收范围内张贴了房屋补偿方案征求公众意见的公告、评估机构选定公告、房屋征收决定公告等文件，对房屋征收过程依法予以公示公告。其中，作出征收决定的公告中明确对征收补偿方案及公民的行政复议、行政诉讼权利予以说明。同时，在房屋征收过程中，市政府对褚××的房屋进行了征收调查登记、评估鉴定，并与褚××协商房屋征收事宜。其中，褚××对征收补偿决定提起过行政复议。

褚××以市政府作出的房屋征收决定侵犯其权益为由，提起诉讼，请求法院对房屋征收决定的合法性予以审查。

一审判决后，褚××不服，提起上诉称：本人直至起诉市政府征收补偿决定查阅卷宗时才得知其作出了房屋征收决定，未超过法定期限，请求法院审查该决定作出的合法性。

二审判决后，褚××不服，申请再审称：一、二审中，市政府未提供证明其作出的征收决定合法性的关键证据，亦未证明在征收前依法拟定了安置补偿方案，法庭审判流于形式；涉案地块的"棚户区改造"项目已被相关部门确认违法；一、二审法院未对市政府作出的征收决定的合法性进行严格审查错误。故请求撤销一、二审法院裁定，发回重审。

判决主文

一审法院裁定：驳回原告褚××的起诉。

二审法院裁定：驳回上诉，维持原裁定。

再审法院裁定：驳回申请人褚××的再审申请。

裁判要旨

在房屋征收过程中，行政机关应当依照法律规定的内容与格式制作征收决定书，并依照法定程序与方式向被征收人进行送达；征收决定书送达后即具有法律效力，行政机关应当严格按照征收决定书中的内容进行征收活动，对征收存在异议的当事人也应当自知道或者应当知道作出行政行为之日起6个月内提出行政诉讼，否则视为放弃起诉权利，事后再次起诉的，人民法院应当裁定驳回起诉。

重点提示

房屋征收过程中，为保障被征收人的合法权益，行政机关应当切实履行法定程序，向被征收人送达房屋征收文本，以保障被征收人的合法权益。在司法实践中，对于因房屋征收文本的效力问题而引发的纠纷，人民法院在审理过程中应当注意以下三点：（1）房屋征收决定文书的内容要求。政府下达征收文书时，应当规范文书内容，一方面能够对行政行为起到规范作用，另一方面也能够便于相对人了解内容，在认为自身合法权益受到侵害时能够及时得到相应的法律救济。首先，房屋征收的文书在格式上应当规范，征收文书作为行政机关发布的文件，应当具有权威性和约束性，应当符合政府文件的格式要求。其次，征收文书的内容应当注明征收房屋的目的，根据《国有土地上房屋征收与补偿条例》第8条规定可知，行政机关征收土地上房屋目的应当具有合法性，在发布文书时，应当注明征收房屋的目的，以保障被征收人的知情权。再次，文书内容应当明确征收范围，并根据具体情况列明征收部门、征收时间、补偿部门、法律后果等相关内容。最后，文书内容应当对被征收人的救济途径以及时限进行说明，以确保被征收人能够及时得到救济。（2）房屋征收决定的送达方式。《国有土地上房屋征收与补偿条例》第13条、第26条均规定征收法律文书以公告的方式送达，原因在于：房屋征收关联多数被征收人，为提高效率，采用公告送达的方式，目前公告送达的方式主要包括互联网公告送达、报纸公告送达、公告栏公告送达等。而房屋征收关系被征收人的实体权益，公告送达是一种推定的送达方式，不能够确保每一个被征收人都能够悉知房屋征收情况。因此，行政机关在发布公告送达后，还应当进行送达回访，补强公告送达的效果。根据《行政诉讼法》的有关规定，公民、法人或者其他组织直接向人民法院提起诉讼的，应当自知道或者应当知道作出行政行为之日起6个月内提出，公告送达的房屋征收决定自房屋征收决定公告期限届满之日起视为其"应当知道"该房屋征收决定，未在"应当知道"之日起6个月内提起诉讼的，视为放弃起诉权利。事后再次起诉的，为维护行政管理秩序，保证行政机关的执法效率，人民法院在受理后无须审查该房屋征收决定的合法性，应当裁定驳回该相对人的起诉。（3）房屋征收决定的效力。对于被征收人而言，根据《国有土地上房屋征收与补偿条例》第16条第1款规定："房屋征收范围确定后，不得在房屋征收范围内实施新建、扩建、改建房屋和改变房屋用途等不当增加补偿费用的行为；违反规定实施的，不予补偿。"在司法实践中，认定被征收人是否存在上述规定的情形，遵循主客观相一致的原则，即被征收人主观上以恶意套取补偿金为目的，实施了新建、扩建、改建等不当增加补偿费用的行为。对行政主体而言，征收部门应当严格按照征收文书进行征收活动，不得擅自扩大征收范围，对于列入征收范围内的建筑物必须予以征收。

10. 国有土地上房屋被纳入征收拆迁范围是否必然不予登记

【案例】 陈×麟等诉江苏省××市住房保障和房产管理局房屋行政登记案

案例来源

发布单位：最高人民法院《人民司法·案例》2016年第11期（总第742期）
审判法院：江苏省南通市中级人民法院
案　　号：（2015）通中行终字第00372号

基本案情

倪×在其丈夫陈×辉去世后，取得涉案房屋（共有四间房屋）所有权证和国有土地使用权证。倪×去世后，其子女陈×麟、陈×忠、陈×良、倪

×芳（以下简称陈×麟等四人）就涉案房屋订立继承析产协议书，约定各自继承已逝双亲名下的四间房屋，之后四人对协议进行公证，但未进行房屋产权登记。2014年10月，涉案房屋被纳入国有土地上房屋征收范围，且征收房屋主管部门明确要求江苏××市住房保障和房产管理局（以下简称房管局）不再对该征收范围内房屋办理分家、分户手续。同年12月，陈×麟等四人就涉案房屋向房管局申请分户登记，但被房管局以涉案房屋已被纳入征收范围为由拒绝。陈×麟等四人申请行政复议，但复议机关维持房管局答复。

陈×麟等四人以自己对四间房屋享有明确的民事权利，房管局应当办理分户登记为由，提起诉讼，请求判令撤销房管局书面答复并履行其登记职责。

一审判决后，陈×麟等四人不服，提起上诉称：陈×麟等四人申请房屋登记有继承析产协议书、相关公证书作为事实依据，且不存在非法获取征收利益的情形。一审法院适用法律错误，请求撤销一审判决，改判支持其原审诉讼请求。

二审期间，陈×麟等四人以涉案房屋征收补偿问题已妥善解决为由，申请撤回上诉。

判决主文

一审法院判决：驳回原告陈×麟等四人的诉讼请求。
二审法院裁定：准予上诉人陈×麟等四人撤回上诉。

裁判要旨

《国有土地上房屋征收与补偿条例》第16条所要规制的是不当获取征收利益的行为，其适用的法律效果是不予补偿而非不予登记，故不构成登记机关不予登记的直接依据。根据《民法典》的规定，房屋权利人有权对其依合法继承取得的房屋申请产权登记。同时，根据上述条例第27条规定，补偿足额到位是实施房屋征收的前提，房屋被纳入征收范围但未补偿，应当视为征收程序未启动，故不构成不予登记的事由。

重点提示

房屋所有权人有权向行政机关申请房屋登记，房屋征收关系到房屋所有权人的利益，对于被纳入征收范围的国有土地上的房屋，权利人要求行政机关确权登记的案件,法院在审理时应当正确处理房屋征收与登记制度之间关系,具体应当注意以下两点:(1)房屋登记条件。根据《不动产登记暂行条例》的规定,以下情形申请人可以单方申请不动产登记:①尚未登记的不动产首次申请登记的;②继承、接受遗赠取得不动产权利的;③人民法院、仲裁委员会生效的法律文书或者人民政府生效的决定等设立、变更、转让、消灭不动产权利的;④权利人姓名、名称或者自然状况发生变化,申请变更登记的;⑤不动产灭失或者权利人放弃不动产权利,申请注销登记的;⑥申请更正登记或者异议登记的;⑦法律、行政法规规定可以由当事人单方申请的其他情形。其登记申请应当符合以下事实要件:①不动产界址、空间界限、面积等材料与申请登记的不动产状况一致;②有关证明材料、文件与申请登记的内容一致;③登记申请不违反法律、行政法规规定。在本案中,权利人通过继承方式取得了房屋的所有权,且相关手续齐全,符合上述房屋登记的条件,应当依法进行登记。(2)对公共利益的维护不当然构成权利人房屋登记的阻却事由。《国有土地上房屋征收与补偿条例》第16条规定:"房屋征收范围确定后,不得在房屋征收范围内实施新建、扩建、改建房屋和改变房屋用途等不当增加补偿费用的行为;违反规定实施的,不予补偿。房屋征收部门应当将前款所列事项书面通知有关部门暂停办理相关手续。暂停办理相关手续的书面通知应当载明暂停期限。暂停期限最长不得超过1年。"该规定设立的目的是防止被征收人在房屋征收后以扩建、新建、改建房屋等方式不当增加补偿利益,该规定所要防止的是法律所禁止的投机行为,有事实和法律依据的合法登记行为不应当在此范围之内。在具体案件中,应当精准把握法律规定的含义,不能对法律规则任意扩张适用。

11. 无法实行产权调换时征收补偿款支付标准的认定

【案例】陈××诉××市人民政府房屋拆迁行政赔偿案

案例来源

发布单位:《最高人民法院公报》2015年第4期(总第222期)

审判法院:最高人民法院

判决日期:2014年7月17日

案　　号:(2014)行监字第148号

基本案情

2002年4月,陈××向××市房地产管理局瀍河分局购买涉案房屋,次月,陈××获得××市房地产管理局颁发的房屋产权证。而后,××市人民政府成立的新街道路建设及周边环境整治工程指挥部(以下简称指挥部)向陈××征收涉案房屋。同年8月,陈××根据指挥部的安排将涉案房屋及房屋附属物交予指挥部,次日,涉案房屋及附属物全部被强拆,当时陈××家中共有三名家庭成员。次月,指挥部经陈××索要,分两次向陈××支付人民币合计10 000元。2003年12月,陈××向指挥部借款10 000元。前述三笔款项的相关字据中均具有洛阳×房地产有限责任公司加盖的财物专用印章。

经另案法院认定,指挥部对涉案房屋及附属物实施强拆的行为系违法行为。

陈××以××市人民政府组织强拆违法,给其造成经济损失为由,提起诉讼,请求判令××市人民政府向其支付房屋拆迁补偿款。

一审判决后,陈××、××市人民政府不服,均提出上诉。

二审判决后,陈××不服,申请再审称:一、二审法院参考《1997年拆迁安置补偿标准》,确定涉案房屋及附属物拆迁补偿款为94 706.52元,明显不当。2002年拆迁时,因与政府相关部门形成纠纷,至一审判决时,房屋价格已经发生巨大变化,继续以《1997年拆迁安置补偿标准》确定的价格难以在同区位实现产权调换。故请求撤销原一、二审判决,依法予以再审。

判决主文

一审法院判决:被告××市人民政府向原告陈××支付房屋拆迁补偿款94 706.52元(含陈××已领取的20 000元)。

二审法院判决:驳回上诉,维持原判。

再审法院裁定:指令二审法院另行组成合议庭进行再审;再审期间中止原判决的执行。

裁判要旨

拆迁人和相关行政机关违法实施拆迁,导致被拆迁人长期未依法得到补偿安置的,房价上涨时,拆迁和相关行政机关有义务保证被拆迁人得到公平合理的补偿安置。被拆迁人选择产权调换时，拆迁人和相关行政机关无适当房屋实行产权调换的，应向被拆迁人支付生效判决作出时以同类房屋的房地产市场评估价格为标准的补偿款。

重点提示

随着城市化进程的加快，越来越多的城市房屋纳入征收拆迁改造范围，根据相关法律规定，对征收土地上房屋进行拆迁的，应当对房屋所有人予以相应的补偿。行政机关在对被征收人进行拆迁安置补偿时应当注意以下两点：（1）我国目前房屋拆迁补偿模式。房屋补偿方式既包括货币补偿，也包括房屋产权置换，也可以以两种相结合的方式进行补偿。以货币补偿方式进行补偿的，其补偿的参考要素一般包括被拆迁房屋的位置、房屋面积、房屋建筑成本以及屋内设施等。随着社会的发展，涉及房价上涨等因素，仅以货币方式进行补偿的难以支撑被拆迁人重新购置房屋，货币补偿逐渐显露缺陷。房屋产权置换，是指在房屋拆迁后，参考被拆迁房屋的面积或家庭人口数量以及房屋价格等因素，对被拆迁人进行安置，以达到补偿被拆迁人的目的。而实践中单一的货币补偿模式与产权置换模式均无法照顾到所有被拆迁人的利益，拆迁阻力较大，因此，以两种模式相结合的方式，对被拆迁人进行补偿，既减轻了拆迁阻力，也是人文精神的体现。（2）无法进行产权置换时应当支付生效判决作出时市场价补偿款。实务中，因行政机关的违法拆迁行为导致被征收人利益损失的，应当依据前述分析所述给予产权置换或货币补偿，在没有适当的房屋产权可供置换的情况下，则应当给予货币补偿，但在对房屋价格评估过程中，主要遵循以下几种依据：其一，被拆迁房屋的交易平均价格；其二，房屋的市场评估价格，房屋的价格并非一成不变，随着市场经济的发展，房屋购置后受地理位置等各种因素影响，有可能会有所升值，此时以原价格进行补偿不利于弥补受害人的损失；其三，重置成本价，即对类似房屋建筑的内部建筑材料、装修风格、质量等进行评估并计算被拆迁房屋的价格。

二、拆迁安置补偿协议

1. 在行政协议履行之诉中能否一并审查行政机关的解除行为

【案例】朱×旭诉山东省×县住房和城乡建设局房屋拆迁行政合同案

案例来源

发布单位：最高人民法院《人民司法·案例》2022年第5期（总第952期）
审判法院：山东省高级人民法院
判决日期：2021年4月15日
案　　号：（2021）鲁行再21号

基本案情

朱×旭系×县南城办事处单楼行政村人。2017年，×县人民政府决定对×县南城办事处单楼片区实施棚户区改造。2018年，×县住房和城乡建设局作为房屋征收单位，委托×县卫生和计划生育局、×县城市建设投资有限公司实施征收。登记在朱×良（1990年朱×良收养其弟朱×升次子朱×旭作为养子，户籍与朱×良在一起，朱×良因病于1993年去世）名下的位于单县××办事处××楼行政村××号集体土地及地上房屋被划入征收范围以内。2018年7月，征收实施单位与朱×旭签订三份×县棚户区改造房屋征收补偿安置协议。协议签订后，被征收房屋及附属物被拆除。2019年4月，单楼片区棚户区改造指挥部向朱×旭出具解除安置补偿协议通知书，内容为："我单位与你签订三份×县棚户区改造房屋征收补偿安置协议后，刘×平对此提出异议，并出具相关证明。据此，我单位认为上述房屋产权不明，协议应当解除"。

朱×旭以×县住房和城乡建设局未按协议履行为由，提起诉讼，请求判令×县住房和城乡建设局继续履行与其签订的三份×县棚户区改造房屋征收补偿安置协议。

另查明，本案在审理中，×县住房和城乡建设局又举出一份《解除安置补偿协议通知书》，并盖有公章"×县卫生和计划生育局棚改专用章"，该通知书下方有手写"本人拒签"四字。

×县住房和城乡建设局辩称：本局已于2019年4月向朱×旭出具解除安置补偿协议通知书，本局与朱×旭已无征收补偿安置协议的法律关系，本局无须继续履行协议并支付相关费用。

一审判决后，朱×旭不服，提起上诉。

×县住房和城乡建设局辩称：朱×旭签订的补偿安置协议已解除，朱×旭要求履行安置协议没有事实依据，请求法院依法驳回朱×旭的诉讼请求。

二审判决后，朱×旭不服，申请再审。

判决主文

一审法院判决：驳回原告朱×旭的诉讼请求。

二审法院判决：驳回上诉，维持原判。

再审法院裁定：指令二审法院再审；再审期间，中止原判决的执行。

裁判要旨

当事人向人民法院起诉要求判令行政机关继续履行行政协议，行政机关在诉讼中作出单方变更、解除行政协议的行为，此时人民法院应当在行政协议履行之诉中对行政机关变更、解除协议的行为一并进行合法性审查，并以变更、解除行为的合法性审查结论为依据，对当事人提出的履行协议诉讼请求作出裁判；而不能径行以该行政协议已被变更、解除，当事人所诉继续履行协议的前提条件及事实依据已不存在为由，驳回其诉讼请求。

重点提示

行政协议，是指行政机关和行政相对人通过协商订立的具有行政法上权利义务内容的协议。在司法实践中，对于人民法院可否在行政协议履行之诉中对行政机关的解除协议行为一并进行合法性审查的问题，应当注意以下两点：（1）当事人与行政机关之间的行政协议争议的表现形式。行政协议的出现，使公民参与国家行政，以公民与行政机关协商的方式，降低行政机关单方面的行政安排，让公民更容易接受和赞同国家行政决议，有利于化解矛盾，创造和谐社会。但行政协议订立后双方也会存在一定争议，实务中，行政协议争议主要表现在以下两个方面：①行政机关不依法履行或未按照约定履行行政协议，当事人因此与行政机关就履约行为问题产生争议，该争议属于行政机关是否履行约定的争议；②行政机关未通过当事人，单方面作出变更、解除行政协议的行为导致行政协议无法继续履行，因此当事人与行政机关就行政协议变更、解除问题产生争议，该争议系行政机关单方面行使其管理权，变更、解除行政协议构成独立、可诉的行政行为。（2）人民法院可在审查行政协议能否继续履行的同时审查行政机关变更、解除协议的行为是否合法。一般来说，行政协议订立后，为保障协议的稳定与行政机关的公信力，非因胁迫、欺诈、重大误解、显失公平以及履行协议会给国家利益和社会公共利益带来重大损失等法定情形，不得随意变更、解除该协议。行政协议双方均应按照协议约定全面履行义务。根据《最高人民法院关于审理行政协议案件若干问题的规定》第11条的规定可知，当出现行政机关变更、解除协议的行为时，人民法院应当对行政机关的上述行为是否具有法定职权、是否滥用职权、适用法律法规是否正确、是否遵守法定程序、是否明显不当、是否履行相应法定职责等进行合法性审查。此外，出现行政机关未依法或者未按照约定履行行政协议的，人民法院也应当对行政机关是否具有相应义务或者履行相应义务等进行审查。综上，在当事人要求行政机关履行行政协议的诉讼中，人民法院可在合约性审查的基础上，对行政机关变更、解除行政协议的行政行为进行合法性审查，并根据合法性审查的结论，作出相应判决。

2. 行政机关撤销行政协议的合法性审查

【案例】蒋××诉江苏省南京市××区房屋拆迁安置管理办公室房屋拆迁行政合同案

案例来源

发布单位：最高人民法院《人民司法·案例》2022年第17期（总第964期）

审判法院：江苏省南京市中级人民法院

案　　号：（2021）苏01行终311号

基本案情

因公共建设需要，江苏省南京市××区房屋拆迁安置管理办公室（以下简称××拆迁办）对蒋××房屋所在区域进行协议搬迁。2017年8月1日，

××拆迁办入户调查，制作了入户勘查记录表，载明涉案房屋砖筒、砖混、砖木房面积合计421.98平方米。调查程序中，蒋××户提供了涉案房屋用地审批手续，所载审批土地使用面积为135平方米，其中建筑占地91平方米，翻建砖混两层建筑，面积为182平方米。

2017年12月16日签订补偿协议之前，蒋××户进行协议分户。分户协议载明房屋总面积1055.22平方米、权证面积182平方米，蒋××配偶林×来、儿子林×忠各分配权证面积91平方米。××拆迁办分别与林×来、林×忠签订补偿协议，其中与林×来签订的搬迁补偿协议约定：被搬迁房屋货币补偿总额为1 057 936元，其中包括：有证房屋140平方米，补偿款560 280元作为申购安置房的资金封闭运作；无证房屋775.22平方米的建筑材料回收款和装修补助为232 566元（775.22平方米×300元/平方米）。协议签订后，林×来将房屋交付××拆迁办拆除；××区拆迁办支付了封闭运作资金以外的补偿款497 656元。

此后，××拆迁办以审计时发现将涉案房屋面积与其他户相加多计算了633.24平方米面积为由，于2020年3月24日作出撤销协议决定书，认定多计算补偿款189 972元（633.24平方米×300元/平方米），继续履行将造成国有资产损失，决定撤销与林×来签订的搬迁补偿协议及签订补偿协议时填写的申购安置房申请，要求蒋××退还已领取的补偿款497 656元，并重新签订补偿协议。

蒋××以××拆迁办单方面撤销搬迁补偿协议及要求自己退还已领取的补偿款497 656元于法不公为由，提起诉讼，请求认定原协议继续有效，已领取补偿不予退回。

一审判决后，××拆迁办不服，提起上诉。

判决主文

一审法院判决：撤销被告××拆迁办作出的撤销协议决定书。
二审法院判决：驳回上诉，维持原判。

裁判要旨

对于意思表示错误的行政协议，行政机关可以通过撤销的方式纠错，但应当受到严格的限制。在实体上，应当保护行政相对人的信赖利益，并选择对当事人影响最小的途径纠错；在程序上，应受正当程序原则约束，保障行政相对人的知情权和陈述申辩权。

重点提示

行政协议作为现代行政管理活动的新方式，既有行政属性，又应当受到民事法律规定的约束。根据《民法典》的规定，民事法律关系中的当事人在一定情况下享有撤销权，根据《最高人民法院关于审理行政协议案件若干问题的规定》第14条规定可知，在行政协议中行政相对人享有撤销诉权。关于行政机关在行政协议中行使撤销权的合法性问题，在司法实践中应当注意以下两点：（1）行政机关享有撤销权的合理性。一方面，行政机关享有撤销权是依法行政的必然要求，依法行政原则要求行政行为保持合法状态，对违法行政行为应当予以撤销，在行政协议中，亦应当遵守该原则。如果行政协议的内容错误，且该错误损害公共利益，行政机关无法经由撤销的方式使得行政协议失去效力，则有违依法行政的要求。另一方面，认可行政机关享有撤销权是保障协议双方合法权益的需要。行政协议双方均有可能存在违约或缔约过失，因而双方的权利救济都应得到考虑，目前诉讼制度中无法保障行政协议在诉讼中的平等性，《最高人民法院关于审理行政协议案件若干问题的规定》第14条中规定行政相对人认为行政协议存在胁迫、欺诈、重大误解、显失公平等情形而请求撤销，人民法院经审理认为符合法律规定可撤销情形的，可以依法判决撤销该协议。而行政机关在面临相同情形时无法通过诉讼方式进行救济，因此行政机关需要通过行使撤销权的方式作为救济途径。（2）行政机关撤销行政协议应当符合程序要求以及实体要求。第一，撤销行政协议应当遵守程序规则，行政机关在作出对当事人不利的决定前，应当听取当事人的意见，这既是保障当事人权利的程序性要求，也是促成行政机关作出最适当措施、提升行政行为可接受度的有效途径。行政机关以行政协议内容错误为由撤销该协议，而在涉案房屋已经拆除且补偿款已经发放的情况下，撤销该行政协议势必会对行政相对人已经获得或者预期可以获得的利益造成损害，行政机关应在撤销行政协议前告知拟作出的决定、理由、依据，听取当事人的陈述、申辩，涉及当事人重大利益的，还应通过听证程序充分听取行政相对人的意见，审慎裁量后作出是否撤销的决定。另外，撤销权还应当受到期限限制，我国法律法规没有对行政机关纠错的期限作出规定，但理论认为其应当有时限要求，行政相对人起诉请求撤销行政协议，应当参照适用《民法典》关于撤销权的规定。第二，撤销行政协议还应当遵守行政法的相应原则。撤销行政协议有可能会破坏法律关系的安定性，甚至助长行政机关滥用职权的现象发生，行政协议是经济社会快速发展后公众参与社会治理、分享公共资源的制度成果，在行政协议的订立、履行、终止过程中尤其应注重塑造守信践诺的政府形象，故撤销行政协议的适用情形应当受到严格限制。一是撤销行政协议应当遵守信赖利益保护原则，当行政相对人对行政机关作出的行政处分已产生信赖利益，并且这种信赖利益因其具有正当性而得到保护时，行政机关不得撤销这种信赖利益，而如果撤销就必须补偿其信赖利益损失。二是撤销事由归责于行政相对人。在行政协议签订过程中，行政相对人存在欺诈、胁迫、贿赂等过错情形时，行政机关可对该行政协议进行撤销，而如果是行政机关在调查期间存在疏忽导致行政权利义务失衡的，应通过行政机关内部追责的方式解决，而非将不利后果归于无过错的行政相对人。三是遵循比例原则。行政机关在行使行政权利的时候，应当尽可能选择对行政相对人影响最小的方式。

3. 对拆迁安置补偿协议内容存在争议的处理

【案例】宁××诉××省××市××区住房和城乡建设局房屋拆迁行政补偿案

案例来源

发布单位：最高人民法院发布的第二批十起行政协议诉讼典型案例（2022年4月20日）

审判法院：兰州铁路运输中级法院

判决日期：2019年12月30日

案　　号：（2019）甘71行终234号

基本案情

2013年10月，××省××市××区住房和城乡建设局（以下简称住建局）下设的××镇征收办（以下简称征收办）与宁××签订《房屋征收补偿安置协议》（以下简称《补偿安置协议》），约定征收办向宁××提供六套房屋（待建）作为安置补偿，宁××如不能按照协议约定的期限腾空并交付被征收房屋，应向征收办交付违约金；征收办如不能按照协议约定的期限交付产权调换房屋，应向宁××交付违约金。次月，宁××将被征收房屋交给征收部门。安置房屋的建设单位先后两次仅向宁××交付两套房屋，其余四套房屋一直未交付。

宁××以住建局未按《补偿安置协议》的约定交付房屋，侵害其合法权益为由，提起诉讼，请求判令住建局立即交付《补偿安置协议》约定的四套房屋，不能立即交付的，则按市场价赔偿并支付违约金。

一审判决后，宁××不服，提起上诉。

判决主文

一审法院判决：被告住建局交付已经竣工的三套房屋，对于尚未竣工的房屋，由被告住建局用同等位置、相同面积的房屋给予置换，差价按《补偿安置协议》执行；被告住建局向原告宁××支付违约金21 000元。

二审法院判决：撤销一审判决第一项、第二项；被上诉人住建局向上诉人宁××交付剩余四套房屋，已竣工的三套房屋限于判决后10日内履行，尚未竣工的一套房屋限于2020年10月31日前履行；被上诉人住建局向宁××支付违约金84 993元；自2019年12月31日起，被上诉人住建局向宁××每月支付违约金1006元，当月月底前付清，至判决确定的未竣工房屋履行期内的实际交付之日（实际交付之日计期不足一个月的，按一个月支付）。

裁判要旨

拆迁安置补偿协议内容明确但当事人对协议条款的理解有争议时，双方可协商一致达成补充协议；达不成补充协议的，则应当根据《民法典》关于合同内容不明确时的履行规则，按协议所使用的词句、有关条款、签订协议的目的、交易习惯及诚信原则，确定争议条款的真实意思。

重点提示

行政机关为了实现行政管理或者公共服务目标，可与行政相对人签订行政协议，签订协议后双方就要履行协议。那么在行政协议履行过程中，行政协议当事人对行政协议约定的内容存在争议的状况应当如何解决。在司法实践中，探究行政协议内容存在争议的认定问题，应当注意以下两点：（1）当事人对行政协议内容存在争议的情形。行政机关与行政相对人达成合意订立行政协议后，双方应当依据该协议进行及时履行。在履行行政协议过程中，协议当事人对协议中约定的内容存在争议的情形，主要有以下两种：一是行政协议的内容十分明确，但行政协议当事人之间因个人的某些原因，如利益立场不同、文化差异等而对于行政协议内容的有着不同的理解；二是行政协议约定内容不明确，即对约定本身存有疑问，且当事人之间事后亦无法达成合意。（2）当事人对行政协议内容存在争议的解决。行政协议是一类特殊类型的行政行为，对行政协议案件的审理首先应当适用《行政诉讼法》的相关规定。同时行政协议作为体现协议双方合意的产物，又可在不违反《行政诉讼法》的情况下参照民事合同的相关规定，即行政协议具有行政性与合同性。当行政协议当事人之间对于行政协议内容的理解产生分歧时，应以先行政、后合同的顺序进行认定。相关法律文件对于行政当事人之间争议的内容已作出明确规定的，按照该规定确定争议内容的含义；相关法律文件中未对行政当事人争议的内容作出明确规定的，则可以参照《民法典》中关于争议条款理解的规定，即按照协议所使用的词句，有关条款、协议的目的、习惯以及诚信原则等确定该争议内容的真实意思表示。而对于行政协议约定不明的情况，行政协议当事人之间可以以再次签订补充协议的方式，对于未进行约定的部分进行补充。但行政协议当事人之间未能达成补充协议的，则可以参照《民法典》中关于民事合同约定不明确时履行的法律规则确定争议内容的含义。

4. 安置补偿协议合约性与合法性冲突时的处理

【案例】王××、陈××诉浙江省××市××区良渚街道办事处房屋拆迁行政合同案

案例来源

发布单位：最高人民法院发布的第二批十起行政协议诉讼典型案例（2022年4月20日）

审判法院：浙江省杭州市中级人民法院

判决日期：2016年11月24日

案　　号：（2016）浙01行终367号

基本案情

浙江省××市××区人民政府良渚街道办事处（以下简称良渚街道办）与王××户订立《集体所有土地、房屋征迁补偿安置协议书》（以下简称《安置协议》），但《安置协议》中并未将王××的女婿陈××列为安置人口，王××户领取《安置协议》项下的拆迁补偿款并腾房。陈××系现役军人，现户籍在部队驻地，与王××之女于2006年11月登记结婚，并生育两个子女。在涉案房屋补偿安置协商过程中，王××户多次要求将陈××作为安置人口，均遭良渚街道办拒绝。

陈××、王××以良渚街道办拒绝将陈××作为安置人口，侵害陈××的合法权益为由，提起诉讼，请求将《安置协议》中确定的安置人口6人变更为7人，并增加安置面积。

一审判决后，陈××不服，提起上诉。

判决主文

一审法院判决：驳回原告陈××、王××的诉讼请求。

二审法院判决：撤销一审法院判决；将《安置协议》第6条第1项中确定的安置人口6人变更为7人，并增加安置面积。

裁判要旨

安置补偿协议具有合意性特征，双方经合意签订的补偿协议不得随意变更。同时，安置补偿协议也具有合法性，当安置补偿协议的合约性与合法性存在冲突时，合法性当然优先于合约性，当事人应当遵守《安置协议》订立时的相关法律规定，不宜以协商为准。一方请求依据法律规定变更安置补偿协议内容的，应予支持。

重点提示

行政机关与行政相对人基于真实的意思表示最终达成合意一致签订行政协议，故与传统的行政行为相比，行政协议具有合意性的典型特征，系行政机关与行政相对人达成合意的产物，体现了公众参与社会治理的理念，推进了诚信政府、法治政府建设。在司法实践中，当行政协议合约性与合法性发生冲突时，人民法院在审理过程中应当注意以下三点：（1）行政协议行政性与合约性的体现。①行政协议的行政性体现在以下几个方面：首先，从主体方面上看，签订行政协议的一方当事人一定是国家行政机关。其次，从协议目的上看，签订行政协议主要目的是实现公共利益以及行政管理目标，即为了实现公法上的目的。最后，从双方当事人地位上看，在行政协议中的行政机关拥有行政优益权。根据上述可知，行政协议是以实现行政管理目标而订立的，故行政机关在行政协议中还扮演着行政管理者的角色。作为管理者，行政主体拥有行政优益权，有权对行政相对人违反合同的行为进行纠正。②行政协议的合同性体现在以下几个方面：首先，行政协议是双方当事人意思表示一致的协议，这是行政协议区别于其他行政行为最明显的特征，一般的行政行为只需行政主体一方作出决定就可形成，而行政协议则必须由双方当事人达成合意；其次，行政协议中的行政相对人对于协议内容拥有一定的选择权，并经双方协商、达成一致最终订立行政协议。（2）行政协议双方当事人均应遵守行政协议所依据的法律规定。行政协议所依据的法律已经作出具体明确的要求时，行政协议当事人双方均应遵守，双方被限制协商，即不宜通过协商签订最终协议。此外，协议当事人请求按照法律规定予以变更的，人民法院应当支持，以此充分地保障协议相对人的合法权益，这就是行政协议的合法性。（3）行政协议的合约性与合法性相冲突时，合法性优先于合约性。行政协议的存在较为特殊，它的行政性是第一位的，协议性是第二位的；合法性是第一位的，合约性是第二位的。行政协议不同于民事协议，其优先适用合法性原则。当行政协议的合约性与合法性产生冲突的时候，即行政协议中约定的内容违反相关法律法规时，人民法院应当对上述行政协议的内容认定为无效。

5. 对安置协议格式条款争议的处理

【案例】高×贤诉××市××区城市建设局房屋拆迁安置补偿合同纠纷案

案例来源

发布单位：最高人民法院《人民司法·案例》2021年第20期（总第931期）
审判法院：辽宁省高级人民法院
判决日期：2020年12月3日
案　　号：（2020）辽民再238号

基本案情

2010年8月，××市房产局公布拆迁公告。××市××区城市建设局（以下简称城建局）委托沈阳××房产评估事务所对拆迁范围内的住宅进行价值评估并出具评估报告，其中估价设定的假设前提条件记载：本次评估已考虑到房屋为300元/平方米以下简单装修的费用。2010年8月，高×贤与城建局签订城市房屋拆迁补偿安置协议，并在协议中约定，城建局因土地储备项目建设需要，领取了房屋拆迁许可证，在××市××区黄河北大街西侧规划范围内实施房屋拆迁，高×贤所有的房屋属于房屋拆迁许可证核准的拆迁范围内，建筑面积80.74平方米。城建局将坐落于拆迁范围内的房屋作为产权调换房屋，该房屋设计用途为住宅、期房。期房的建筑面积105平方米，房屋价款为80.74×5200+（105-80.74）×5200=546 000元。被拆除房屋与产权调换房屋差价款为58 854元，由高×贤在选房之前支付给城建局。合同签订后，高×贤从被拆迁房屋搬出。城建局于2013年将产权调换房屋交付高×贤，但该产权调换房屋为未附加任何装修的清水房。

高×贤以城建局未按规定将产权调换房屋进行装修为由，提起诉讼，请求判令城建局支付回迁房基础装修补偿款及利息、二次装修补偿款及利息。

一审判决后，高×贤不服，提起上诉称：城建局应退还回迁房基础装修款，一审判决认定是错误的；城建局没有执行国家规定的强制性拆迁法规，故其应承担所造成的后果。故请求撤销一审法院判决，改判支持本人的诉讼请求。

城建局辩称：本局已按协议约定向高×贤交付产权调换房屋，高×贤请求按300元/平方米支付回迁房屋的简单装修款无事实依据及法律依据，一审认定事实清楚，适用法律正确；产权调换房屋无须具备简单装修条件；高×贤要求本局按425.3元/平方米向其支付超过简单装修部分的室内自行装修装饰补偿费用无事实及法律依据。故请求驳回高×贤的请求。

二审判决后，高×贤不服，申请再审，请求撤销一、二审法院判决，改判诉讼费用由城建局承担。

城建局辩称：本案系城市房屋拆迁安置补偿协议纠纷，属于民事法律关系。现案涉拆迁安置协议已全部履行完毕，高×贤本次诉讼无事实及法律依据；高×贤主张的回迁房应具备"简单装修"的条件并非规定或双方约定的义务，该项主张不具有事实及法律依据；高×贤向城建局主张"二次装修补偿款"有违当时政策，更无事实依据。故请求驳回高×贤的诉讼请求。

判决主文

一审法院判决：驳回原告高×贤的诉讼请求。

二审法院判决：驳回上诉，维持原判。

再审法院判决：撤销一审、二审法院判决；被申请人城建局向申请人高×贤给付基础装修补偿款25 678元及利息；被申请人城建局向申请人高×贤给付基础装修补偿款5822元的利息；驳回申请人高×贤的其他诉讼请求。

裁判要旨

在拆迁安置协议纠纷中，双方当事人对格式条款载明的补偿费用数额中是否包括简单装修费用问题产生了较大争议。对于当事人的意思表示，不能仅从形式上的文字表述中作出判断，而应当结合基本案件事实。根据法定意思表示解释规则，遵循诚信原则，按照社会一般人理解，运用穿透性思维，兼顾情理法的融合。对争议条款的实质性含义作出解释，对行为人的真实意思表示予以探究。若对格式条款有两种以上解释的，应当作出不利于提供格式条款一方的解释。

重点提示

在司法实践中，以格式条款签订拆迁安置补偿协议的情况时有发生，在认定对安置协议格式条款争议的处理时，应当注意以下三点：（1）拆迁补偿的相关法律规定与评估认定方式。对于安置协议格式条款存在争议的，可以从法律规定与评估认定方面进行处理。根据我国《国有土地上房屋征收与补偿条例》的相关规定可知，房屋被征收拆迁时，被征收人对于最终的补偿方式享有选择权，其既可以选择货币补偿的方式，也可以选择房屋产权调换的方式以寻求补偿。一是货币补偿，行政机关对于被征收人的补偿不应低于房屋征收决定公告之日时与该房屋同类型房地产的市场价格。同时该价格的评估也应由具有房地产评估资质的专业机构评估后得出，若被征收人对评估价值有意义的，其可申请复核评估；若还是有异议的，可以去找房地产价值评估专家委员会进行鉴定，对评估确定的被征收房屋价值有异议的，可以向房地产价格评估机构申请复核评估，对复核结果有异议的，可以向房地产价格评估专家委员会申请鉴定。二是房屋产权调换，被征收人选择房屋产权调换的，行政机关应当提供给被征收人同等价值的产权调换的房屋，若被征收房屋与产权调换房屋之间存在差价的，行政机关应当及时予以补偿，此外，若被征收人选择在改建地段进行房屋产权调换的，有关机关应当满足被征收人这一要求。（2）从合同形式约定与实质意思探究的角度处理安置协议格式条款争议问题。根据《民法典》关于合同签订的相关规定可知，双方自愿并依法签订的合同是受法律保护的，且双方可以依自己的意愿，设立、变更、终止民事法律关系。民事主体根据民事法律关系进行民事法律行为。而民事法律行为的中心就是意思表示，故在处理安置协议格式条款争议问题时应当研究双方签订的协议是否都是基于真实的意思表示。其中对于真实意思表示的认定，应当按照双方所使用的词句，结合相关条款、行为的性质和目的、习惯以及诚信原则，确定双方的真实意思表示。（3）从格式条款订立与要求方面解决安置协议格式条款争议问题。格式条款又称为标准条款，是指当事人为了重复使用而预先拟定，并在订立合同时未与对方协商的条款。《民法典》为了维护公平、保护弱者，要求提供格式条款一方要尽到提示说明义务；订立双方对格式条款的理解发生争议时，按一般人的理解进行解释；订立双方对格式条款有两种以上解释的，应当作出不利于提供格式条款一方的解释。因此，对于安置协议格式条款争议，应当作出不利于拆迁人的解释。

6. 补偿协议未达成一致时行政机关的拆除行为是否合法

【案例】金华市××商贸有限公司诉金华市××人民政府房屋拆迁行政合同案

案例来源

发布单位：最高人民法院发布的十起行政协议解释参考案例（2019年12月10日）

审判法院：浙江省高级人民法院

判决日期：2020年8月7日

案　　号：（2020）浙行终870号

基本案情

2017年3月4日,金华市××商贸有限公司(以下简称商贸公司)法定代表人严××与金华市××人民政府(以下简称××政府)设立的多湖中央商务区征迁指挥部(以下简称指挥部)签订《多湖中央商务区金华市××商贸有限公司房屋及土地收购货币补偿协议》(以下简称《补偿协议》)一份,商贸公司同意指挥部收购其所有的坐落于金华市××市场××楼的房屋。但双方未就房屋的性质、面积及收购的补偿金额等内容进行约定。同日,严××作出书面承诺,会积极响应多湖中央商务区开发建设,同意先行拆除××市场所有建筑物,自愿承担先行拆除的所有法律效果。次日,指挥部对商贸公司所有的××市场综合楼实施了拆除。双方多次就拆迁补偿进行协商,未能达成一致。

另查明,金华市中级人民法院立案商贸公司诉××政府确认行政协议无效案,金华市中级人民法院判决责令××政府对商贸公司所有的坐落于金华市××市场××楼的房屋的损失采取补救措施。

商贸公司以××政府设立的指挥部违法强拆其所有的房屋侵害其合法权益为由,提起诉讼,请求法院确认强制拆除商贸公司位于金华市××市场××楼的房屋的行为违法,判令恢复原状并赔偿给其造成的损失。

一审判决后,金东区政府不服,提起上诉称:一审法院在商贸公司诉请不明的情况下,径行认定本单位拆除华丰市场综合楼的行为违法不当,本单位拆除××市场的行为并非强制,而是依约拆除;本单位与商贸公司间的《补偿协议》已有多个判决认定有效,但相关条款需另行完善及履行。

判决主文

一审法院判决:确认被告××政府强制拆除原告商贸公司坐落于金华市××市场××楼的房屋的行为违法;驳回原告商贸公司的其他诉讼请求。

二审法院判决:驳回上诉,维持原判。

裁判要旨

行政机关采用签订空白房地产收购补偿协议方式拆除房屋后,双方未能就补偿内容协商一致,行政机关又不作出补偿决定的,人民法院应当判决行政机关限期采取补救措施。

重点提示

行政机关在与被征收人签订的房屋征收补偿协议内容尚未明确的情况下，有时会发生对被征收房屋实施强拆的情形。在司法实践中，行政相对人与行政机关就此类行政协议产生争议时，人民法院在审理过程中应当注意以下两点：（1）行政协议诉讼中法律的准用规则。在解决行政协议诉讼时，应当优先适用行政法，当行政法的规则经过法律解释后，仍无法解决行政协议的纠纷时，再适用民法。在准用民法过程中，应当结合行政协议争议案件的法律事实、争议点查找相关民法法律法规，当确认民法规则的要件事实与行政协议案件事实有形似性后，应当依照平等原则，将民法准用于行政协议法律规则的空白地带。在准用民法条文时，应当注意援引法律与行政法的协调性，防止产生法律冲突，具体应当结合具体案件进行分析。（2）行政补偿协议中合同内容不能达成一致的情况下，行政机关强制拆除行为违法。在我国现行的行政法律体系中，关于行政协议内容不一致时行政机关的强拆行为是否合法没有规定，故应当根据前文所述，适用民事法律关系体系中的法律来进行判断。《民法典》第510条规定："合同生效后，当事人就质量、价款或者报酬、履行地点等内容没有约定或者约定不明确的，可以协议补充；不能达成补充协议的，按照合同相关条款或者交易习惯确定。"该法第511条规定："当事人就有关合同内容约定不明确，依据前条规定仍不能确定的，适用下列规定……（四）履行期限不明确的，债务人可以随时履行，债权人也可以随时请求履行，但是应当给对方必要的准备时间……"由此可知，在房屋征收补偿协议内容约定尚不明确时，行政机关擅自强拆被征收房屋的行为应当认定为违法。

7. 拆迁安置补偿协议的权利义务确定

【案例】周××等诉云南省曲靖市××区城市建设投资开发有限公司等房屋拆迁安置补偿协议纠纷案

案例来源

发布单位：最高人民法院《人民司法·案例》2021年第29期（总第940期）
审判法院：最高人民法院

判决日期：2020 年 7 月 28 日

案　　号：（2020）最高法民申 2215 号

基本案情

2011 年 4 月 18 日，周××、栾××与云南省曲靖市××区城市建设投资开发有限公司（以下简称城投公司）签订的《荷花塘片区私有房屋拆迁安置补偿协议》（以下简称补偿协议）约定：城投公司对周××、栾××所有的房屋及土地进行拆迁，周××、栾××选择产权调换安置，调换为一层 376 平方米及二层 376 平方米的临街商铺、966 平方米住宅以及 7 个地下停车位；产权调换安置过渡期限暂定为 30 个月，在过渡期内，城投公司按 10 元 /m² / 月对住宅或办公用房进行临时过渡费补偿，计每月临时安置过渡费为 4846.00 元。对商铺停产停业补偿费按 30 元 / 平方米 / 月进行补偿，计每月 8858.00 元。实际过渡期超过 30 个月的，城投公司加倍支付住宅临时安置过渡费和商铺停产停业补偿费（过渡费）；城投公司书面通知交房条件为安置房竣工验收合格，水、电、路通畅，绿化及配套工程通过相关部门验收合格。同时补偿协议又对超、差面积部分的款项及楼层差价等费用的补偿标准作了约定，该费用应当在交房之前结清。协议签订后，周××、栾××将房屋交付城投公司拆迁。

2013 年 3 月 5 日，周××、栾××与城投公司、曲靖××房地产开发有限公司（以下简称房地产公司）三方签订了《雄业金都佳园回迁安置房选房确认书》，周××、栾××确认选择房地产公司开发的雄业金都佳园 3 幢的 8 套房屋。2013 年 4 月 2 日，房地产公司、城投公司与周××、栾××三方签订了《雄业金都佳园商铺回迁安置确认书》两份，周××、栾××确认选择房地产公司开发的雄业金都佳园 1 栋的两个商铺。约定由被拆迁人于签订协议之日 10 日之内全额支付超面积的房款，同时约定最终以产权登记部门实测建筑面积为准，按照建筑面积多退少补。2013 年 8 月 15 日，房地产公司、城投公司与周××、栾××三方签订了雄业金都佳园回迁安置车位确认书，周××、栾××确认选择房地产公司开发的雄业金都佳园负四层计 7 个车位。

城投公司在 2013 年 10 月 17 日前按照补偿协议约定的过渡期内的标准向周××、栾××支付了过渡费。自 2013 年 10 月 18 日起，城投公司加倍向周××、栾××支付过渡费。

2017 年房地产公司在报纸上刊登公告，要求购买商铺的业主于 2017 年 8

月23日前接房。同年9月30日,城投公司口头通知周××、栾××接房,但此时商铺尚未竣工验收,周××、栾××以不符合拆迁安置补偿协议约定的交房条件和通知方式为由拒绝接收。自2017年9月30日起,城投公司未再支付过渡费。涉案商铺的竣工验收时间为2018年2月8日。

周××、栾××以城投公司、房地产公司未按照协议约定履行义务,构成违约为由,提起诉讼,请求判令城投公司、房地产公司承担赔偿责任。

一审判决后,城投公司不服,提起上诉。

二审判决后,周××、栾××不服,申请再审。

判决主文

一审法院判决:被告城投公司赔偿原告周××、栾××损失12 242 754.66元。

二审法院判决:撤销一审法院判决;由上诉人城投公司、房地产公司向被上诉人周××、栾××交付雄业金都佳园书院路1幢第一层1001号、1002号和第二层2002号商铺;由上诉人城投公司向被上诉人周××、栾××支付住宅、车位的逾期交房损失171 826.44元和商铺的逾期交房损失,商铺的逾期交房损失以每月17 716元为基数,从2017年10月1日计算至商铺实际交房之日止。

再审法院裁定:驳回申请人周××、栾××的再审申请。

裁判要旨

拆迁安置补偿有关协议中,在被拆迁人已按照协议当时确定的面积支付超面积费用时,拆迁人不享有先履行抗辩权;商品房的商品属性决定了在房屋竣工验收前的接房通知不具有通知的效果,不能据此认为被拆迁人怠于接收房屋而免除拆迁人的义务;通知应以双方约定的方式,且应在具备交付条件后进行,答辩不能代替通知;违约金低于实际损失时,按照实际损失要求赔偿的前提条件是需存在违约行为,且不能超过违反合同一方订立合同时预见到或者应当预见到的因违反合同可能造成的损失。

重点提示

在司法实践中,对于当事人因房屋拆迁安置补偿协议的履行而产生的纠纷,法院在审理时应当注意以下两点:(1)先履行抗辩权在房屋拆迁安置补偿协议中的适用。《民法典》第526条规定："当事人互负债务，有先后履行顺序，应当先履行债务一方未履行的，后履行一方有权拒绝其履行请求。先履行一方履行债务不符合约定的，后履行一方有权拒绝其相应的履行请求。"实践中，先履行人存在履行瑕疵时，应当判断先履行义务人瑕疵履行行为是否切实影响后履行义务人的合法权益，以及后履行义务人行使先履行抗辩权是否符合诚信原则。如果先履行方已经履行绝大部分债务，后履行方不得以先履行抗辩权为由拒绝履行债务。（2）以商品房作为拆迁安置补偿的，拆迁人应当依照补偿协议的约定履行通知义务。商品房具有一般商品的属性，该属性决定了在房屋竣工验收前的接房通知不具有通知的效果，同时也应当具有安全性等基本保障，完工后还应当进行验收，未经验收或验收不合格的，不得投入使用。补偿协议中约定，当事人应当以书面形式通知。该约定有以下作用：一方面，拆迁人应当在验收合格后依照约定通知被拆迁人，仅在建造完成时口头通知被拆迁人接收房屋，并不应当认定为起到通知效果；另一方面，法律文书不能替代书面通知以履行通知义务。《民法典》第565条第2款规定："当事人一方未通知对方，直接以提起诉讼或者申请仲裁的方式依法主张解除合同，人民法院或者仲裁机构确认该主张的，合同自起诉状副本或者仲裁申请书副本送达对方时解除。"该规定仅限于形成权，而接房通知并不具备形成权的属性，而是属于义务范畴，因此起诉状或者答辩状并不能代替履行通知义务。由于未履行通知义务构成违约，拆迁人应当承担相应的违约责任，但在当事人就赔偿损失的具体数额不能确定时，应当按照损失的实际情况进行判断。

8. 无权处分的行政协议的效力判定

【案例】任×英等诉浙江省××市××区人民政府房屋拆迁行政征收案

案例来源

发布单位：最高人民法院《人民司法·案例》2020年第26期（总第901期）
审判法院：浙江省高级人民法院
判决日期：2020年5月28日
案　　号：（2020）浙行终821号

基本案情

任×英与邹×荣于1986年1月结婚，婚后生育儿子邹×，后经法院判决离婚。2006年7月，杭州市××区人民法院作出民事判决，对涉案房屋进行分家析产，确认任×英、邹×、邹×荣及其父母对该房屋合法部分各享有1/5所有权，并就涉案房屋的具体使用进行了分割。

2015年11月，邹×荣与城东××建设投资有限公司（以下简称城投公司）签订了杭州市征收集体所有土地房屋补偿安置协议书及一份补充协议，约定了对涉案房屋全部应补偿面积的补偿、补贴费用，并约定由邹×荣领取该房屋的全部补偿款。补充协议第3条还约定，给予邹×荣户内重大疾病人员一次性补贴计50 000元。2015年12月，邹×荣领取了补偿款1 890 800元。

任×英、邹×以其为涉案房屋的共有权人，邹×荣的行为侵害其合法权益为由，提起诉讼，请求确认邹×荣与城投公司签订的案涉补偿安置协议及补充协议无效。

一审判决后，杭州市××区人民政府（以下简称区政府）不服，提起上诉称：原审判决事实认定不清，适用法律错误，请求撤销原审判决，依法改判。

任×英、邹×辩称：在案涉协议中无法将部分条款剥离出来认定有效；城投公司作为协议的签订主体，但其不具有行政主体资格。协议中写明的面积包含了本方的份额。请求驳回区政府的上诉请求，维持原审判决。

判决主文

一审法院判决：确认案涉补偿安置协议及补充协议无效（第3条除外）。

二审法院判决：驳回上诉，维持原判。

裁判要旨

在行政征收过程中，房屋的部分共有人未经其他共有人同意，擅自与征收部门签订补偿协议的，构成无权处分。对于无权处分的行政协议效力判定，虽无行政法上的明确规定，但不宜适用相关民事法律规范认定协议有效，而应以损害他人合法权益为由，认定协议无效。

重点提示

无权处分是行为人以自己的名义对他人的财产进行法律上的处分，但其实行为人并没有处分权。无权处分是传统的民法理论，因此在探究无权处分行政协议的效力问题时，应当从民法相关理论进行切入。在司法实践中，厘清无权处分的行政协议效力的判定问题时，应当注意以下三点：（1）我国民事法律中对于无权处分合同效力的规定。我国采取债权主义的立法模式，《民法典》第597条第1款规定："因出卖人未取得处分权致使标的物所有权不能转移的，买受人可以解除合同并请求出卖人承担违约责任。"即在民法领域我国认可无权处分合同是有效的。由此可知，物权的变动过程可分为负担行为与处分行为两种。一是负担行为，物权变动过程中会产生债权的变动，签订买卖合同的行为就属于负担行为。负担行为就是以债权债务为内容的法律行为，也是物权发生变动的原因所在。二是处分行为，不动产最终的登记交付和动产的直接交付就属于处分行为，但其中出卖人的处分权仅影响其是否有权进行转移，双方签订的买卖合同不会因出卖人无处分权就无效，即是否具有处分权并不会影响买卖合同的效力。（2）无权处分情形下行政协议效力的认定。虽然我国法律已明确规定，人民法院在审理行政协议案件时，可以参照适用民事法律规范关于民事合同的相关规定。但是这并不意味着可以直接照搬适用，适用时还应当结合案件的实际情况来确定能否适用。对于无权处分合同的效力问题，虽然民事法律规范已有明确规定，但不宜适用于行政协议案件。其原因有以下两点：①行政协议之诉的适用与民事合同之诉不同。首先，两者的保护对象不同，民事诉讼实行平等保护原则，买卖双方受到平等保护。行政协议诉讼则主要保护行政协议相对人或利害关系人的合法权益不受侵犯。其次，行政机关不可能是应当予以保护的善意第三人。我国相关法律规定了房屋主管部门应该对房屋的具体情况进行组织调查登记，因此行政机关负有注意义务。行政机关对于无权处分情形的发生负有未尽到注意义务的责任，故其不属于善意第三人。②行政协议之诉与民事合同之诉二者是否履行不同。行政协议有效，当事人就必须履行；当事人如果拒绝履行，行政机关可以强制执行。相反民事合同及时成立且有效，当事人也可以拒绝履行，另一方无权强制其履行，只能请求对方承担相应的损害赔偿。上述两诉的不同之处表明两诉之间在一些方面有着本质性的差异，故无权处分的买卖合同相关规定，不应适用于行政协议案件。而应以违反依法行政的基本原则且损害他人权益为由，认定协议无效。（3）无权处分行政协议部分无效还是全部无效应依据案件具体情况而定。首先，应当审查物权是否具有分割性、是否影响其他共有人的权益。若能够分割处理且与其他共有人无利害冲突则可以单独处理。其次，还应审查是否满足单独处理的条件。《民法典》第301条规定："处分共有的不动产或者动产以及对共有的不动产或者动产作重大修缮、变更性质或者用途的，应当经占份额三分之二以上的按份共有人或者全体共同共有人同意，但是共有人之间另有约定的除外。"由此可知，当进行重大管理行为时应当由2/3以上的按份共有人共同决议。故不能擅自处分，擅自处分作出的行政协议是无效的。

9. 安置补偿协议中合同相对性原则的突破

【案例】××县××工贸有限责任公司诉××省××县人民政府房屋拆迁行政合同案

案例来源

发布单位：最高人民法院发布的第二批十起行政协议诉讼典型案例（2022年4月20日）

审判法院：贵州省高级人民法院

判决日期：2020年4月27日

案　　号：（2019）黔行终1453号

基本案情

2001年3月，××县××工贸有限责任公司（以下简称工贸公司）取得案涉土地国有土地使用证，并在此处修建厂房从事生产，后因经营不善停产。2006年10月，工贸公司与周××订立《协议书》，约定工贸公司将电杆厂空地租给周××使用。同时约定工贸公司需用厂房时，应提前10天告知周××。2013年12月，工贸公司与周××再次订立《协议书》，约定租赁范围及租金。2014年9月，因工贸公司土地上房屋涉及征收，××省凤冈县人民政府（以下简称凤冈县政府）与周××订立《凤冈县城市棚户区改造项目房屋征收与补偿安置协议书》(以下简称《安置补偿协议》)，并将相应补偿款支付给周××。

工贸公司以《安置补偿协议》中的房屋及构筑物等属其所有，且上述协议侵犯了其财产权为由，提起诉讼，请求判令撤销该协议。

一审判决后，周××不服，提起上诉。

判决主文

一审法院判决：撤销被告凤冈县政府与第三人周××签订的《安置补偿协议》。

二审法院判决：驳回上诉，维持原判。

裁判要旨

合同具有相对性，即合同原则上仅在特定的合同当事人之间发生权利义务关系，当事人的权益受损时也只能基于合同向另一方当事人提起诉讼，不能向不存在合同关系的第三人提起诉讼，但也存在因法律规定而突破合同相对性的情形。安置补偿协议作为行政协议的一种，同民事合同一样也应遵守合同相对性原则，但相较于民事合同，突破合同相对性原则的法定情形相对更多。

重点提示

合同相对性是合同相关法律规定赖以存在的前提与基础，行政协议同样也需要遵循合同的相对性原则。但在司法实践中，认定行政协议合同相对性的突破问题，应当注意以下三点：（1）合同相对性原则的基础理论与突破。合同相对性原则主要体现在主体、内容以及责任三个方面。一是合同主体的相对性，合同效力仅约束于缔约当事人之间而不及于当事人之外的人，只有合同当事人才有资格基于合同向另一方当事人提出请求或提起诉讼；二是合同内容的相对性，其是指除法律另有规定外，合同规定的权利义务只能涉及当事人双方，不得对当事人之外的第三人设定义务；三是合同责任的相对性，违约责任人的认定与责任的承担只能发生在合同当事人之间，即只能由一方当事人对另一方当事人主张权利或承担责任，不能由合同之外的第三人承担责任，合同之外的第三人也不得主张任一当事人承担责任。但随着社会的发展，为保障第三人的合法权益，就需要合同相对性原则作出突破，让第三人参与到合同法律关系当中去。（2）行政协议中合同相对性的突破。行政协议具有合意性与行政性，基于合意性，行政协议的订立也应当满足民事合同相关要求，即遵守合同相对性原则，仅在行政机关与行政相对人之间设定双方权利义务；但行政协议还具有行政性，行政性系行政协议突破合同相对性原则的最主要原因。其一，从协议主体上看，行政机关与行政相对人订立行政协议是为了公共利益而并非其自身，这一点突破了主体的相对性；其二，行政协议订立的内容系公共事务，这必然会影响到除行政机关、行政相对人之外第三人的权利义务，这一点突破了内容的相对性；其三，行政机关与行政相对人订立的行政协议损害到第三人权利时，行政机关与相对人应当为此承担相应责任。这一点突破了责任的相对性。（3）行政协议涉及第三人的权益时，第三人就具备了请求权的可能。行政机关为履行法定职责与行政相对人订立行政协议时，应当严格遵守合法性的要求，查明其对行政协议相对人是否具有相应的法定职责等事实，并依法约定双方当事人之间的权利义务。行政机关在未查明上述相关事实的情形下就订立行政协议，由此对协议相对人之外的第三人合法权益造成损害的，该第三人有权向人民法院请求撤销或部分撤销行政协议，人民法院应当予以支持。

10. 房屋被征收前所有权人死亡的被征收人资格如何认定

【案例】 赵×凤诉兰州市××区人民政府房屋拆迁行政征收案

案例来源

发布单位：最高人民法院中国应用法学研究所《人民法院案例选》2021年第8辑（总第162辑）

审判法院：甘肃省高级人民法院

判决日期：2020年3月17日

案　　号：（2019）甘行终514号

基本案情

2016年3月25日，××区人民政府作出征收决定，对×××棚户区改造项目规划范围内国有土地上的房屋进行征收，涉案的×××123号房屋位于征收范围内。根据兰州房地产交易中心2006年3月7日颁发的房屋所有权证记载，坐落于兰州市××区××镇街道×××123号的三幢砖木结构，面积分别为：40.29平方米、48.60平方米、16.74平方米的房屋，登记在赵×凤之夫贺××名下，贺××于2014年5月14日病故后，赵×凤与贺××所生子女未就上述房屋进行分割和所有权确认。征收决定发布后，××区人民政府委托相关单位对上述房屋进行了登记测量确认,在公布的签约期限内(2016年4月5日至2016年7月3日)无法与房屋征收部门达成补偿协议,赵×凤请求××区人民政府作出征收补偿决定。至赵×凤起诉前,××区人民政府仍未作出房屋征收补偿决定。

另查明,赵×凤分别于2014年5月18日和2014年5月21日与其他5名近亲属就涉案房屋签订"分配意见"及"房屋分配补充说明"。

赵×凤以××区人民政府有作出征收补偿决定的职责而不履行,侵犯自身合法权益为由,提起诉讼。

一审判决后,××区人民政府不服,提起上诉。

判决主文

一审法院判决:被告××区人民政府对原告赵×凤所诉坐落于兰州市××区××街道×××123号的三幢砖木结构房屋作出房屋征收补偿决定。

二审法院判决:驳回上诉,维持原判。

裁判要旨

房屋所有权人去世后,生前未对被征收房屋作出处分的,所有继承人通过法定继承以共有方式享有被征收房屋所有权,此时房屋被征收人资格依法转移至共有人,房屋征收管理部门应当与所有共有人签订征收补偿协议,若不能达成补偿协议的,市、县级人民政府应当以所有的房屋共有人为被征收人,依法作出征收补偿决定,其以涉案房屋权属分割存在争议为由,不予作出征收补偿决定法律依据不足。

重点提示

司法实践中,房屋所有权人在房屋征收前死亡,多名继承人取得房屋所有权后未对房屋权属进行分割,有时会因此在房屋征收补偿过程中产生争议,此时行政机关是否有权以房屋权属不明为由拒绝作出房屋征收补偿决定的问题就成为争议的焦点。对于此类案件,人民法院在审理过程中应当注意以下两点:(1)原房屋所有权人去世后被征收人资格的认定。根据《国有土地上房屋征收与补偿条例》第15条规定:"房屋征收部门应当对房屋征收范围内房屋的权属、区位、用途、建筑面积等情况组织调查登记,被征收人应当予以配合。调查结果应当在房屋征收范围内向被征收人公布。"该条例第 26 条第 1 款规定:"房屋征收部门与被征收人在征收补偿方案确定的签约期限内达不成补偿协议,或者被征收房屋所有权人不明确的,由房屋征收部门报请作出房屋征收决定的市、县级人民政府依照本条例的规定,按照征收补偿方案作出补偿决定,并在房屋征收范围内予以公告。"从上述法律规定可知,房屋征收需要有明确的被征收人,因此,确定被征收人是房屋征收补偿的重要问题,行政机关应当对被征收房屋的权属情况进行调查,根据相关证据来认定新的适格被征收人,并就房屋征收问题进行协商。在原房屋所有权人去世后,根据《民法典》的有关规定,房屋作为遗产,在没有特殊情况的前提下,其权属自然归于其第一顺位继承人,此时被征收人资格也自然转移为其继承人。(2)行政机关以涉案房屋存在权属争议为由不予补偿法律依据不足。在房屋征收的过程中,依法制定房屋征收补偿决定书是行政机关的法定义务。前述分析可知,房屋所有权人去世后,被征收人资格转移至其继承人,并不存在权属不明的情形,行政机关应当与新的被征收人就房屋征收补偿的问题进行协商,在有多名被征收人的前提下,征收补偿的利益分配系被征收人的内部问题,并不影响行政机关作出征收补偿决定,行政机关以此为由不出具征收补偿决定,属法律依据不足。

11. 乡政府与村民签订集体土地上房屋补偿安置协议的效力

【案例】仝×胜等 33 人诉××省××县××乡人民政府房屋拆迁行政合同案

案例来源

发布单位:最高人民法院《人民司法·案例》2020 年第 17 期(总第 892 期)
审判法院:江苏省宿迁市中级人民法院
判决日期:2020 年 1 月 7 日
案　　号:(2019)苏 13 行终 114 号

基本案情

2016 年 4 月至 12 月,××省××县××乡人民政府(以下简称乡政府)为开展农村集中居住区及万顷良田改造工程,经柳山村村委会动员,与包括本案仝×胜等33名被征收人在内的479户村民分别签订了××县××乡房屋征收补偿安置协议。协议签订后，仝×胜等33名被征收人交付房屋并领取了协议约定的补偿款项，涉案房屋均已交付拆除。2017年3月与11月，江苏省人民政府办公厅先后两次下发有关村镇建设的批复，批准将××县包括××乡柳山村仝×胜等33人涉案房屋所在地块在内的部分集体建设用地征收为国有。后仝×胜等33人于2017年11月至12月，通过申请政府信息公开等方式才拿到文件并知晓其与乡政府签订协议时，征地批复等征收文件尚未获批，相关征收部门也未依法发布土地征收公告。

仝×胜等33名被征收人以乡政府超越职权与村民签订房屋征收补偿安置协议，违反法律规定且征收补偿价格不合理为由，提起诉讼，请求确认其与乡政府签订的房屋征收补偿安置协议无效。庭审中将诉讼请求变更为：请求判决撤销与乡政府所签订的房屋征收补偿安置协议。

乡政府辩称：本政府与村民签订的案涉房屋征收补偿安置协议系双方真实意思表示，不存在欺诈、胁迫和显失公平等情形；双方签订的房屋征收补偿安置协议仅包含房屋的征收，土地的征收是由省政府文件批复进行的；双方签订房屋征收补偿安置协议合理合规，未损害公共利益，且已经根据相关法律法规和政策给予仝×胜等33名被征收人足额补偿，案涉房屋征收补偿安置协议已履行完毕，房屋已交付拆除，该协议合法有效。

一审判决后，乡政府不服，提起上诉。后自愿撤回上诉。

判决主文

一审法院判决：撤销被告乡政府与原告仝×胜等33人签订的××县××乡房屋征收补偿安置协议。

二审法院裁定：准许上诉人乡政府撤回上诉。

裁判要旨

乡人民政府以房屋征收名义开展农村集体土地上集中居住区和万顷良田等工程建设，对村民具有较强误导性，其与村民签订房屋征收补偿安置协议前未公开披露经过批准的土地利用总体规划；所提供的补偿安置方案仅有货币补偿方式；协议签订前未履行报批手续并进行公示，未征求村民意见，该行政协议签订程序违法。乡政府工作人员未委托专业评估机构对需要安置补偿的房屋进行市场化评估，直接按照县政府多年前出台的地方文件所确定的补偿标准与村民签订协议，且协议中没有提供安置房或宅基地安置，补偿标准显失公平，该房屋征收补偿安置协议依法属于可撤销的行政协议。

重点提示

司法实践中，对于因乡政府与村民签订集体土地上房屋补偿安置协议的效力问题引发的纠纷，人民法院在审理过程中应当注意以下两点：（1）对于同类行政协议诉讼人民法院能够合并审理。此类案件的特点就在于与乡政府签订协议的村民数量通常较多，此时根据《行政诉讼法》第27条规定："当事人一方或者双方为二人以上，因同一行政行为发生的行政案件，或者因同类行政行为发生的行政案件，人民法院认为可以合并审理并经当事人同意的，为共同诉讼。"即发生纠纷时，原告人数很多，但起诉的被告均是同一人，虽然案件涉及的价格等因素不同，但案件性质、理由、程序等都是一致的，此时该类案件本质上就属于同类行政行为。人民法院有权根据《行政诉讼法》的相关规定，在询问当事人的意见后，由原告推选出诉讼代表人，代表其参与诉讼。这种将共同诉讼合并审理的方式，有利于节约司法资源，同时也减轻了当事人的负担。（2）乡政府与村民签订集体土地上房屋补偿安置协议的效力认定及处理。根据《土地管理法》与《土地管理法实施条例》的相关规定可知，乡（镇）人民政府可以根据土地利用总体规划，并结合实际需要，对辖区内集体土地制定土地整理方案并开展整理活动。因此，乡政府依据法律规定有权在组织集体土地整理中就涉案房屋与村民协商签订补偿协议，在签订补偿协议时双方系真实意思表示，且协议内容不违反相关法律强制性规定，那么即便该行政协议使用房屋征收名称不当、程序违法，也不宜判决该协议无效。但被征收房屋人可以根据《民法典》关于一方当事人因欺诈、胁迫、重大误解、显失公平有权请求人民法院予以撤销的规定，以乡政府与其签订的集体土地上房屋补偿安置协议具有较强误导性，使其陷入错误认识，违背真实意思表示签订拆迁补偿协议，显失公平为由，请求人民法院撤销该房屋征收安置补偿协议。此外，实务中对于已经履行完毕的行政协议能否判决撤销的问题存在一定的争议，《最高人民法院关于审理行政协议案件若干问题的规定》第14条规定："原告认为行政协议存在胁迫、欺诈、重大误解、显失公平等情形而请求撤销，人民法院经审理认为符合法律规定可撤销情形的，可以依法判决撤销该协议。"故履行完毕的行政协议也可能因为行政协议的问题而被判决撤销。

12. 房屋征收补偿协议内容不合法的处理

【案例】温××等诉上海市虹口区住房保障和房屋管理局房屋拆迁行政补偿案

案例来源

发布单位：最高人民法院发布的十起行政协议典型案例（第一批）（2021年5月11日）

审判法院：上海市第三中级人民法院

判决日期：2018年9月7日

案　　号：（2018）沪03行终462号

基本案情

2015年12月3日，上海市虹口区人民政府作出房屋征收决定，涉案房屋在征收范围内，冯×来为承租人，内有在册户籍人口14人。2016年1月20日，上海市虹口区旧区改造和房屋征收居住困难认定小组（以下简称虹口居困认定小组）确认冯×来户在册户籍人口包括冯×来、温××、冯×英等11人符合居住困难户认定条件。2016年1月27日，冯×来户与上海市虹口区住房保障和房屋管理局（以下简称虹口区房管局）订立了《上海市国有土地上房屋征收补偿协议》（以下简称补偿协议），协议第6条（居住困难保障补贴）中载明："经认定，被征收户符合居住困难户的补偿安置条件，居住困难人口为11人，居住困难户增加货币补贴款人民币2 023 739.62元。"2016年2月3日，该户交房拆除。同年10月20日，冯×英等人向上海市虹口区人民法院起诉温××等人分家析产诉讼。在该案审理中，询问各方当事人对补偿协议效力的意见，各方均认为协议有效。同年12月，冯×来去世。

温××以补偿协议认定的居住困难人口中有多人不符合居住困难认定条件，损害了国家利益，侵犯了自身的合法权益为由提起诉讼，请求确认补偿协议无效。

案件审理过程中，虹口居困认定小组对该户居住困难人口进行了重新审核和认定，剔除了不符合居住困难认定条件的5人，将居住困难人口认定为

6人。

一审判决后,温××以及顾×琳、冯×琴、李×棣不服,分别提起上诉。

温××上诉称:虹口居困认定小组将困难人员调整为6人未经法定程序予以公示,程序违法;除顾×琳、冯×琴、李×棣外,李×、冯×英、顾×亦不应当属于居住困难人员,虹口居困小组认定错误。因此,请求撤销一审法院判决,并改判支持本人的原审诉请。

顾×琳、冯×琴、李×棣上诉称:双方已于分家析产案件的诉讼中确认涉案协议的效力,顾×琳、冯×琴、李×棣在他处均无住房,属于居困人员,虹口居困小组在一审期间重新作出的认定错误,损害本方合法权益。故请求撤销一审法院判决第二项,驳回温××的诉讼请求。

虹口区房管局辩称:本单位重新作出的认定顾×琳、冯×琴、李×棣3人不属于居困人员具有事实依据,3人不符合居困人员条件,温××的上诉理由没有事实依据,本单位的重新认定事实清楚,一审法院判决正确,应予维持。

判决主文

一审法院判决:驳回原告温××的诉讼请求;变更补偿协议第6条为:经认定,被征收户符合居住困难户的补偿安置条件,居住困难人口为6人,居住困难户增加货币补贴款人民币 428 739.62 元。

二审法院判决:驳回上诉,维持原判。

裁判要旨

人民法院在审理房屋征收补偿纠纷案件时,应当适用《行政诉讼法》规定对征收补偿协议的订立主体、内容等进行合法性审查。若当事人提出的诉讼请求不能成立或者部分成立,而征收补偿协议又不具有合法性,人民法院不宜简单判决驳回诉讼请求,而应当实质性解决征收补偿协议争议,减少当事人的讼累。

重点提示

房屋补偿协议是关系行政相对人合法权益的重要协议,但因行政协议内容不合法而引发争议的情形在司法实践中也时有发生。在司法实践中，行政相对人与行政机关因房屋征收补偿协议内容的合法性产生纠纷时，应当注意以下两点：（1）审查房屋征收协议纠纷案件时，应当根据相关行政法规对协议订立主体、内容等进行合法性审查。首先，在征收居住房屋的过程中，被征收人取得货币补偿款、产权调换房屋后，应当负责安置房屋使用人；公有房屋承租人所得的货币补偿款、产权调换房屋归公有房屋承租人及其共同居住人共有。也就是说被拆迁房屋的共同居住人，对被征收房屋共同享有所有权，因房屋征收补偿协议产生纠纷时，有权作为行政诉讼中的原告。其次，根据《民法典》之规定，存在下列情形的民事法律行为无效：①违反法律、行政法规的强制性规定的，该强制性规定不导致该民事法律行为无效的除外；②违背公序良俗的；③行为人与相对人恶意串通，损害他人合法权益的。房屋拆迁补偿协议既有行政属性也有民事属性，其效力应当遵守《民法典》的规定，在协议不存在上述无效的情形时，行政相对人请求确认无效的诉讼请求应当不予支持。（2）裁判结果应当实际解决房屋征收协议实质争议问题。在行政相对人请求确认行政协议无效不能得到支持，而行政协议的内容不符合法律规定的情况下，人民法院不应当直接判决驳回原告诉讼请求。《行政诉讼法》第77条第1款规定："行政处罚明显不当，或者其他行政行为涉及对款额的确定、认定确有错误的，人民法院可以判决变更。"行政协议中对补偿款项的认定有误，但不能据此认定行政协议无效时，法院应当根据《行政诉讼法》第77条的规定作出变更判决，以此保障行政相对人的实质合法权益，使其获得公平、公正的补偿，有效监督房屋征收部门依法进行征收补偿工作，实质性解决行政协议争议，减少当事人的讼累。

13. 补偿安置协议中不当联结情形的认定

【案例】×××时装有限公司诉福建省莆田市荔城区人民政府房屋拆迁行政补偿案

案例来源

发布单位：最高人民法院发布的十起行政协议典型案例（第一批）（2021年5月11日）

审判法院：福建省高级人民法院

案　　号：（2018）闽行终 130 号

基本案情

2007 年，福建省×××时装有限公司（以下简称时装公司）取得涉案土地的国有土地使用权。2011 年 2 月 16 日，福建省莆田市人民政府对莆田市城区工业企业搬迁工作制定了具体搬迁补偿细则。2015 年 3 月 8 日，福建省莆田市荔城区人民政府（以下简称荔城区政府）委托福建××资产评估房地产估价有限责任公司对时装公司企业资产搬迁补偿价值进行评估。2017 年 1 月 22 日，莆田市磐龙山庄项目指挥部受荔城区政府委托与时装公司订立《企业征迁补偿安置协议书》（以下简称补偿协议），该补偿协议对合同主体，土地使用权、地上建筑物、构筑物和实物资产情况，补偿方式，补偿项目及补偿金额，过渡方式，征迁补偿款支付方式及交房期限，违约责任等进行了约定。

时装公司以补偿协议显失公平为由，提起诉讼，请求撤销补偿协议。

一审判决后，荔城区政府不服提起上诉。

判决主文

一审法院判决：撤销原告时装公司与被告荔城区政府订立的补偿协议。

二审法院判决：驳回上诉，维持原判。

裁判要旨

在补偿安置协议中，行政机关以其强势地位对行政相对人附加明显不对等的条件与义务，不具有合意基础，违反了禁止不当联结原则，相对人主张该协议显失公平要求撤销的，人民法院除可以参照适用民事法律规范的相关规定对是否属于合意进行审查外，还应当适用行政行为的合法性标准对是否存在"不当联结"进行判断。经审查认定存在显失公平或者不当联结情形的，应当依法支持相对人主张撤销补充安置协议的诉讼请求。

重点提示

不当联结指行政行为所达到的目的与行政相对人的权利义务之间不具有实质性内在关联，行政实践应当遵守禁止不当联结原则，法院在审理因行政机关不当联结而产生的纠纷时，应当注意以下三点：（1）不当联结的认定标准。司法实践中，判断某一行政行为是否存在不当关联，可以遵循以下步骤：首先，探寻行政行为所依据法律的立法目的，进一步分析被诉行政行为所欲达到的目的；其次，判断行政相对人所履行的义务的属性；最后，分析相对人履行义务与立法目的之间的关联性。如果行政相对人所负担的义务与立法目的之间存在巨大差别，甚至违背立法目的，则应当认定该行政行为属于不当联结。（2）行政协议中不当联结的表现。行政协议是行政相对人与行政机关之间签订的具有一定民事性质的合同。而在实践中，行政机关作为强势的一方，有可能在行政协议中设定附加条件。认定该附加条件是否属于不当联结，应当判断该附加条件是否属于完成协议内容所不可分割的部分，如附加条件与协议内容之间并无实质关联，则应当认定该行政协议属于不当联结。在拆迁补偿案件中，行政相对人取得拆迁补偿是相对人的法定权利，行政机关在行政协议中为相对人取得行政补偿设立了明显不平等条件，既违背了行政协议中平等协商原则，也违背了禁止不当联结原则，法院判决撤销该行政协议于法有据。（3）行政诉讼中关于不当联结事实的举证责任分配。在司法实践中，判断行政行为是否存在不当联结有一定的难度，对于相对人而言，有可能只能意识到其难以接受行政行为所产生的结果，而意识不到不当联结的性质。如果强行要求行政相对人对不当联结承担举证责任，则加大了相对人的举证难度，有违公平原则。因此，在行政诉讼中，一方面，如果行政相对人怀疑行政机关存在不当联结，只需向法院提出质疑，被告行政机关对该质疑应当承担证明责任，以证明行政行为内容属于正当联结。另一方面，行政相对人没有提出存在不当联结的情形，行政机关则不必对行政行为是否属于正当联结进行举证，但法院仍可以依职权对行政行为是否存在不当联结进行审查。

14. 在行政诉讼中对基础民事法律关系的确认

【案例】张×成诉北京市门头沟区人民政府房屋征收办公室、北京市门头沟区龙泉镇人民政府房屋拆迁行政合同案

案例来源

发布单位：最高人民法院发布的十起行政协议典型案例（第一批）（2021年5月11日）

审判法院：北京市第一中级人民法院

判决日期：2017 年 12 月 20 日

案　　号：（2017）京 01 行终 375 号

基本案情

张 × 祥系北京市门头沟区龙泉镇滑 × × 村村民。1967 年 6 月，张 × 祥与李 × × 结婚，婚后育有两子：张 × 军、张 × 成。1985 年 4 月，李 × × 去世。1999 年，张 × 祥申请宅基地并建设本案被征收房屋，该房屋属张 × 祥一人所有。2012 年 6 月 15 日，张 × 祥作为被征收人与北京市门头沟区房屋征收事务中心（以下简称门头沟征收中心，相关职责已由北京市门头沟区人民政府房屋征收办公室承担）、北京市门头沟区龙泉镇人民政府（以下简称龙泉镇政府）订立房屋征收补偿安置协议。2015 年 5 月 11 日，张 × 祥与门头沟征收中心、龙泉镇政府订立补充协议，约定安置张 × 祥两居室一套、一居室一套，其中两居室安置房一套已交付被征收人。2015 年 6 月 26 日，由张 × 军代张 × 祥选择了安置房屋。张 × 祥于 2015 年 12 月 7 日去世，张 × 军于 2016 年 7 月 2 日去世，此时安置房屋尚未交付。

张 × 成以其为张 × 祥的唯一合法继承人，有权继承安置房屋为由提起诉讼，请求判令北京市门头沟区人民政府房屋征收办公室（以下简称门头沟征收办）与龙泉镇政府向其交付涉案安置房屋。

一审判决后，张 × 成不服，提起上诉。

判决主文

一审法院判决：驳回原告张 × 成的诉讼请求。

二审法院判决：撤销一审法院判决；被上诉人门头沟征收办与龙泉镇政府向上诉人张 × 成交付涉案安置房屋。

裁判要旨

行政诉讼中部分争议焦点属于基础民事法律关系的确认，根据法律规定以及现有证据可直接认定或推定基础民事法律关系存在的，为避免当事人讼累，人民法院应当在行政诉讼中直接确认基础民事法律关系，保障当事人合法权益，促进化解行政争议。

重点提示

房屋征收补偿协议签订后,行政机关与相对人均负有遵守该协议的义务,但在履行行政协议的过程中,有时会出现当事人因其中的基础民事法律关系问题发生争议的情况。在司法实践中,对于在房屋征收补偿协议履行过程中因民事法律关系问题产生的争议,法院在审理时应当注意以下两点:(1)行政诉讼中民事争议的处理。《行政诉讼法》第 61 条第 1 款规定:"在涉及行政许可、登记、征收、征用和行政机关对民事争议所作的裁决的行政诉讼中,当事人申请一并解决相关民事争议的,人民法院可以一并审理。"在审理行政争议案件时,应当注意处理民事案件在行政诉讼中的作用,若民事争议系解决行政争议的基础和前提,则应当先行解决民事争议。(2)行政诉讼中应当保障当事人权益避免当事人诉累。《行政诉讼法》第 61 条第 2 款规定:"在行政诉讼中,人民法院认为行政案件的审理需以民事诉讼的裁判为依据的,可以裁定中止行政诉讼。"基于上述法律规定,在民事争议构成行政争议的前提和基础,能够直接影响行政裁判的结果的情况下,民事争议一般不适合在行政诉讼中处理,法院一般会中止行政诉讼,待民事争议解决后,继续审理。应当注意的是,在行政诉讼中,如果民事争议并不影响行政裁判结果,或民事争议可以通过现有证据直接证明或者推定,经当事人申请一并解决,为避免当事人讼累,及时保障当事人合法权益,法院应当直接在诉讼中确认民事法律关系,而不需要中止行政诉讼。

第三章 土地登记与权属纠纷

1. 相邻人与集体土地确权登记的利害关系

【案例】济南市××区×××街道东沙河四村村民委员会诉济南市人民政府等土地行政复议案

案例来源

发布单位：最高人民法院《人民司法·案例》2018 年第 14 期（总第 817 期）
审判法院：山东省高级人民法院
判决日期：2017 年 3 月 16 日
案　　号：（2017）鲁行终 70 号

基本案情

济南市××区×××街道东沙河四村（以下简称东沙四村）与济南市××区×××街道东沙河三村（以下简称东沙三村）等联合创办了沙河小学。两村于 2008 年全国第二次土地调查期间签订了《土地界限权属协议书》，并约定沙河小学地块归东沙四村所有。该协议上有东沙三村村委的盖章、土地调查员的签名，东沙四村村委并未盖章或签字。2012 年，济南市××区人民政府（以下简称区政府）对东沙四村集体土地进行确权登记，在地籍调查过程中，东沙三村对《土地界限权属协议书》中的土地权属界线未提出异议。同年 12 月，区政府为东沙四村颁发集体土地所有证。

2016 年 1 月，东沙三村村委提起行政复议申请，请求撤销区政府为东沙四村村委颁发的集体土地所有权证，重新调查沙河小学的归属并确认该土地为东沙三村所有。经审查后，济南市政府（以下简称市政府）认定，东沙四村村委并未在《土地界限权属协议书》上盖章或签字，不能作为确定两村土地权属界线的证据；区政府在颁证前未对权属审核结果进行公告，属于行政程序违法。市政府作出行政复议，撤销区政府为东沙四村村委颁发的集体土地所有权证，并责令区政府依法重新作出行政行为。

东沙四村村委以市政府的复议决定错误为由,提起诉讼,请求判令撤销市政府的行政复议决定;维持区政府为东沙四村颁发涉案集体土地所有证的行政行为。

一审判决后,市政府、东沙三村村委均不服,提起上诉。

市政府提起上诉称:一审判决事实不清且适用法律错误;违反"同案同判"司法指导规则;也不利于村集体土地所有权争议解决。本机关的行政复议行为程序合法。

东沙三村村委提起上诉称:市政府作出的行政复议决定事实清楚且证据充分确实,依法应予以维持;一审法院对本案的判决于法无据,遂请求依法改判并维持市政府的行政复议决定。

东沙四村村委辩称:东沙三村村委提起行政复议时已超过了复议期限;本村委与东沙三村村委之间签订的《土地界限权属协议书》系双方的真实意思表示,合法有效;一审法院认定东沙三村村委应先行解决基础关系争议适用法律正确;区政府作出颁发集体土地所有证的具体行政行为程序合法。

判决主文

一审法院判决:撤销被告市政府作出的行政复议决定;责令被告市政府对东沙三村村委的行政复议申请重新作出处理决定。

二审法院判决:驳回上诉,维持原判。

裁判要旨

土地相邻人要求撤销集体土地确权登记的案件,属于行政复议和行政诉讼的受案范围,复议机关和人民法院应当立案。复议机关和人民法院立案后,应当中止案件审理,告知相邻人先行申请行政机关解决土地权属争议。如行政机关认定相邻人的土地权属异议不成立的,人民法院和复议机关应当认定土地相邻人与集体土地确权登记没有利害关系,决定驳回其复议申请和诉讼。

重点提示

集体土地确权登记不仅能够改善民生,促进农村的改革,而且还能够提高土地价值并有助于维护社会的稳定。司法实践中,认定相邻人与集体土地确权登记的利害关系的问题时,应当注意以下三点:(1)土地相邻人与集体土地确权登记并不当然具有利害关系。行政复议的申请人与具体行政行为有利害关系是提起行政复议申请的前提，因此，实务中，对于土地相邻人与集体土地确权登记是否具有利害关系始终存在许多探讨。一般来讲，土地相邻人并不当然与集体土地确权登记具有利害关系。首先，相邻只是一种客观事实形态，并非物权的拥有，即相邻人对于相邻争议土地并非必然享有其物权；其次，相邻人对于争议土地有异议的有权提出土地权属异议，但是上述异议行为并不能阻碍该争议土地的登记，相邻人还应当向有关机关申请土地权属调查，只有有关机关认定争议土地权属存在异议后，才能证明其与该土地的确权登记存在利害关系并产生阻止该土地进行权属登记的法律效果。（2）土地相邻人与集体土地确权登记是否具有利害关系，应由有关机关通过土地调查进行确定。对相邻集体土地确权登记存在异议的土地相邻人要想证明其确实对于争议土地享有权益，应当提供其合法享有该土地的有效权属来源，而根据有关规定，土地有效的权属源于政府及有关部门的文件、决定等。又根据《土地管理法》的规定，国家建立的土地调查制度由有关机关与部门进行土地调查。故若经上述机关调查后确定争议土地确实存在异议的，即证明土地相邻人与确权登记行为之间存在一定利害关系。（3）土地权属争议应当由行政机关先行处理。根据《土地管理法》第14条第1款的规定可知，当双方当事人不能通过协商解决土地权属争议时，应当由人民政府进行处理。《土地权属争议调查处理办法》第4条规定，县级以上国土资源行政主管部门负责土地权属争议案件的调查和调解工作。由上述规定可知，行政机关作为土地管理部门有权对土地的权属进行认定，对于违反国家法律规定的行为给予相应的处罚，同时，也应及时解决因土地所有权和使用权发生的争议和纠纷。土地权属争议由行政机关处理结束后，若异议成立，那么相邻人就可以直接要求土地登记机关进行纠错，更正登记并颁发土地证。因此，由行政机关先行处理土地权属争议，更高效且更有利于解决该纠纷。

2. 仅取得土地代用证的土地使用权转让合同是否有效

【案例】 京津××实业股份有限公司诉××国际房地产开发有限公司确认合同无效纠纷案

案例来源

发布单位：最高人民法院民事审判第一庭《民事审判指导与参考》2010年

第 2 辑（总第 42 辑）

审判法院：最高人民法院

基本案情

1992 年 7 月，甲方河北省××市土地管理局（以下简称土地管理局）与乙方××国际房地产开发有限公司（以下简称房地产开发公司）签订两份《国有土地使用权出让合同》，合同分别约定：甲方出让给乙方位于河北省××市经济技术开发区 4 号和 8 号地块内的土地面积为 15 万平方米，计 225 亩；甲方出让给乙方位于河北省××市经济技术开发区 4 号和 8 号地块内的土地面积为 30 万平方米，计 450 亩。合同均约定：乙方分期支付土地出让金，但签订合同时，需乙方当即支付总费用的 10%，60 日内再支付总费用的 20%，并在 1992 年年底前支付剩余全部费用。合同签订后，房地产开发公司按约支付土地出让金并于当月取得土地管理局发放的廊土开字（1992）第 001 号土地使用证（代用）。之后，房地产开发公司以 30 万平方米土地作价入股与其他股东成立了京津××实业股份有限公司（以下简称实业公司），法定代表人为王×宁。

1993 年 9 月，甲方房地产开发公司与乙方实业公司签订《国有土地使用权转让合同》，约定：甲方将其以出让方式取得的 15 万平方米国有土地使用权转让给乙方，转让金为 2985 万元，乙方负责支付土地转让金与有关部门交纳的土地使用费、增值费。该合同签订后，实业公司在召开董事会对购买房地产开发公司 15 万平方米土地进行讨论，取得一致意见后，实业公司四名股东代表公司与房地产开发公司签订《土地转让合同》，再次确认土地转让的面积、价格等事项。1993 年 11 月，河北省××市土地管理局开发区分局（以下简称开发区分局）与实业公司倒签了落款时间为 1992 年 5 月（此时双方主体均不存在）的《国有土地使用权出让合同》及《补充协议》，该出让合同载明：出让土地总面积为 465 273.33 平方米，出让金总额为 3838.505 万元。之后，实业公司的法定代表人王×宁以实业公司名义向土地局出具了 5 328 050 元的欠条，该欠款于 2005 年 4 月交纳。而后，开发区分局两次致函房地产开发公司表示：同意房地产开发公司以 30 万平方米土地作价入股实业公司并为实业公司办理土地使用权审批手续，以及同意房地产开发公司将 15 万平方米变更给实业公司并为实业公司办理土地使用权审批手续。同月，实业公司取得土地管理局向其颁发的廊开国用（出）字第09号（30万平方米土地）、廊开国用初字第10号（165 273.33平方米）国有土地使用证。此后实业公司因建设需要，房地产开发公司与其就A—18、A—20地块内剩余的15万平方米的土地使用权签订土地使用权转让合同并报请土地管理局审批后，正式取得廊开国用初字第10号国有土地使用证（165 273.33平方米）。

实业公司以其系该土地使用权的原始受让人，房地产开发公司无权将尚未取得的土地使用权转让给其为由，提起诉讼，请求判令确认土地使用权转让合同无效，并要求房地产开发公司返还土地转让款。

一审判决后，实业公司不服，提起上诉称：房地产开发公司未合法取得涉案土地的使用权，亦未经有关部门批准转让，一审法院认定事实不清，判决内容违反我国相关法律规定，且本案争议的15万平方米土地是实业公司以出让方式从土地管理部门原始取得，其与房地产开发公司所签转让合同无效，房地产开发公司应当返还土地转让款，并支付占用期间的利息。

房地产开发公司辩称：涉案土地的转让合同签订时，合同双方均未成立，实业公司使用虚假的证据进行起诉，且本案诉讼时效已过12年，故应当驳回实业公司的上诉。

判决主文

一审法院判决：驳回原告实业公司的诉讼请求。
二审法院判决：驳回上诉，维持原判。

裁判要旨

受让人与土地管理部门签订《国有土地使用权出让合同》，受让人支付了相应的土地出让金，并取得土地管理部门核发的土地使用证（代用），虽然土地使用证（代用）并非正式的土地使用权证书，但也应认定其取得了土地使用权。故其具备转让土地使用权的资格，有权将土地转让给第三人。受让人与第三人签订的转让合同符合法律法规的规定，应为有效。

重点提示

土地使用证是确认土地使用权的法律凭证。司法实践中，认定未取得国有土地使用权证但取得土地代用证后转让土地使用权是否影响转让合同的效力的问题时，应当注意以下两点：（1）土地使用权转让合同的效力认定。土地使用权转让，是指土地使用权人将土地使用权转移给他人的行为。根据《城镇国有土地使用权出让和转让暂行条例》中关于土地使用权转让的规定可知，土地使用权转让时应当签订转让合同，而对于该土地使用权转让合同的效力应当满足相关法律的规定。实务中，认定土地使用权转让合同是否有效的问题，应注意以下三点内容：①受让人取得的土地使用权应当具有合法性，合法性主要是指转让的过程符合土地使用权转让的相关法律规定，如达到出让土地的投资额并按照规定交纳土地出让金等。②土地使用权转让合同不应具有合同无效的法定情形，根据我国《民法典》的规定，一方欺诈、胁迫订立合同，损害国家利益或者恶意串通，损害国家、集体或者第三人利益抑或以合法形式掩盖非法目的，损害社会公共利益，违反法律、行政法规的强制性规定等情形之一的，即认定合同无效；反之合同有效。此外，对于有效的土地使用权转让合同，双方当事人应当按照合同约定各自履行合同义务。③受让人合法取得的土地都享有一定的使用年限，因此，双方规定的土地使用权转让合同的有效期也不得超过土地实际使用期限。（2）取得土地代用证的受让人与第三人订立的转让合同有效。受让人与土地管理部门订立土地使用权转让合同时，存在土地管理部门并未向其颁发国有土地使用证，而是颁发了土地使用权证（代用）的情况，土地使用权代用证并非正式且规范的土地使用权证，但转让过程中受让人依法支付了土地受计金、签订土地使用权出让合同并取得土地使用权代用证，就足以证明受让人已经得到土地管理部门的同意并取得了土地使用权。因此其也就具备了再次转让土地使用权的资格，即受让人有权根据其与第三人之间的真实意思表示签订土地使用权转让合同，并产生转让土地使用权的真实效力。他人以未取得土地使用权证为由主张转让合同无效的，人民法院不予支持。

3. 土地管理部门不履行公告创设的义务时相对人的救济途径

【案例】××市××搪瓷厂诉浙江省××市国土资源局土地行政登记案

案例来源

发布单位：最高人民法院行政审判庭《中国行政审判指导案例》（第2卷）
审判法院：浙江省宁波市中级人民法院
判决日期：2010年6月3日

案　　　号：(2010)浙甬行终字第81号

基本案情

1995年，××市人民政府（以下简称市政府）依据××市××镇人民政府（以下简称镇政府）的申请，经调查、审核，核准土地登记并确认原××市××大会堂（以下简称大会堂）的土地使用权人为镇政府，明确该土地南面界线为东段××市××工艺编织厂（以下简称工艺编织厂）墙外侧至西段墙外侧；邻联丰工艺编织厂。次年，××市××搪瓷厂（以下简称搪瓷厂）以受让方式取得工艺编织厂的土地使用权并领取了国有土地使用证，该土地证明确了土地四至中北面界址，但文字描述与土地证所附地图不一致。

2009年10月，浙江省××市国土资源局（以下简称国土资源局）发布公告，载明"大会堂宗地的土地使用权调查结果公告如下。若对公告内容有异议的，请于公告后十五天内向土地所在地镇（街道）国土资源所提出书面异议及证据，再行复核；公告期满没有异议的，将准予发证"。该公告除载明土地坐落、宗地号、宗地面积、土地性质、用途以及宗地四至等信息外，还载明大会堂南面界址为围墙外侧，与搪瓷厂相邻。公告发布后，搪瓷厂以公告所载界址内容与该厂国有土地使用权证载明界址内容不一致为由，向国土资源局提出书面异议，但直至同年12月搪瓷厂也没有被告知异议复核结果。

搪瓷厂以本厂已经就宗地调查审核提出书面请求，而国土资源局未对土地争议进行调查及回复，调查及调解土地争议均为国土资源局的法定职责，该局未处理土地争议系不履行法定职责为由，提起诉讼，请求判令国土资源局依法对涉案土地作出调查处理。

国土资源局辩称：本局发布的公告并不属于土地登记过程中的确权公告，而是对已经确权的土地使用证登记权属内容进行再告知，且搪瓷厂提出的书面异议亦不符合国土资源部《土地权属争议调查处理办法》关于申请形式的规定。因此，不能认定搪瓷厂提出了对涉案土地进行调查的书面请求；本局对涉案土地界址争议已经积极进行实地踏勘、收集相关资料进行核对比照、委托相关机构进行勘测复核，故本局并不存在不履行法定职责行为，请求驳回搪瓷厂的诉讼请求。

一审判决后，搪瓷厂不服，提起上诉称：一审法院认定的事实存在错误。

判决主文

一审法院判决：被告国土资源局未在原告搪瓷厂起诉前对原告搪瓷厂提出的土地使用权异议作出调查处理的行为违法。

二审法院判决：驳回上诉，维持原判。

裁判要旨

土地行政主管部门就已经办理国有土地使用权证的土地发布公告，并设定了在行政相对人提起土地权属异议申请后土地行政主管部门的复核义务。在此情况下，行政相对人依据公告提出土地权属争议的，土地行政主管部门应当履行公告所创设的积极作为义务。根据《行政诉讼法》的相关规定可知，行政机关应当在接到公民、法人或者其他组织申请之日起两个月内履行其法定职责，若行政机关未及时履行，公民、法人或者其他组织可以向人民法院提起诉讼。故土地行政主管部门未依照其允诺在规定期限内进行复核并告知相对人复核结果，属于不履行法定职责的行政不作为，当事人有权向人民法院提起诉讼。

重点提示

行政不作为，是指行政主体具有积极实施行政行为的法定义务，拥有完成的条件，应当履行却未履行或未完全履行的一种状态。根据《行政诉讼法》第47条第1款的规定可知，公民、法人或者其他组织向行政机关申请履行法定职责后，行政机关应当在接到申请之日起两个月内履行。在此情况下，行政机关若两个月内没有履行的，行政相对人可以为此寻求相应的救济途径。司法实践中，在解决相对人因行政主体不履行公告创设的义务而引发的纠纷时，应当注意以下三点：（1）行政主体行政不作为的具体情形。行政主体能够履行义务但出于故意或过失没有在法定或约定的期限内履行的，就构成行政不作为。行政主体的行政不作为行为具体包括以下情形：①拒绝履行，是指行政主体明确拒绝履行其法定职责且无理由、不说明理由或理由不充分等。根据相关法律规定，在法定或合理期限内行政主体仍可在拒绝履行后继续履行其义务，故对于法律规定有具体履行期限的行政行为，行政主体只有在超出该期限拒绝履行的，才属于拒绝履行。对于仅有合理期限的，行政主体只有超出合理期限拒绝履行的，才属于拒绝履行。②迟延履行，是指行政主体已经履行其法定职责，但在法定期限或合理期限内并未履行或未完全履行的情形。例如，对行政相对人的申请怠于履行或推托等。③未完全履行，通常包括部分履行与瑕疵履行，部分履行的行政主体仅履行了部分义务，并未全面履行，而瑕疵履行的行政主体虽履行了法定职责义务，但并未达到履行目的。（2）行政相对人对于行政主体不履行法定职责的行为有权向有关部门寻求救济。行政相对人是行政机关行使行政行为的相对方，行政机关不作为会导致其权益受到损害，故对于行政相对人受损权益的救济是十分必要的。通常情况下的救济是指补偿或赔偿，因此，行政机关不作为情形下的救济是指行政相对人因行政主体不作为导致其权益受损而进行的补偿或赔偿制度。具体的救济途径有以下几种：一是行政复议，这是常见的行政相对人的救济途径之一，行政相对人因行政主体的不作为行为导致权益受损时其可以向有关部门申请复议；二是行政诉讼，行政相对人通过向人民法院提起诉讼的方式对自己受损的权益进行救济，人民法院在接到行政相对人的诉讼请求后，应当对侵权行政行为进行审查并作出司法裁决，人民法院审查过程中应严格审查行政诉讼的合法性与合理性，并得出公正的裁决；三是行政赔偿，这是行政相对人依照相关法律要求国家承担赔偿责任的救济制度，行政主体延迟履行行政行为造成行政相对人合法权益受损时，仅在法律上判定行政主体的行为属于行政不作为，并不能使行政相对人的损害得到恢复。故还需国家承担赔偿责任予以救济。（3）审查行政机关是否履行其法定职责时的注意事项。根据《行政诉讼法》第12条第1款第6项可知，行政主体拒绝履行或者不予答复行政相对人申请的要求行政机关保护其人身财产等合法权益的法定职责时，人民法院对于行政相对人的诉讼请求应当受理。实务中，审查行政机关是否不履行法定职责时，应注意以下几点内容：首先，应注意行政机关履行职责的法定期限。根据《行政诉讼法》的相关规定可知，行政机关应当在接到公民、法人或者其他组织申请之日起两个月内履行其法定职责。故人民法院应当审查行政机关受理行政相对人的申请是否延期至两个月之后仍拒绝履行或者不予答复。其次，一般情况下，行政相对人控告行政机关不作为，向人民法院提起诉讼，起诉的期限为6个月。而在紧急情况下，公民、法人或其他组织请求行政主体履行保护其人身财产等权益的法定职责，行政机关不履行的，提起诉讼不受诉讼时效的限制。最后，举证责任问题。应当由行政相对人对行政机关受理其申请而一直未作出具体行政行为的事实进行举证，而行政机关则负责举证证明其已履行法定职责的事实。此外，二者同时承担举证不利的法律后果。

4. 存在第三人时行政机关举证时限的适用

【案例】李×明等四人诉山东省淄博市淄川区人民政府等土地行政登记案

案例来源

发布单位：最高人民法院《人民司法·案例》2021年第5期（总第916期）

审判法院：山东省淄博市中级人民法院

判决日期：2018年12月21日

案　　号：（2018）鲁行再57号

基本案情

李×明、李×孝、李×亮与李×忠系同胞兄弟。李×忠于1993年2月病故，王××系李×忠之妻，李×华系李×忠之女。1988年4月，李×忠、李×明、李×亮、李×孝签订分单契约，将位于淄博市淄川区洪山镇北工居委会的老宅分配成4份，兄弟四人各占若干间房屋。1989年12月，淄博市淄川区洪山镇政府（以下简称洪山镇政府）作出关于北工村等3个单位集体土地申报补办使用土地手续的批复（洪政发［1989］77号），其后附补办手续户明细表显示："李×明57.64平方米，李×亮135.95平方米，李×孝93.29平方米，李×忠83.50平方米，以上共计370.38平方米。"

1995年8月，洪山镇政府作出关于北工居委会颁发国有土地使用证的请示（洪政发［1995］41号），其后附北工居委会确权发证明细表显示："李×亮370.38平方米"。1995年9月，淄川区政府作出关于对洪山镇北工居委会李×亮等128户居民住宅颁发国有土地使用证的批复［川证土登字（1995）19号］，淄川区政府为李×亮颁发国有土地使用证［川国用（95）字第0108号］，其中四至与老宅一致，用地面积370.38平方米。

2008年5月，淄川区开展第二次土地调查工作，涉案土地的权属、面积、四至情况与上述土地使用证一致。李×亮从1988年兄弟分家后一直居住在涉案土地的房屋中。2014年北工村开始旧村改造，北工村委会与李×亮就土地补偿问题未达成一致。

李×明等四人以山东省淄博市淄川区人民政府（以下简称淄川区政府）

颁发的国有土地使用权证将其通过分家析产获得的房屋所涉及的土地使用权全部颁发给了李×亮，侵害了其合法权益为由提起诉讼，请求法院判令依法撤销淄川区政府对李×亮颁发的位于淄博市淄川区洪山镇北工村的国有土地使用权的登记。

淄川区政府辩称：其颁发的涉案国有土地使用权证事实清楚，证件齐全，手续完备，符合法律规定，行政登记行为合法有效，应当予以维持，且该案已超过起诉期限。但淄川区政府在法定举证期限内无正当理由不提供证据，且没有向法院提出延期提供证据的书面申请。李×亮则辩称同意淄川区政府的答辩意见，且李×明等四人不具有诉讼主体资格，其在洪山镇政府作出洪政发〔1989〕77号批复后为取得完整的房屋及土地而向其他兄弟三人分别购买了当时分家所得房屋，并在支付700元价款后取得其他兄弟三人持有的分单契约。为此李×亮向法院提交了分单契约、证人证言、北工村村委会通知、其在2014年4月4日与李×明的谈话录音以及根据录音整理的材料和国有土地使用权证等证据，以证明淄川区政府的颁证行为合法有效。李×明等四人对此则主张不存在所谓房屋买卖的事实，分单契约是当时兄弟陆续搬离后被李×亮要回的，但李×明等四人对该主张未提供相应证据证明。

一审判决后，双方均不服，提起上诉。

二审判决后，李×明等四人不服，申请再审。

判决主文

一审法院判决：撤销被告淄川区政府颁发的川政土登字（1995）19号国有土地使用权证，并责令其重新作出行政行为。

二审法院判决：驳回上诉，维持原判。

再审法院裁定：指令山东省高级人民法院对本案进行再审。

再审法院判决：撤销一、二审判决；驳回再审申请人李×明等四人的诉讼请求。

裁判要旨

如果第三人能够提供相应证据或者申请人民法院依职权调取相应证据才能证明被诉行政行为合法，则人民法院应当认定被诉行政行为有相应的证据，而不应直接作出其违法的认定。如果当事人主张的其双方之间的民事争议的认定对于行政登记是否正确、合法具有关键影响,即当事人之间民事争议的认定能够直接决定行政登记是否正确、合法的,则人民法院可以参照《行政诉讼法》第 61 条所规定的行政诉讼一并解决相关民事争议制度,对相关民事争议在行政诉讼中一并审理解决,并在此基础上认定相关行政登记行为是否合法。

重点提示

《行政诉讼法》第 34 条第 2 款规定:"被告不提供或者无正当理由逾期提供证据,视为没有相应证据。但是,被诉行政行为涉及第三人合法权益,第三人提供证据的除外。"一般而言,在行政诉讼中,行政机关应当遵守举证时限,逾期不举证则承担证据失效等不利法律后果,但涉及第三人合法权益,且第三人提供证据的,不受此限制。在司法实践中,有关行政机关证据失权的问题,应当注意以下两点:(1)举证时限制度对行政机关的约束作用。在行政诉讼中,因行政机关在收集、形成证据方面有天然优势,为平衡各方利益,保障相对人的合法权益,使各方当事人在诉讼地位中保持均衡,由此对行政机关设立举证时限。《最高人民法院关于行政诉讼证据若干问题的规定》第 1 条第 2 款规定:"被告因不可抗力或者客观上不能控制的其他正当事由,不能在前款规定的期限内提供证据的,应当在收到起诉状副本之日起十日内向人民法院提出延期提供证据的书面申请。人民法院准许延期提供的,被告应当在正当事由消除后十日内提供证据。逾期提供的,视为被诉具体行政行为没有相应的证据。"在行政行为不牵涉第三人的情况下,行政机关在行政诉讼中未能及时举证,则应当承担举证不能的不利法律后果;但在行政行为直接牵涉第三人的情况下,如果行政机关在行政诉讼中出现证据失权的情形,此时若第三人能够提供证据证明被诉行政行为合法,则人民法院应当认定被诉行政行为有相应的证据,而不应作出其违法的认定。(2)涉及第三人利益时,行政机关举证时限在行政诉讼法中的适用。根据《行政诉讼法》第 34 条第 2 款的规定,在司法实践中,存在第三人的情况下,被告不能在举证时限内提供证据,不能简单认定被诉行政行为违法甚至将其撤销,而是应当在第三人提供证据时对该证据进行审查,必要时还应进行调查取证。

5. 不动产物权登记簿中可否加注限制内容

【案例】昆山××××置业有限公司诉××市国土资源局土地行政登记案

案例来源

发布单位：《最高人民法院公报》2022年第8期（总第312期）

审判法院：江苏省苏州市姑苏区人民法院

判决日期：2020年11月20日

案　　号：（2018）苏0508行初214号

基本案情

2008年1月，昆山××××置业有限公司（以下简称置业公司）将其位于昆山市××镇徐公桥路东侧C××地块国有土地使用权出让给××市国土资源局（以下简称国土资源局）及××管委会（以下简称委员会）。同年10月，上述国有土地使用权又变更给置业公司。后置业公司在该地块进行项目建设。

2013年9月，××经济开发区规划建设局发布意见，拟将涉案地块的地下部分空间作为地下商业开发，不对外销售。2013年11月，置业公司、国土资源局、委员会三方再次签订补充协议，同意增加地下一层空间建设用地使用权，置业公司补交了土地出让金。2015年10月，昆山市人民政府向置业公司颁发了国有土地使用权证，并加注该地块为地下一层空间建设用地使用权，不得对外分割销售。2016年6月，置业公司就游站商业中心地下室的43套房屋领取了房屋所有权初始登记证明。同月，昆山市实行不动产统一登记，国土资源局负责该区域内房屋所有权及国有土地使用权的登记事项。2017年4月，在为地下商业房产办理不动产权属登记时，国土资源局在不动产权证书附记栏中加注了"新建，办理自用房手续，不得对外销售。如需进行二手房转让，必须先行征得××管委会同意"这一限制不动产物权的文字内容。置业公司自2015年1月起多次书面请求管委会、××市住房和城乡建设局、国土资源局撤销产权证附记栏中所加注的权利限制性条件，但均未能解决。

置业公司以国土资源局在不动产权证书附记栏中加注的限制条件侵犯其合法的财产权利为由，提起诉讼，请求判令撤销上述加注条件，并赔偿置业公司相应的融资损失。

国土资源局辩称：本局在置业公司提交了不动产产权登记的相关材料后，依照法定程序为置业公司办理了涉案不动产产权登记，并颁发不动产产权证；本局根据涉案不动产原登记的限制情况以及置业公司的申请在涉案不动产证中继续记载不得对外销售的相关内容，并没有违反法律规定，也没有侵害置业公司的合法权益。遂请求依法驳回置业公司的诉讼请求。

判决主文

一审法院判决：撤销被告国土资源局颁发的《不动产权证书》附注栏中"不得对外销售。如需进行二手房转让，必须先行征得××管委会同意"的内容；驳回原告置业公司的其他诉讼请求。

裁判要旨

不动产登记作为一种物权公示手段，经当事人申请，由国家相关部门将不动产物权及其变动记载于不动产登记簿上，并为当事人颁发不动产产权证。同时涉及民事与行政两方面的法律关系，故应当在遵循物权法定等民事法规的同时，也要符合不动产登记相关的行政法规。根据物权法定原则，当事人不得随意更改法定内容。不动产物权登记机关不得将当事人享有的法定物权内容进行限制，若限制则违反了上述原则，当事人有权请求人民法院撤销相关限制内容。

重点提示

不动产登记是《民法典》规定的一项物权制度，不动产经过办理登记才能产生公示效力并得到国家的保护，是当事人在买卖、继承、赠与不动产时的必备条件。在司法实践中，认定不动产物权登记簿中可否加注限制内容的问题，应当注意以下三点：（1）限制当事人物权的不动产登记的加注内容违反了物权法定原则与不动产登记行政法规。不动产登记过程中由不动产登记机构按照我国的相关规定设立统一的不动产登记簿。不动产登记簿中应主要包含不动产的自然状况、权属状况以及其他限制、提示事项三部分。其中对于不动产登记簿中的限制事项，不动产登记部门应严格按照法律规定，在不动产登记簿中记载涉及不动产权利限制、提示的事项。若不动产登记机构在不动产登记附记中加注限制的是当事人的物权,即加注内容系协议的约定事项而并非应当登记的涉及不动产权利限制的法定事项时,上述限制违反了《民法典》第116条"物权的种类和内容,由法律规定"的规定,违反了法律规定的不动产登记中权利限制的法定范围。当事人请求撤销相关登记内容的,人民法院应予支持。(2)不动产登记中的变更登记行为具有可诉性。不动产变更登记,是指初始登记的不动产相关事项发生变动后不动产物权登记机构进行的登记。由此可知,不动产物权登记机关对于不动产登记权利状态、附记事项等变化的登记系变更登记。又因不动产的变更登记会对当事人的权益造成一定影响,故其属于可诉的行政行为,即当事人可因此提起行政诉讼。(3)缺乏事实和法律依据的当事人不得申请行政赔偿。行政赔偿是公民、法人或其他组织在受到行政机关及其工作人员损害时的一种救济赔偿手段,但并非当事人只要提起行政赔偿就一定会获得行政机关的赔偿,当事人提起行政赔偿请求时应当满足以下条件:①要求当事人负有请求权。一般来说,合法权益遭受行政机关及其相关人员侵害的公民、法人和其他组织负有请求权。当请求权人去世时,继承其权利的法人或其他组织也有权请求赔偿。②要明确赔偿义务机关。根据行政赔偿的相关规定,赔偿义务机关应为违法行使职权造成损害的行政机关及其工作人员所在行政机关;违反行政职权造成损害的组织;违反受委托的行政职权造成损害的组织或个人的委托行政机关等。③赔偿请求必须符合行政赔偿的相关法律规定。即当事人对于行政赔偿的主张应当具有充足的事实和法律依据。

6. 土地部门未对土地登记资料公开的法律后果

【案例】××市×××房地产开发有限公司诉××市国土资源局××区分局土地行政登记案

案例来源

发布单位:最高人民法院《人民司法·案例》2017年第5期(总第772期)

审判法院:山东省东平县人民法院

判决日期:2016年9月26日

案　　号:(2016)鲁0923行初18号

基本案情

2002年1月，山东××食品有限公司（以下简称食品公司）与青岛×××公司（以下简称青岛公司）就土地转让与房屋买卖签订协议。协议约定，食品公司将其征用的××区土地局（以下简称区土地局）以东，泰山大街以北，粥店村以西的建设大饭店及宿舍楼计41.7亩土地使用权出让给青岛公司，由食品公司负责办理土地出让手续及土地使用权证。同时，青岛公司将按照每平方米约1100元的价格将其开发的青岛世纪园小区一期8000平方米住宅楼出售给食品公司。同年10月，青岛公司注册了××市×××房地产开发有限公司（以下简称房地产公司）。2007年2月，泰安市人民政府向房地产公司颁发了类型为"出让"的土地使用权证，该土地证表明，房地产公司享有使用权的土地的地点为××市××区××大街以北，面积为124 878平方米。

2013年1月，因食品公司与青岛公司和房地产公司之间的建设用地使用权纠纷，泰安市中级人民法院对该纠纷肯定了以下事实："2001年3月，就房地产公司建设的综合服务宾馆事项，××市××区新城管理委员会作出同意批复。同年5月14日，泰安市岱岳区人民政府向其颁发使用类型为出让的国有土地使用证，该土地使用证表明，房地产公司享有土地使用权的地点为区土地局办公楼东侧，面积为27 777平方米。"依据该事实，泰安市中级人民法院作出维持一审法院作出的房地产公司向食品公司交付400平方米住宅楼的判决。而后，食品公司再次提起诉讼，同样是基于与青岛公司和房地产公司的建设用地使用权纠纷。2015年6月，该案中止诉讼。

另查明，××市国土资源局××区分局（以下简称区国土局）在其官方网站上发布《政府信息公开依申请公开管理办法》，其中表明，申请人申请政府公开属于政府主动公开范围的信息时，其可以通过向申请人提供信息或者告知申请人获取该信息的方式，并出具《××市国土资源局××区分局政府信息公开告知书》。

房地产公司以区国土局作出的《政府信息公开告知书》不符合法律规定为由，提起诉讼，请求判令区国土局将食品公司对区土地局以东、泰山大街以北、粥店村以西的共计41.7亩土地进行国有土地使用权登记以及相关登记材料予以公开。

区国土局辩称：房地产公司申请公开的材料没有查到，且土地证不应由区国土局保存，《政府信息公开告知书》是依据该事实作出且符合法律规定。请求判令驳回房地产公司的请求。

判决主文

一审法院判决：撤销被告区国土局作出的《政府信息公开告知书》，并责令其重新作出政府信息公开答复。

裁判要旨

土地部门在土地登记过程中制作或获取的土地登记资料属于政府信息。申请人为查明有关事实情况，向土地部门申请公开该政府信息的，依照《政府信息公开条例》的规定，土地部门作为土地使用权登记机关，其具有保存登记人提交的材料以及对相关土地登记资料依法予以公开的法定职责。对属于公开范围的政府信息，行政机关应当依法予以明确、具体地公开告知，否则属未依法履行信息公开法定职责行为。

重点提示

政府信息公开，是指公民、组织对行政机关在行使行政职权过程中掌握或控制的信息拥有知情权，除法律明确规定不予公开的事项外，行政机关应通过有效方式向公众或当事人公开相关信息。司法实践中，认定土地部门对土地登记资料的公开职责问题时，应当注意以下三点：（1）土地登记资料属于政府信息，土地部门应当依法对该信息予以公开。根据《政府信息公开条例》第2条的规定可知，政府信息是行政机关以一定方式进行保存记录的，在履行行政管理职责的过程中制作或获取的信息。因此，土地部门在进行土地登记管理过程中产生的土地登记资料也就属于政府信息。同时，又根据《政府信息公开条例》第10条第1款的规定："行政机关制作的政府信息，由制作该政府信息的行政机关负责公开。行政机关从公民、法人和其他组织获取的政府信息，由保存该政府信息的行政机关负责公开；行政机关获取的其他行政机关的政府信息，由制作或者最初获取该政府信息的行政机关负责公开。法律、法规对政府信息公开的权限另有规定的，从其规定。"据此，土地登记资料是土地部门在土地登记过程中产生的政府信息资料。土地部门应当依法履行公开政府信息的法定职责供土地利害关系人等查询。(2)对于政府信息公开范围的认定。首先,行政机关公开政府信息时应先判定是否需要根据法律、行政法规等的规定经有关部门进行批准;其次,要判定该政府信息是否属于《政府信息公开条例》中依法应当不予公开或可以不予公开的情形。以下政府信息在公开时应当综合分析是否应当予以公开:一是国家秘密、政府禁止公开的信息以及公开后危及国家、社会、经济等安全的信息;二是涉及商业秘密或个人隐私公开会造成第三人权益受损的信息,但第三人同意公开的除外;三是行政机关内部事项可以不予公开,过程性信息可以不予公开,但法律、法规等另有规定的除外。综上,行政机关主动或依申请公开政府信息时,除上述例外情形外应当予以公开。(3)政府信息公开的意义。政府信息公开是社会民主法治化的必然要求,有利于促进依法执政,提高政府公信力,对于推进政府信息化建设、促进社会经济发展均有着重要的意义。首先,政府信息公开能够有效监督政府工作,推动清正廉洁,增加政府信息透明度,使公众更加了解政府信息,提高公众的监督能力;其次,政府公信力决定着公众对于政府的信任程度,政府信息公开有利于政府公信力的提升,加强公众与政府之间信任,良好的政府与公众之间的关系能够提升效力并节约司法资源;最后,政府信息公开也有利于经济的发展,实务中不难发现,能够做好政府信息公开的地区其经济发展程度也较高。

7. 提交建设用地规划许可证是否属于土地登记前置条件

【案例】青岛×××集团有限公司诉××市国土资源和房屋管理局土地行政登记案

案例来源

发布单位:最高人民法院发布的人民法院充分发挥审判职能作用保护产权和企业家合法权益典型案例(2018年1月30日)

审判法院:山东青岛市中级人民法院

判决日期:2016年6月16日

案　　号:(2016)鲁02行终317号

基本案情

青岛×××集团有限公司（以下简称集团公司）与××市国土资源和房屋管理局（以下简称市国土资源和房屋管理局）于2012年11月签订了国有土地使用权出让合同，约定将位于青岛市崂山区青银高速路东、株洲路北宗地的国有建设土地使用权出让给集团公司用于工业建设。后集团公司向市国土资源和房屋管理局交付出让金及所有税费并申请国有建设用地使用权登记，但市国土资源和房屋管理局至今未向其颁发国有土地权属证书。

集团公司以市国土资源和房屋管理局违反了法律的规定并侵害其合法权益为由，提起诉讼，请求判令市国土资源和房屋管理局履行法定职责，限期为其办理国有土地权属证书。

市国土资源和房屋管理局辩称：集团公司尚未取得《建设用地规划许可证》，不具备办理土地权属登记的条件，其主张不能成立；因集团公司办理权属登记的条件缺失导致无法办理土地登记，并非本局行政不作为。综上，集团公司所诉没有事实和法律依据。请求法院依法驳回集团公司的起诉。

一审判决后，市国土资源和房屋管理局不服，提起上诉称：一审法院认定事实不清，适用法律错误，集团公司不具备办理土地权属登记的条件，其主张不能成立；本案无法办理土地登记原因是集团公司办理权属登记的条件缺失，并非其行政不作为，集团公司的主张依法不成立。遂请求依法撤销一审判决书并驳回集团公司的诉讼请求。

集团公司辩称：双方签订的合同合法有效，根据相关法律规定，市国土资源和房屋管理局应当为被上诉人办理土地证；市国土资源和房屋管理局主张的办理土地登记的前提是必须提交建设用地规划许可证，不符合法律的规定，原审判决认定事实清楚，适用法律正确，请求依法维持原判，驳回上诉。

判决主文

一审法院判决：被告市国土资源和房屋管理局依原告集团公司的申请事项依法履行法定职责。

二审法院判决：驳回上诉，维持原判。

裁判要旨

我国《城乡规划法》中并未将提交建设用地规划许可证规定为出让土地的前置条件，其前置条件仅为在出让土地之前确定规划条件。政府有关部门无权要求建设单位在办理土地登记时提交建设用地规划许可证。

重点提示

建设用地规划许可证，是指建设单位在向土地部门申请建设、划拨土地前，经城乡规划主管部门依法审核确认建设项目位置和范围符合城乡规划的法定凭证。司法实践中，认定提交建设用地规划许可证是否属于土地登记前置条件时，应当注意以下三点：（1）土地权属证明的取得方式。土地权属证明系证明土地使用权属持证人的一种证明文件。根据《城市国有土地使用权出让转让规划管理办法》第9条的规定可知，土地权属证明的办理需建设单位取得出让合同，并持有该合同依法向城市规划行政主管部门申请建设用地规划许可证，再持有该证去办理土地使用权属证明。即土地权属证明办理的前提条件为提交建设用地规划许可证。但随着我国国有土地使用权管理制度的完善，土地权属证明已被依法审核并办理土地使用权证所取代。（2）办理土地登记无须提交建设用地规划许可证。我国相关法律对于办理土地登记的流程以及建设单位需要提交的材料都有明确的规定，建设单位申请土地登记时应当提交以下材料：①土地登记申请书；②申请人身份证明材料；③土地权属来源证明；④地籍调查表、宗地图及宗地界址坐标；⑤地上附着物权属证明；⑥法律法规规定的完税或者减免税凭证等其他登记事项所需的材料。在建设单位申请土地登记并提交上述材料后，再由国有土地行政主管部门进行地籍调查、审核土地权归属、最终注册登记并向建设单位发放土地登记证书。土地登记后，该土地的所有权、使用权与其他合法权益均受法律的保护，任何人不得随意侵犯。办理土地登记与办理土地权属证明不同，并不要求建设单位在土地登记时提交建设用地规划许可证。（3）确定规划条件系出让土地的前置条件。规划条件中能够确定地块位置、用地性质、开发强度、主要交通、停车场等其他基础设施和公共设施的指标。其作为评估土地价格的重要一环，同时也是国有土地使用权出让合同中的重要部分。我国《城乡规划法》明确规定，未确定规划条件的土地不得出让国有土地使用权。即出让土地之前应当确定规划条件，否则不得出让。土地行政规划主管部门也不得在建设用地规划许可证中擅自改变作为国有土地使用权出让合同重要组成部分的规划条件。综上，建设单位在办理土地登记时仅需提供已经确定规划条件的出让合同即可，无须再提供建设用地规划许可证。

8. 土地管理部门对土地用途登记作出的行政解释的效力认定

【案例】××市××房地产开发有限公司诉××市国土资源局土地行政登记案

案例来源

发布单位：最高人民法院指导案例76号（2016年12月28日）
审判法院：江西省萍乡市中级人民法院
判决日期：2014年8月15日
案　　号：（2014）萍行终字第10号

基本案情

××市××房地产开发有限公司（以下简称房地产开发公司）与××市国土资源局（以下简称市国土局）签订了国有土地使用权出让合同，约定：将房地产开发公司通过投标竞拍竞得的原为该市肉类联合加工厂用地的土地使用权出让；出让土地面积为23 173.3平方米；宗地编号为TG-0403；开发用地为商住综合用地，冷藏车间维持现状。

之后，市国土局向房地产开发公司颁发了商住用地和工业用地两种类型的证件。但是，由于约定的"冷藏车间维持现状"这一内容不明确，房地产开发公司与市国土局产生争议。房地产开发公司认为，冷藏车间维持现状并非维持地类性质，只是维持冷藏的功能，要求市国土局将冷藏车间的登记类型更正为商住用地；而市国土局则认为，维持现状即意味着维持工业用途现状，并且房地产开发公司在交付土地出让款时亦系以工业用地类型交付的，不应予以更正。

故因双方对"开发用地为商住综合用地，冷藏车间维持现状"这一表述有不同理解，××市土地收购储备中心（以下简称储备中心）向××市规划局（以下简称市规划局）呈函要求其作出解释。基于此，市规划局对该问题作出了较权威的认定，认为冷藏车间维持现状并不能否定土地为商住用地的性质，冷藏车间仅系维持冷冻的功能，未经政府或相关主管部门批准不得拆除。据此，市国土局又作出回复：同意将工业用地更正为商住用地，但是应补全按照商住用地所应交付的出让金额，并且要求将冷藏车间土地性质更正为商住用地后，其使用功能未经市政府审批不得更改。

房地产开发公司以市国土局作出的回复内容不合法为由，提起诉讼，请求判令市国土局撤销补交出让款的决定，更正地类性质为商住用地。

一审判决后，市国土局不服，提起上诉称：TG-0403号地块出让前有一部分是工业用地，出让规划条件重新明确冷藏车间保留工业用地性质出让，房地产开发公司也是按照冷藏车间为工业出让地缴纳的土地使用权出让金；市规划局出具的复函并不能否认本局出让的冷藏车间的用地性质为工业出让土地；本局作出的答复是依据市规划局的复函，并考虑了两个性质不同的土地，虽有不妥，但本局同意进行变更登记，房地产开发公司应补缴相应的土地出让金。综上，请求撤销一审判决，驳回房地产开发公司的诉讼请求。

房地产开发公司辩称：根据法律规定，土地更正登记是市国土局应当履行的法定义务，故其应履行变更职责。市规划局批复的真实意思为"冷藏车间维持现状"是维持冷藏库的使用功能，且涉案土地8359.1平方米的用途是商住用地，有国有土地使用权出让合同、市规划局的函件、土地登记审批表等一系列证据证实。综上，一审判决事实清楚、证据充分，请求驳回市国土局的诉讼请求，维持一审判决。

判决主文

一审法院判决：被告市国土局对系争国有土地使用证上的土地用途应依法予以更正；撤销被告市国土局作出的《关于对房地产开发公司TG-0403号地块有关土地用途的答复》中的第二项。

二审法院判决：驳回上诉，维持原判。

裁判要旨

行政机关与合同相对方签订了土地出让合同，但是在土地用途上发生了争议，合同相对方要求更正土地用途，而行政机关则不予更正，此后土地规划的管理机关在职权范围内针对合同标的的用途作出了行政解释。土地规划的管理机关拥有解释土地用途的行政职能，系适格主体，其所作出的行政解释内容合法、方法适当，所以该行政解释合法有效，对协议双方具有法律约束力。

重点提示

在司法实践中，有时存在行政机关与相对人对双方签订的行政协议的条款含义不同理解的情况，此时对于行政协议履行争议中行政机关合同解释行为的法律效力及司法审查的问题，人民法院在审理过程中应当注意以下两点：（1）行政机关作为行政解释的主体，其作出的解释，对协议双方均具有普遍法律约束力。行政解释，是指国家行政机关在行政管理活动中，依据其解释权限，对其他主体制定的相关法律法规的具体应用问题进行解释。由此可知，首先，行政解释的主体是具有行政解释权限的行政主体，主要包括行政机关或法律法规授权的组织，同时，上述主体还应具备解释权限，以防止滥用解释的现象发生；其次，行政解释的内容应当是相关法律法规的具体应用问题，如行政履行争议中合同的解释，且行政主体在解释时应当遵守法定解释程序，不得随意解释；最后，行政解释对于协议双方均具有普遍法律约束力，作出行政解释的行政主体是行政解释的适格主体，且作出的解释也在其职权范围内，此处的职权范围包括两个方面：一是行政解释必须符合管辖权要件；二是行政解释不存在滥用职权的情况。此外，行政解释的内容还应当具有充分的证据与事实，并符合立法目的。（2）行政协议履行争议中，对于行政机关的合同解释行为的司法审查。司法审查是一项重要的法律制度，由司法机关对其他机关的行政活动进行监督与审查，纠正其中的违法活动，维护国家以及公民的合法权益，合理的司法审查有利于提升政府公信力与形象。实务中，对于行政协议的解释行为的审查可以从以下几个方面进行：①审查行政协议解释主体的职权依据，行政协议受到依法行政原则的约束，根据相关法律法规，应当通过职权法定的规则来判断行政协议解释的主体，该主体既可能是签订行政协议的一方行政机关，也可能并不是行政协议的一方；②审查行政协议内容是否真实，为防止权力滥用行为的发生，对于行政协议内容真实性的审查是十分必要的；③审查行政协议解释程序，我国法律法规对于行政机关行政协议解释的程序并无明确规定，故实务中，判断行政机关作出解释的程序是否正当，法院可以根据案件情况来具体判定。

9. 土地管理部门为行政相对人颁发土地使用权证的效力认定

【案例】黎×雄、黎×生、黎×钊、黎春×诉×县人民政府土地行政许可案

案例来源

发布单位：最高人民检察院民事行政检察厅《人民检察院民事行政抗诉案例选》第二十二集

审判法院：广西壮族自治区玉林市中级人民法院

判决日期：2013年6月9日

案　　号：（2013）玉中行再终字第1号

基本案情

×县人民法院曾于1985年对黎×汉、黎×荣、黎容×与黎×松、黎×雄、黎×的祖遗房产权属纠纷一案作出裁判，并且该案在经历了原玉林地区中院二审后维持了一审判决。因此，2010年，黎×汉、黎容×两人据此判决书和裁定书向×县人民法院作出颁发国有土地使用证的申请，并于同年9月取得《国有土地使用证》，该证核准的土地位于×县×镇×门街的56.95平方米。随后，黎×汉、黎容×与黎×文、黎×治签订了转让该土地使用权的《国有土地使用权转让协议》。黎×文、黎×治于同年11月向×县人民政府（以下简称县政府）提出变更土地使用权登记的申请并获得批准，于是县政府向黎×文、黎×治颁发了记载的面积、四至界址、宗地图与《国有土地使用证》一致的土地证。

黎×雄、黎×生、黎×钊、黎春×以县政府向黎×文、黎×治颁发的土地使用证的行为侵犯了其合法权益为由，向××市人民政府（以下简称市政府）申请复议。市政府于2011年1月作出了维持县政府颁发土地证行为的《行政复议决定书》。

黎×雄、黎×生、黎×钊、黎春×以市政府的复议决定存在错误为由，提起诉讼，请求法院判令确认其具体行政行为违法。

一审判决后，黎×雄、黎×生、黎×钊、黎春×不服，提起上诉。

在重审过程中，黎×雄、黎×生、黎×钊、黎春×增加诉讼请求，请

求撤销颁证行为。

一审重审判决后，黎×雄、黎×生、黎×钊、黎春×不服，提起上诉。

二审判决后，黎×文、黎×治不服，向广西壮族自治区人民检察院提出申诉，广西壮族自治区人民检察院遂以原审判决认定主要事实的证据不足、县政府颁发土地证的程序合法以及原审判决遗漏诉讼，向广西壮族自治区高级人民法院提出抗诉。

判决主文

一审法院判决：驳回原告黎×雄、黎×生、黎×钊、黎春×要求确认被告县政府颁发《国有土地使用证》给第三人黎×文、黎×治的具体行政行为违法的诉讼请求。

二审法院裁定：撤销一审判决，发回重审。

一审法院重审判决：驳回原告黎×雄、黎×生、黎×钊、黎春×要求确认被告县政府颁发土地证给第三人黎×文、黎×治的具体行政行为违法的诉讼请求；驳回原告黎×雄、黎×生、黎×钊、黎春×要求撤销被告县政府颁发土地证给第三人黎×文、黎×治的诉讼请求。

二审法院判决：撤销一审法院重审判决；撤销被上诉人县政府颁发给一审第三人黎×文、黎×治的土地证。

再审法院判决：撤销二审法院判决；维持一审法院重审判决。

裁判要旨

行政相对人有权依据《国有土地使用权转让协议》向行政机关申请土地变更登记并取得《国有土地使用证》，若行政相对人认为新颁发的《国有土地使用证》侵犯了其合法权益而请求撤销，人民法院应当对《国有土地使用证》进行审查。若行政相对人是基于合法、有效的《国有土地使用权转让协议》而申请变更的，则行政机关作出的颁发新的《国有土地使用证》的具体行政行为符合法律规定，其他人不得以侵犯了其合法权益为由请求撤销。

重点提示

国有土地使用权变更登记，是指因土地权利人发生改变，或者因土地权利人姓名或者名称、地址和土地用途等内容发生变更而进行的登记。司法实践中,厘清行政机关为行政相对人颁发土地使用权证的效力认定问题时,应当注意以下两点:(1)国有土地变更登记是实现土地使用权流转的必要条件。国有土地使用权的变更登记是十分必要的,其不仅能够对土地使用权的归属加以确认,同时又能明确土地使用权的权限范围。一是确定土地使用权权利的归属。我国变更土地使用权的方式采取登记主义原则,因此,土地使用权受让人要想获得土地使用权并取得法律上的认证,就需积极去办理土地使用权变更登记。二是明确土地使用权的权限范围。明确权利人的土地使用权权限,确定权利人的土地使用权权限范围,需由土地登记部门在土地登记簿上加以明确。故国有土地变更登记的实施是十分有必要的。此外,国有土地变更登记过程中依法将土地的具体信息记载于专门的手册中,有利于有关部门更加便捷有效地进行管理,也能更好地维护权利人的合法权益。因此,人民法院在处理因国有土地使用权变更登记而引发的纠纷时,应当注意审查变更登记行为的合法性。(2)行政相对人能够提供证明且土地权属清楚的,行政机关为其颁发的土地使用权证合法且有效。根据国有土地使用权转让的相关法律规定可知:依法以出让、国有土地租赁、作价出资或者入股方式取得国有建设用地使用权转让的,当事人应当持原国有土地使用证和土地权利发生转移的相关证明材料,申请国有建设用地使用权变更登记。因此,行政机关在颁发国有土地使用权证时应依照法律规定进行。首先,土地使用权变更登记依申请进行,行政相对人在申请时,应说明变更依据和内容并提供相关证明材料,如果土地是基于有偿出让、转让引起国有土地使用权转移的,应提交出让、转让合同及有关批准文件。其次,要对土地变更登记申请的内容进行变更地籍调查,主要包括对权属的审核、地籍的测量等。因此,行政相对人在提供了原国有土地使用证以及《国有土地使用权转让协议》的基础上请求进行变更登记的,行政机关在对该土地的权属以及土地面积核实清楚的情况下可以颁发土地使用权变更登记,行政机关为其颁发的土地使用权证合法且有效。此外,其他行政相关人不得以该行政行为侵犯了其合法权益为由请求撤销。

10. 同宗土地连续变更登记案件的起诉与受理

【案例】罗×志诉××省××市人民政府土地行政登记案

案例来源

发布单位：最高人民法院行政审判庭《中国行政审判指导案例》(第3卷)

审判法院：广东省清远市中级人民法院

判决日期：2010年11月25日

案　　号：(2010)甘行终字第107号

基本案情

1986年10月，××化学工业集团有限公司（以下简称化学工业公司）与××乡月亮湾村民委员会（以下简称月亮湾村委会）签订了《土地补偿协议》和《补充协议》，约定：将所争议之地"大坝旱地5亩"置于征收范围内。嗣后，化学工业公司分别向××省××区建设局（以下简称区建设局）和××区政府（以下简称区政府）征地办公室报送《关于补办TDI工程建设用地的报告》，区政府、××市政府（以下简称市政府）依照职权向××省政府（以下简称省政府）作出书面报告。××省城乡建设环境保护厅（以下简称城乡建设环境保护厅）对化学工业公司的征用土地和征用土地手续作出批复，市政府亦作出了同样的批复。之后，区政府根据上级政府的批复作出了《工程补办征用土地过户手续的通知》。随后，区政府为罗×志颁发了土地承包经营权证书，该承包经营权证书无字号，并约定承包面积和承包期限。

2001年1月19日，化学工业公司才向××区国土局（以下简称区国土局）申请土地登记。同年4月，区国土局经调查后向化学工业公司颁发了第017号《国有土地使用权证》。而后，因企业改制，经审批，撤销了第017号《国有土地使用权证》，重新颁发第569号《国有土地使用权证》。化学工业公司更名，其申请变更了土地登记，市政府注销了第569号《国有土地使用权证》，并向其换发了第036号《国有土地使用权证》。

另查明，1998年12月31日，区政府为罗×志颁发了土地承包经营权证书，该承包经营权证书无字号，承包面积15亩，承包期限为1996年1月1日至2025年12月31日。

罗×志以市政府将其承包的"大坝旱地5亩"土地登记为国有土地侵犯了其合法权益为由，提起诉讼，请求撤销市政府为化学工业公司颁发的第036号《国有土地使用权证》。

市政府辩称：讼争土地早已征为国有，给化学工业公司颁发的国有土地使用证合理、合法。请求驳回罗×志的诉讼请求。

化学工业公司述称：讼争土地性质已属国家所有，月亮湾村委会无权再行发包。

月亮湾村委会述称：罗×志的《土地承包经营权证》中的大坝旱地已被征用。

一审判决后，罗×志不服，提起上诉。

判决主文

一审法院判决：驳回原告罗×志的起诉。

二审法院裁定：撤销一审法院判决；驳回上诉人罗×志的诉讼请求。

裁判要旨

同一宗土地多次变更登记，原土地权利人、原利害关系人对初始登记行为及后续变更登记行为一并提起行政诉讼的，其作为行政相对人与该行政行为具有法律上的利害关系，具有诉讼主体资格；原土地权利人、原利害关系人未就初始登记行为提起行政诉讼，只对后续变更登记行为提起行政诉讼的，不具有可诉性，人民法院应当予以驳回。

重点提示

司法实践中，认定同宗土地连续变更登记案件的起诉与受理问题时，应当注意以下三点：（1）人民法院在受理行政案件时要求该具体行政行为与当事人之间有法律上的利害关系。《行政诉讼法》第25条第1款规定："行政行为的相对人以及其他与行政行为有利害关系的公民、法人或者其他组织，有权提起诉讼。"由此可知，要想成为行政诉讼的适格原告，就要求在主观与客观方面满足以下两个要件。从主观方面看，要求公民、法人或其他组织认为因行政机关的具体行政行为使其合法权益受到了侵害。从客观方面看，要求公民、法人或者其他组织与具体行政行为之间存在法律上的利害关系。当然，不能随意认定其合法权益受损与该具体行政行为之间就一定存在因果关系。在判断合法权益的受损与具体行政行为是否存在利害关系时，首先要考虑行政诉讼对于维护其合法权益的需要；其次要考虑上述行为并不会影响行政秩序连续与安定。（2）公民对未对其产生实际影响的国有土地使用权证提起诉讼的，人民法院应当予以驳回。同一土地经初始登记后又转移登记或者多次转移登记，原土地权利人或利害关系人对初始登记或首次转移登记行为提起行政诉讼的，因其上述行政行为具有法律上的利害关系，是适格原告，故人民法院应当予以受理。同样，原房屋权利人或利害关系人对首次转移登记行为及后续转移登记行为一并提起行政诉讼的，人民法院也应当予以受理。而原土地权利人或利害关系人仅对后续转移登记行为提起诉讼，人民法院不予受理。这是因为，初始登记行为已经生效，国有土地权属的划分已经结束，存在土地的真实权利人。故，之后再发生的换证行为或转移变更登记行为不具有侵犯该利害关系人的合法权益的可能性，因此也就不具有提起行政诉讼的主体资格。即使提起行政诉讼，人民法院也会予以驳回。（3）对于法律并未明确规定的案件，人民法院可以采取类似的法律条文进行判决。类推适用，是指适用法律的机关在处理法律上未明文规定的案件时，依照最相类似的法律条文或者按照法律的基本精神和国家的政策对案件作出处理的制度。其中法律类推是指适用法律的机关在处理案件时，对于在法律上未直接规定的情况，比照最相类似的法律规定对案件作出处理的制度。因此，在我国对于土地转移登记起诉与受理未作出明确规定的情况下，因房屋和土地在登记手续和实体权利方面均具有一定的相似性，故关于土地登记纠纷可以参照并类推适用房产登记的相关法律规定。

11. 善意受让人取得的土地使用权证是否应当撤销

【案例】许×峰诉××省××县人民政府土地行政登记案

案例来源

发布单位：最高人民法院行政审判庭《中国行政审判指导案例》（第3卷）
审判法院：广东省高级人民法院
判决日期：2010年12月14日
案　　号：（2010）粤高法行终字第152号

基本案情

海南××房地产开发有限公司（以下简称房地产开发公司）经受让取得了位于××省××县××二十区四块土地的国有土地使用权，××县人民政府（以下简称县政府）为房地产开发公司颁发了第0343号、第0344号、第0345号、第0346号《国有土地使用证》。此后，房地产开发公司与许×峰签订了《土地使用权转让协议》，由房地产开发公司将上述四块土地的使用权转让给许×峰，许×峰支付了定金，但双方在履行协议过程中发生纠纷，许×峰未支付余款，亦未办理土地使用权转让登记。

而后，房地产开发公司与广东省××市××置业有限公司（以下简称置业公司）签订《土地使用权转让合同书》，置业公司从房地产开发公司处受让上述四块土地的使用权。县政府办理了土地使用权变更登记并发布公告，置业公司取得了第0677号、第0678号、第0679号、第0680号《国有土地使用证》，并注销了第0343号、第0344号、第0345号、第0346号《国有土地使用证》。次年，置业公司与广东省××县怡×房地产开发有限公司（以下简称怡×公司）签订了三份《土地使用权转让合同书》，怡×公司受让取得第0677号、第0678号和第0680号《国有土地使用证》项下的三块土地使用权。同时，置业公司与广东省××县中×房地产开发有限公司（以下简称中×公司）签订《土地使用权转让合同书》，将第0679号《国有土地使用证》项下的土地使用权转让给中×公司。经县政府批准，怡×公司和中×公司分别领取了新的《国有土地使用证》，即第0613号、第0615号、第0616号《国有土地使用证》以及第0614号《国有土地使用证》。之后，中×公司与广东省××王×地产开发有限公司（以下简称王×公司）签订了《土地使用权转让合同书》，王×公司向阳西县人民政府领取了新的《国有土地使用证》。随后，怡×公司与广东省××县佳×房地产开发有限公司（以下简称佳×公司）签订了《土地使用权转让合同书》，佳×公司领取了第713号《国有土地使用证》。王×公司又与广东省××县泰×房地产开发有限公司（以下简称泰×公司）签订《土地使用权转让合同书》，将其从中×公司转让取得的《国有土地使用证》项下的土地使用权转让给泰×公司，泰×公司领取了第801号《国有土地使用证》。

许×峰以县政府颁发第0677号、第0678号、第0679号、第0680号

《国有土地使用证》违法为由，向××市人民政府（以下简称市政府）申请行政复议，市政府作出行政复议决定，确认了县政府颁发的第 0677 号、第 0678 号、第 0679 号、第 0680 号《国有土地使用证》的具体行政行为违法。

许×峰以县政府向置业公司颁发《国有土地使用证》行为违法为由，提起诉讼，请求撤销县政府违法登记颁发的第 0677 号、第 0678 号、第 0679 号、第 0680 号《国有土地使用证》及后续向怡×公司、中×公司、佳×金司、王×公司、泰×公司颁发的一系列《国有土地使用证》；恢复第 0343 号、第 0344 号、第 0345 号、第 0346 号《国有土地使用权证》，使涉案四块地回归房地产开发公司名下。

一审判决后，许×峰不服，提起上诉称：请求撤销原审判决第七项并予以改判。

判决主文

一审法院判决：撤销第 0613 号《国有土地使用证》；撤销第 0615 号《国有土地使用证》；撤销第 713 号《国有土地使用证》；撤销第 801 号《国有土地使用证》；确认第 0616 号《国有土地使用证》的行为违法；由被告县政府重新作出具体行政行为；驳回原告许×峰请求恢复第 0343 号、第 0344 号、第 0345 号和第 0346 号《国有土地使用证》登记到房地产开发公司名下的诉讼请求。

二审法院判决：维持一审行政判决第七项；撤销一审行政判决第一项至第六项；驳回上诉人许×峰的其他诉讼请求。

裁判要旨

人民法院对国有土地使用权多次转移登记行为进行司法审查时，对善意受让人取得的合法权益应当依法予以保护，不能仅以前证违法为由认定后证亦违法。根据善意取得制度，第三人的合法权益应当受到法律保护，其取得的国有土地使用证不应被撤销。

重点提示

善意取得，是指第三人对于转让人非法转让的事实并不知情，误认为转让人有所有权，处分的行为也是有权处分。即转让人无权处分，善意受让人仍可取得物权的制度。司法实践中，认定善意受让人取得的土地使用权证是否应当撤销的问题时，应当注意以下三点：（1）受让人取得无权处分人受让财产的情形。根据《民法典》第311条可知，出让人将物权无权处分给受让人的，该物权的所有权人有权追回。但符合下列情形的，受让人能够取得该物权的所有权：①受让人受让该物权时是善意的，对于善意与非善意的判断，如果受让人明知出让人没有处分权，仍接受其受让，就不能认定其为善意受让人。②以合理的价格转让，合理的价格应当是双方都能够接受的，不过分高于或过分低于市场价格的价格。双方上述范围内的价格成交即属于以合理价格进行转让。③受让人依据法律规定已经登记取得或交付取得转让物权的。原物权所有人无权向受让人追回，但其有权向无处分权人请求损害赔偿。（2）因具体行政行为违法导致国有土地使用证无效，在具体行政行为被确认为违法前受让人善意取得的国有土地使用证不应被撤销。善意取得制度具有普遍约束力，能够约束行政机关的执法行为以及司法行为。善意受让人取得国有土地使用证系在确认具体行政行为违法之前，其取得国有土地使用权证的行为是有效的，即虽然行政复议决定已经确认行政机关向转让人颁发国有土地使用证行为违法，但是受让人系善意，其申请办理国有土地使用证时受让人取得的国有土地使用证尚未被确认违法，根据善意取得制度受让人的合法权益应当受到法律保护，其取得的国有土地使用证不应被撤销。（3）善意取得制度的价值与意义所在。善意取得制度能够使善意受让人在取得无权处分人转让的物权后，不会面临随时被原所有权人要回的风险，有利于交易市场的稳定，同时也能够维护受让人的合法权益。具体表现在以下几个方面：首先，有利于维护交易安全，若原所有权人能够从善意受让人处轻易取回其从物权转让人处取得的物权，那么该善意受让人交易安全就无法保障，而善意取得制度的出现限制了原所有权人，也就充分保障了交易安全，同时安全的交易也能够促进市场经济的发展。其次，能够加快交易完成速度，同时又节约了交易成本。受让人都希望自己从转让人处取得的财产是不存在瑕疵的，因此就会投入大量的精力去调查财产的来源等，既费时费力也会增加交易成本，而善意取得制度的出现使受让人对于交易更加信任，从而提高了交易的效率也节约了交易成本。最后，善意取得制度的出现也使善意受让人处于更加公平的位置，原物权所有人从无权处分人处获得赔偿，相较于从善意受让人处取回被无权转让的物权应当更加容易，对于善意相对人来说也更加公平。

第四章 建设用地使用权

1. 合同义务能否成为附解除条件合同的失效条件

【案例】江苏省南通××工程装备有限公司诉南通市××区人民政府、南通××管业有限公司建设用地使用权纠纷案

案例来源

发布单位：最高人民法院《人民司法·案例》2019年第14期（总第853期）
审判法院：江苏省南通经济技术开发区人民法院
判决日期：2018年8月7日
案　　号：（2018）苏0691民初751号

基本案情

2008年12月，江苏省苏通××工业区管委会（后更名为江苏省苏通××科技产业园管委会，以下简称管委会）与南通××管业有限公司（以下简称管业公司）签订用地协议，约定其在原通州港区范围内向管业公司提供工业用地约90亩，管委会收取200万元。后管业公司实际只使用46亩，管委会退还管业公司配套费100万元整。2009年5月，江苏省通州市国土资源局和江苏省南通××工程装备有限公司（以下简称工程公司）签订建设用地使用权出让合同，出让土地面积201 600平方米。宗地坐落于通州港区，包含了管业公司已实际使用的46亩地。同年8月，管委会、工程公司、管业公司三方鉴于工程公司受让土地内有部分土地在受让前管委会已租给管业公司，并已动建，遂达成三方协议，约定管业公司已用的土地46亩继续由其使用；该地块征用费由管业公司按14.09万元/亩于协议成立之日3日内付给工程公司，该地块5年后转让给管业公司，转让时土地单价、面积保持不变；管委会负责提供工程公司使用地块的"三通一平"配套服务，具体标准、要求、费用、施工期限等施工协议，由管委会负责签订，费用由管委会承担。同时约定了逾期支

付应按日 5‰ 支付滞纳金，延期付款超过 20 日的，"三通一平"未能按期到位，本协议失效，工程公司有权要求管委会按合同交地。

嗣后，管业公司按三方协议给付工程公司土地费 6 481 400 元，管委会则开始负责港区"三通一平"，除了部分土地未平整外，通水、通电、通路均已完成。次年 2 月，管委会支付给工程公司 50 万元，用于补贴其"三通一平"土地平整的配套费用。2011 年，根据南通市政府文件，案涉地块由南通市××区人民政府（以下简称区政府）移交给南通市经济技术开发区管理委员会管理，管委会被区政府撤销。

工程公司以管委会未按协议约定完成"三通一平"，三方协议已失效为由，提起诉讼，请求确认三方协议失效，并判令由承继管委会权利义务的区政府返还土地，管业公司予以协助。

判决主文

一审法院判决：驳回原告工程公司的诉讼请求。

裁判要旨

根据《民法典》规定，当事人可以约定一方解除合同的条件，解除合同条件成就时，解除权人可以解除合同。约定的解除条件系当事人行使合同解除权的前提，一旦该条件满足，当事人即可依约行使解除权。该解除权系形成权，应在一定期限内主动行使，否则解除权消灭。合同中约定一方当事人未能按约履行义务的，协议失效，该"失效"实际上是赋予相对方为维护自己利益而享有的合同解除权，并非《民法典》规定的附解除条件的合同自解除条件成就时的"失效"。合同约定的履行义务不能成为附解除条件合同的失效条件。

重点提示

在司法实践中，有时会发生合同当事人约定一方不履行合同义务时合同失效的情形，在此情形下，能否认定合同义务就是附解除条件合同的失效条件的问题就成了争议的焦点。针对前述问题，人民法院在审理过程中应当注意以下三点：（1）附条件合同构成要件。附条件合同是基于不确定的事实来确定法律效果是否发生、变更以及消灭，不能由当事人的主观意志来实现。基于此，可总结出附条件合同有以下构成要件：①由当事人约定所附内容；②约定的事实为将来发生的不确定的事实；③约定的事实合法；④所附条件不能与合同内容相矛盾。具体案件中，当事人将是否履行合同义务作为合同效力的条件，不符合附条件合同的构成要件。（2）附解除条件的合同与约定解除条件的合同的区分。附解除条件合同与约定解除条件合同的区别主要体现在以下几个方面：①从权利性质方面来讲，在附解除条件的合同中，解除权的表现为一种期待权，即一旦当事人所期待的条件出现，合同效力即归于消灭，而在约定解除条件的合同中，解除权则表现为一种形成权，即合同中约定的解除条件成就时即享有可以按照自己意愿行事的解除合同的权利，但当事人可自行决定是否行使解除权。②从解除方式来讲，附解除条件的合同，一旦解除条件达成，合同就自动生效，与当事人的自由意志无关，而约定解除条件的合同在双方约定的解除条件成就时还需要享有解除权的一方向对方发出解除合同通知，在相对方收到解除通知后方能解除。③从解除后果上来讲，附解除条件的合同解除后，通常只向将来失去效力，而约定合同解除条件的合同则也有溯及合同成立当初的。④从解除条件的内容来讲，附解除条件的合同不能以合同当事人应当承担的义务作为解除条件内容，因为合同的义务具有确定性，当事人应当按照合同约定履行义务，但所附条件能否成立应当具有不确定性，而约定解除条件的合同则可以将当事人不履行合同义务作为解除条件。（3）当事人约定合同义务未履行时合同时效的法律效果。前述分析中陈述了附解除条件合同的构成要件以及解除方式，由前述分析可知，将合同当事人应当履行的主要义务作为解除条件的合同不构成附解除条件的合同，而只能认定为约定解除条件的合同，此类合同的解除需要享有解除权的当事人发出解除通知，而不能认定当事人不履行合同义务时合同当然失效。

2. 丧失强制执行力的给付之诉判决能否对抗强制执行

【案例】海南××实业贸易有限公司诉海南××房地产开发公司等案外人执行异议纠纷案

案例来源

发布单位：最高人民法院《人民司法·案例》2019年第2期（总第841期）
审判法院：海南省高级人民法院
判决日期：2017年12月26日

案　　号：（2017）琼民终 387 号

基本案情

1993 年 4 月，海南 ×× 实业贸易有限公司（以下简称实业公司）与海南 ×× 投资发展公司（以下简称投资公司）签订合作开发 ×× 国际公寓合同书，约定共同开发 ×× 国际公寓小区项目。实业公司以其所有的 11 309.85 平方米土地（以下简称案涉土地）的使用权及"三通一平"、勘测、规划、设计、报建等前期费用作为投资，投资公司按自定并报银行批准的建筑综合造价进行投资。实业公司按每平方米 1100 元的单价获得合作项目分利，共计 49 054 775 元。合同生效后 1 个月内投资公司付足总价款的 95%，剩余 5% 待产权证办完后支付。合同签订后，投资公司共向实业公司支付 2600 万元。同年 9 月，投资公司与施工单位签订桩基工程承包合同，并支付了 180 万元工程款，施工单位已完成部分打桩任务。后因海南房地产受宏观调控影响，投资公司无力支付余款，以合同无效为由提起诉讼，请求判令实业公司返还 2600 万元，赔偿利息损失 241 万余元，并赔偿其已投入的建设资金 180 万余元及其利息 15 万余元。

1994 年 12 月，海南省高级人民法院作出民事判决如下：确认案涉开发合同有效；实业公司同意将该项目转让款由每平方米 1100 元减为每平方米 1000 元；投资公司应在判决生效之日起 2 个月内支付实业公司土地转让款的 95%，即 16 365 488 元，剩余 5% 待办完产权证后 1 个月内支付 2 229 762.5 元，并在判决生效之日起 2 个月内办理土地转让登记手续。投资公司不服该判决，向最高人民法院提起上诉。

1997 年 7 月，最高人民法院作出民事判决如下：维持一审民事判决第一项、第四项；撤销一审民事判决第二项、第三项；本判决生效后 30 日内，投资公司向实业公司支付项目转让款 300 万元。该判决生效后，双方均未申请强制执行。

2008 年 6 月，中国 ×× 银行投资有限责任公司（以下简称 ×× 银行）与海南 ×× 房地产开发公司（以下简称房地产公司）签订股权及债权转让协议，将包括投资公司债权在内的 61 家公司的股权和债权打包转让给房地产公司。2012 年 5 月，房地产公司提起诉讼，请求判令投资公司偿还借款本金 250 万元及利息 5 682 150 元、罚息 2 870 775 元，本息合计 11 052 925 元。诉讼中，双方达成调解协议，投资公司同意向房地产公司偿还债务 11 052 925 元。

同年 9 月，执行法院作出执行裁定，查封案涉土地 40% 的土地使用权，查封期限为 2 年。同年 12 月，执行法院裁定拍卖上述查封土地。为此，实业公司提出执行异议，请求中止对上述土地使用权的执行，执行法院于 2017 年 3 月裁定驳回实业公司的异议请求。

实业公司遂以案涉土地 40% 的土地使用权归其所有，房地产公司无权就该部分土地使用权申请执行为由，提起执行异议之诉，请求确认案涉土地 40% 的土地使用权归其所有，且不得执行案涉土地 40% 的土地使用权。

一审判决后，房地产公司不服，提起上诉。

判决主文

一审法院判决：确认登记在原告实业公司名下的案涉土地 40% 的土地使用权属于原告实业公司所有；登记在原告实业公司名下案涉土地 40% 的土地使用权不得执行；驳回原告实业公司的其他诉讼请求。

二审法院判决：驳回上诉，维持原判。

裁判要旨

因丧失强制执行力的生效给付之诉判决既不能产生物权变动的法律效力，亦不能赋予权利人物权期待权，故申请执行人不能以上述判决为依据对登记在案外人名下的不动产申请强制执行。否则，案外人有权提起执行异议之诉，阻却人民法院的强制执行。

重点提示

司法实践中，存在申请执行人以丧失执行力的生效给付之诉判决为依据，针对未登记于被执行人名下的不动产进行强制执行引发案外人提起执行异议之诉的情形，在处理此类案件的过程中应当注意以下两点：（1）给付之诉的判决不能产生物权变动的效力。根据《最高人民法院关于适用〈中华人民共和国民法典〉物权编的解释（一）》第 7 条的有关规定可知，人民法院、仲裁机构在分割共有不动产或者动产等案件中作出并依法生效的改变原有物权关系的判决书、裁决书、调解书，以及人民法院在执行程序中作出的拍卖成交裁定书、变卖成交裁定书、以物抵债裁定书，具有导致物权设立、变更、转让或者消灭的法律效力。而给付之诉，是指原告向被告主张给付请求权，并要求法院对此作出给付判决的请求，在给付之诉的判决作出后，一方当事人依据该判决享有给付请求权，另一方不履行义务时，享有权利的当事人有权向人民法院申请强制执行。由此可知，给付之诉的判决并不具有使原有的物权关系发生变动的法律效力。（2）给付判决生效后未在一定期限内申请强制执行，债权人失去物权期待权。物权期待权，是指将来在物权上有取得与实现的可能性的权利，物权期待权虽属于债权，但与一般债权不同，权利人依照合同履行支付义务，因此其享有取得对应物权的权利，在物权期待权与一般债权冲突时，司法实践中侧重保护享有物权期待权的权利人。根据《最高人民法院关于人民法院民事执行中查封、扣押、冻结财产的规定》第17条以及《最高人民法院关于人民法院办理执行异议和复议案件若干问题的规定》第28条的规定可知，对被执行的财产享有的物权期待权如欲产生排除强制执行的效力，应当符合以下要件：第一，和被执行人即登记名义人，签订以变动执行标的物所有权为目的的合同；第二，已经履行买卖合同的全部价款支付义务；第三，对执行标的物的物权期待权已经以一定的方式对外公示；第四，物权没有变更登记的原因不可归责于案外人。但是，上述规定均应当以法律以及司法保障为前提，在一方当事人不履行义务，而权利人怠于向法院申请强制执行，失去申请强制执行力后，给付之诉判决确认的债权已变成自然债权，与一般的债权相比不具有优先性，故丧失强制执行力的给付之诉判决必然不能赋予权利人物权期待权。因此，丧失强制执行力的生效给付之诉判决既不能产生物权变动的法律效力，亦不能赋予权利人物权期待权，故申请执行人无权以此类判决申请强制执行，若执行已在进行中，则案外人也有权就此次执行提起执行异议之诉。

3. 国有土地使用权出让合同中土地交付期限的认定

【案例】吉林省××××房地产开发有限公司诉××市国土资源局建设用地使用权出让合同纠纷案

案例来源

发布单位：最高人民法院民事审判第一庭《民事审判指导与参考》2014年第2辑（总第58辑）

审判法院：最高人民法院

判决日期：2013 年 9 月 12 日

案　　号：（2013）民一终字第 92 号

基本案情

2010 年 6 月，吉林省××××房地产开发有限公司（以下简称房地产公司）与××市国土资源局（以下简称国土局）签订《国有建设用地使用权出让合同》（以下简称《经开地块出让合同》），约定：房地产公司购买位于××市经济技术开发区的一块宗地，面积为 67 998 平方米，房地产公司于合同签订之日起 30 日内支付全部价款 1.81 亿元；国土局在 2010 年 8 月 18 日前交付"净地"，未按时交付"净地"的，向房地产公司按日支付出让价款 1‰的违约金；未按期交付或交付未达到合同约定的，房地产公司有权要求国土局按规定条件履行义务，并赔偿房地产公司造成的损失。

次月，双方签订《补充协议》，约定：变更出让价款支付时间分别于 2010 年 7 月 18 日、10 月 18 日前各付 9050 万元；将土地交付的时间变更为 2010 年 10 月 18 日前；国土局同意在交付土地时该宗地达到"净地"条件。协议签订后，房地产公司按约支付了全部土地出让金，国土局已经实际交付约 19 000 平方米土地，但未按约定交付全部土地。

2011 年 6 月，房地产公司以国土局未按时交付土地构成违约提起诉讼，请求判令国土局按约定交付土地并支付违约金。同年 8 月，房地产公司与国土局又签订《国有建设用地使用权出让合同》（以下简称《高新地块出让合同》），约定：房地产公司购买××市高新技术产业开发区的 92-15-8 号宗地，面积为 64 884 平方米，出让价款为 232 446 930 元，定金为 5000 万元。合同签订后，房地产公司按约定交纳了第一期土地出让金 116 223 465 元。

2012 年 2 月，房地产公司请求与国土局解除《高新地块出让合同》，并提交了《关于 92-15-8 宗地的退地申请》。双方于次月 29 日签订《解除合同协议书》，约定解除《高新地块出让合同》，互不承担违约责任；高新地块由国土局收回，国土局无息返还房地产公司已支付的出让金 116 223 465 元，同时将国土局应付的经开地块的违约金 5456 万元与房地产公司应付的高新地块的竞买保证金 5000 万元相抵；房地产公司不再追究国土局未按《经开地块出让合同》约定时间交地所产生的违约责任，并同意在协议签订后 1 周内向法院申请撤诉。同年 4 月，房地产公司向法院提交撤诉申请，法院裁定准许撤诉。

房地产公司以《解除合同协议书》签订并履行后，国土局仍未按《经开地块出让合同》及《补充协议》的约定交付土地为由，提起诉讼，请求撤销《解除合同协议书》第3条，国土局立即将《经开地块出让合同》约定的土地以"净地"形式交付，并赔偿至判决时应承担的违约金。

国土局辩称：双方签订的《解除合同协议书》真实有效，且该协议第3条无失效的条件，应对双方具有约束力；本局已交付涉案土地其中的一部分，仍按房地产公司主张的根本违约计算违约金数额，明显过高。

一审判决后，国土局不服，提起上诉称，一审判决认定房地产公司已经不再追究本局对土地交付责任后又要求本公司交付土地，前后矛盾；认定已交付土地面积为19 000平方米有误，应为63 384平方米，故请求撤销一审判决第一项。

房地产公司辩称：《解除合同协议书》并非解除整个《经开地块出让合同》，国土局仍负有交付土地的义务。

判决主文

一审法院判决：被告国土局将经开地块土地以"净地"形式全部交付给原告房地产公司；如未按判决指定的期间履行义务，则按中国人民银行同期同类贷款利率的双倍支付未交付土地的迟延履行金，土地价格以合同约定为准；驳回原告房地产公司的其他诉讼请求。

二审法院判决：驳回上诉，维持原判。

裁判要旨

国有土地使用权出让合同的性质一般认定为民事合同，在合同履行过程中，出让人未按约定履行交付义务，双方通过签订后续协议免除了出让人逾期交付的违约责任，但在后续签订的协议中未对交付期限作出新约定的，双方在原建设用地使用权出让合同中关于土地交付时间的约定已经不再适用。至此，双方对土地交付期限的约定属于约定不明，未能达成补充协议的，受让人有权要求出让人在合理期限内交付土地。

重点提示

根据我国《宪法》的规定，土地资源归国家所有，行政机关基于国家公权力对土地资源有管理职权。司法实践中，行政主体与相对人就双方签订又变更的国有土地出让合同的履行期限问题产生的纠纷，应当注意以下两点：（1）国有土地出让合同的性质应当认定为民事合同。在行政主体与相对人就国有土地出让合同的纠纷中，合同为何种性质常常是案件的焦点问题之一，结合相关法律规定以及司法解释，应当将其认定为民事合同。《最高人民法院关于审理涉及国有土地使用权合同纠纷案件适用法律问题的解释》规定："为正确审理国有土地使用权合同纠纷案件，依法保护当事人的合法权益，根据《中华人民共和国民法典》《中华人民共和国土地管理法》《中华人民共和国城市房地产管理法》等法律规定，结合民事审判实践，制定本解释。"且该解释的第2条至第6条对开发区管理委员会作为出让方与受让方订立的土地出让合同的合同效力、协议出让土地价格的确定、受让方合同解除权、土地出让金的调整、出让方合同解除权进行了规范。由此可见，该司法解释将土地使用权出让合同视为民事合同，将土地使用权出让合同纠纷视为民事纠纷案件。因此，土地出让合同的内容应当符合《民法典》的规定。根据《民法典》第348条的规定，国有土地使用权转让合同应当列明以下条款：①当事人的名称和住所；②土地界址、面积等；③建筑物、构筑物及其附属设施占用的空间；④土地用途、规划条件；⑤建设用地使用权期限；⑥出让金等费用及其支付方式；⑦解决争议的方法。（2）土地使用权出让合同内容不明确时应当通过民事法律关系下的合同履行规则来确定如何履行。由前述分析可知，国有土地使用权出让合同属于民事合同，因此，在当事人就合同履行期限等内容没有约定或约定不明时，应当适用《民法典》第510条"合同生效后，当事人就质量、价款或者报酬、履行地点等内容没有约定或者约定不明确的，可以协议补充；不能达成补充协议的，按照合同相关条款或者交易习惯确定"的规定。当双方无法达成补充协议时，应当适用《民法典》第511条的规定来履行合同。

4. 建设用地转让合同中合同义务转移的认定

【案例】北海×××投资股份有限公司诉成都××置业有限公司建设用地使用权转让合同纠纷案

案例来源

发布单位：最高人民法院民事审判第一庭《民事审判指导与参考》2013年

第 2 辑（总第 54 辑）

审判法院：最高人民法院

判决日期：2013 年 11 月 26 日

案　　号：（2013）民申字第 1258 号

基本案情

2002 年 10 月，北海×××投资股份有限公司（以下简称投资公司）依法取得一环路东五段 87 号土地（以下简称 87 号土地）。同年 12 月，投资公司取得 87 号土地的《国有土地使用证》载明：土地用途为工业用地，使用权面积共计 2.073 033 万平方米。次年 6 月，成都××置业有限公司（以下简称置业公司）出具《承诺函》表明：在取得土地使用权半年内，支付投资公司兼并成都××玻璃厂全体职工所有的安置费用，并支付投资公司获得土地上的全部债务，同时给予投资公司经济补偿。6 日后，置业公司与投资公司就 87 号土地的转让进行了协商，并经合意达成《协议书》（以下简称 2003.6.23 协议），约定：置业公司以 12 000 万元受让 2.032 017 万平方米土地，并承担土地用途变更为商业用地的出让金；双方于 6 月 17 日签订的《土地使用权转让协议》仅作为向国土局办理过户手续使用；拆迁赔偿由置业公司以修建的商业铺面房屋产权面积按比例赔偿给投资公司，并约定分期付款，置业公司的林××和投资公司的胡××均在该协议上签字，并加盖了各自公司的公章。

2004 年 10 月，成都市国土资源局向置业公司发出《土地出让价款缴款通知单》，载明的土地出让金为 406.992 855 万元。

2006 年 7 月，上海××××房地产开发经营有限公司（现上海××投资有限公司，以下简称房地产公司）、成都×××电器市场股份有限公司（以下简称电器公司）与投资公司签订《协议书》（以下简称 2006.7.2 协议），约定：由房地产公司向电器公司和投资公司支付对价 19 700 万元，该对价包括但不限于：房地产公司自投资公司处受让 87 号土地约 30 亩过户到置业公司的转让费以及拆迁费、过户费等；电器公司之前投入置业公司的全部资金及投入合作公司 87 号地块约 17 亩的全部资金；并约定了对价的支付方式、支付时间以及违约责任等内容。同月 28 日，三方签订了《补充协议书》（以下简称 2006.7.28 补充协议），将对价总额变更为 19 150 万元，电器公司在此补充协议之后，如果有任何理由要求房地产公司再提前支付协议对价，则应按提前支付金额的 30%

作为给房地产公司的补偿,并在房地产公司应向电器公司支付的总价中扣除。

另查明,2006年2月,房地产公司因与电器公司股权转让合同纠纷提起诉讼,该案经人民法院调解后结案,调解书中载明:双方确认依照2004年3月1日签订的《股权转让协议》的约定,电器公司将其名下的职业公司的49%的股权过户到房地产公司名下的行为合法有效,且因电器公司未对该公司实际出资,故该转让仅为出资义务的转让,房地产公司无须向电器公司支付对价;《股权转让协议》已履行的部分合法有效;双方确认《股权转让协议》的实质内容是对项目转让以及土地转让相关问题的约定,电器公司应按约定将投资公司名下的87号无瑕疵地以商业用地的性质过户至置业公司名下,同时由房地产公司支付对价,但上述地块存在重大瑕疵,给房地产公司造成了损失,现房地产公司同意不追究电器公司的违约责任;《股权转让协议》中未履行的部分按照2006.7.2协议,以及2006.7.28补充协议中的约定履行。

2007年6月,置业公司向成都市国土资源局申请签订土地出让合同变更协议和缴纳土地用途出让金。同年8月,置业公司取得了87号土地的使用权证。2008年9月,投资公司、置业公司、房地产公司、电器公司和成都××玻璃厂签订的《备忘录》(以下简称2008.9.19备忘录)载明:五方已分别签订并履行了《股权转让协议》,2006.7.2协议,2006.7.28补充协议,2007年12月12日投资公司、置业公司、房地产公司、电器公司四方签订的《备忘录》。2009年9月,投资公司向置业公司发出《催款通知书》,但置业公司并未支付9000万元余款。2011年1月,投资公司向置业公司邮寄《解除合同通知书》,决定解除2003.6.23协议,收回原国有土地使用权。

2011年2月,投资公司以置业公司取得土地后,非但不按期支付对价,更在2010年将该土地转让给四川××投资实业有限公司,并在此后又将该土地转让给××阳光股份有限公司,导致双方签订的协议不可能再继续履行,已构成根本违约为由,提起诉讼,请求解除2003.6.23协议,并返还协议约定的价值1.2亿元的土地,判令置业公司承担违约金3600万元。

置业公司辩称:本公司股东、实际控制人等均未见过亦从未履行过2003.6.23协议,且根据2006.7.2协议及2006.7.28补充协议可知,投资公司与本公司在2006年7月2日之前签订的所有法律文件已全部解除并废止。房地产公司已经按照2006.7.2协议履行了全部合同义务,并于2007年8月10日取得了《国有土地使用权证》,因此,本公司取得上述土地,是双方履行2006.7.2

协议的结果。投资公司与电器公司系关联公司，并在2004年3月13日前是本公司的实际控制方，故即使存在2003.6.23协议，亦不符合法律规定。综上，请求驳回投资公司的诉讼请求。

一审判决后，投资公司不服，提起上诉称：首先，2006.7.2协议的主体不包括置业公司，置业公司也未能证明电器公司按照该协议约定解除了相关合同，且该协议是就房地产公司与电器公司之间股权转让事项作出的。其次，一审判决以房地产公司于2006.7.2协议签订的次日支付了1731万元给内江市财政局为依据认定履行的是2006.7.2协议与事实不符；置业公司亦未按照2006.7.2协议支付全部对价。综上，请求撤销一审判决，改判支持本公司的全部请求。

置业公司辩称：2006.7.2协议的内容包括土地转让、拆迁安置、债务清偿等事项，该协议并非基于房地产公司与电器公司股权转让事项作出，且2006.7.2协议明确解除和废止了此前所有相关协议，本公司亦对2006.7.2协议的真实有效性予以确认；本公司及房地产公司已按2006.7.2协议实际支付了对价，解决了案涉土地的债务和职工安置等问题。综上，请求维持一审判决。

判决主文

一审法院判决：驳回原告投资公司的诉讼请求。
二审法院判决：驳回上诉，维持原判。

裁判要旨

第三人有权与债权人签订协议，将原建设用地转让合同中债务人所承担的付款义务转由第三人承担，此类协议符合免责的债务承担的法律要件。协议生效后，债务人不再承担债务，债权人亦无权以债务人未履行义务为由主张解除原建设用地转让合同。

重点提示

合同义务转移，是指合同中的债务人将自己应履行的义务全部或部分转移给第三人的行为。当事人之间因合同义务转移发生纠纷，法院审理时应当注意以下两点：（1）合同义务转移的条件及效力。合同义务转移应当具备以下要件：①合同内容约定的义务合法有效，若合同义务无效，则不具备履行条件。

②合同义务具有可转让性，如当事人签订的合同义务具有人身专属性，则不具备转移的条件。③合同义务转移经过债权人同意，且合法有效。债权人可以以口头或书面的形式同意合同义务由第三人承担。在符合上述条件的情况下，可以认定合同义务转移。转移完成后，对债权人、合同义务人以及第三人均发生法律效力，首先，无论是部分转移还是全部转移，合同义务人就转移部分均不再承担责任；其次，第三人承担合同义务，不可以就原合同义务人对债权人享有的其他债权主张抵销。（2）合同义务转移和第三人代替履行的区别。在司法实践中，时常发生双方约定由第三人履行债务，第三人拒绝履行的情形。在此种情况下，应当对第三人代替履行还是债务转移进行认定，具体认定时应当考量合同义务转移的条件以及合同目的和交易习惯。仅由债权人和债务人约定第三人向债权人履行债务时，应当认定为第三人代替债务人履行债务，第三人拒绝履行时，债权人应当要求债务人承担违约责任，而不能向第三人要求承担违约责任。债务人与第三人达成约定，由第三人承担债务，但未经过债权人明确同意的，第三人仅为代替履行债务，而非债务转移。债权人、债务人与第三人达成共识，约定由第三人向债权人履行债务的，根据合同目的及交易习惯，应当推定三方当事人之间具有债务转移的意思表示，认定构成债务转移，而非第三人替债务人履行债务，第三人应当根据约定向债权人承担直接清偿责任。

5. 合同相对性原则在建设用地使用权转让合同中的适用

【案例】惠阳××工业实业有限公司诉湖北××房地产开发有限公司、惠州市大亚湾××实业有限公司、惠州市（工贸）工程开发公司×××公司、曾××建设用地使用权转让合同纠纷案

案例来源

发布单位：最高人民法院民事审判第一庭《民事审判指导与参考》2013年第3辑（总第55辑）

审判法院：广东省高级人民法院

判决日期：2012年7月25日

案　　号：（2012）粤高法民一初字第3号

基本案情

1992年4月，惠阳××工业实业有限公司（以下简称实业公司）取得淡水镇白云坑面积为40万平方米的《惠阳县建设用地许可证》。同年10月，惠州市（工贸）工程开发公司××分公司（以下简称××分公司）向博罗县博×实业公司（以下简称博×公司）支付了5000万元"地皮款"。次月，实业公司出具收款收据称，收到××分公司法定代表人曾××位于淡水镇白云坑38万平方米地款。当月25日，××分公司、曾××以白云坑38万平方米的土地使用权作抵押向中国人民××银行惠阳县支行房地产开发部（以下简称人民银行）借款5000万元，因该笔借款将用于支付上述地块地价，遂告知实业公司需要以该地作借款抵押，实业公司将《惠阳县建设用地许可证》原件及征地红线图原件交予××分公司，三日后签订《抵押协议》，协议载明抵押物产权所有人为实业公司。同年11月30日，××分公司向人民银行借款5000万元用于房地产开发，双方签订《借款合同》，并经公证处公证，作出公证书。次月，××分公司向实业公司支付4500万元。

1993年3月，××分公司向惠州市××工业实业有限公司（以下简称惠州工业公司）支付2000万元。同年5月，××分公司出具《声明书》称：以同等价值之白云坑地皮作抵押，换回原抵押品。之后，××分公司更名为惠州市（工贸）工程开发公司×××公司（以下简称工贸公司）。2004年3月，工贸公司向派出所报案称丢失财务章、公司印章、实业公司土地购买合同及银行汇票存根等。

2006年7月，工贸公司以其支付土地转让款1.15亿元受让白云坑共38万平方米土地的合同权利，与湖北××房地产开发有限公司（以下简称房地产公司）、惠州市大亚湾××工业实业有限公司（以下简称工业公司）签订《合同权利转让协议书》，约定：将合同权利以本金8050万元及相应利息以1400万元的价格转让给房地产公司，本金3450万元及相应利息以600万元的价格转让给工业公司。两日后，工贸公司向实业公司和惠州工业公司出具《合同权利转让通知书》，通知两公司向房地产公司、工业公司履行债务。同年9月25日、9月26日，房地产公司给付工贸公司1400万元，同年9月25日，工业公司给付工贸公司600万元。

同年12月，另案法院判决工贸公司偿还中国××资产管理公司广州办事处（后变更名称为中国××资产管理股份有限公司广东省分公司，以下简称资产公司）本金1000万元，资产公司对惠阳县外经实业发展总公司提供的42 800平方米土地使用权及上盖建筑物在1000万元本金范围内享有优先受偿权。

实业公司以争议土地未经办理土地使用权证致使其与工贸公司于1992年达成的土地使用权转让合意无效，从而导致《合同权利转让协议书》无效为由，提起诉讼，请求判令工贸公司返还建设用地许可证，确认《合同权利转让协议书》无效，判令房地产公司、工业公司、工贸公司、曾××向其返还有关土地证件、《惠阳县建设用地许可证》及用地红线图项下46.1万平方米无抵押的土地。

房地产公司辩称：《合同权利转让协议书》并未违反法律禁止性规定，合法有效；在实业公司同意返还4500万元土地使用权转让款本金的情况下，本公司可返还红线图。

工业公司辩称：《合同权利转让协议书》并非从合同，不会因前转让合同无效而无效。

工贸公司辩称：本公司已根据实业公司指示将5000万元汇入博×公司账户，后实业公司将建设用地许可证和征地红线图交付予本公司，本公司随后履行全部付款义务。《合同权利转让协议书》系各方当事人的真实意思表示，未违反法律的强制性规定，转让标的是其享有的债权，不属于禁止转让的债权，不应因国有土地使用权转让合同无效而无效。

曾××辩称：其作为工贸公司法定代表人，职务行为产生的法律后果应由工贸公司承担。

资产公司述称：其与工贸公司有债权债务关系，但对房地产公司、工业公司与实业公司、惠州工业公司之间的土地转让纠纷不清楚。正在核实其与工贸公司的纠纷中存在48 000平方米土地抵押，是否与本案具有相关性。

审理中，惠州市国土资源局惠阳区分局向法院作出《关于惠阳××工业实业有限公司土地情况的函》，内容为：实业公司位于淡水镇白云坑地段面积为40万平方米的用地，该局批准其使用。经初步统计，该用地除与其他单位重地及发生权属转移的面积合计131 373平方米外，因前期档案管理的不完善，其余土地有关情况还需进一步调查核实。

判决主文

一审法院判决：确认《合同权利转让协议书》有效；被告工贸公司向原告实业公司返还《惠阳县建设用地许可证》及征地红线图原件；驳回原告实业公司的其他诉讼请求。

裁判要旨

转让划拨土地的建设用地使用权，应当经政府批准，转让手续未经政府批准的《建设用地使用权转让合同》无效。即使《建设用地使用权转让合同》的受让人将合同权利义务转让给第三人并通知了出让人，但第三人与出让人并无合同关系，不负有返还证件的义务，根据合同相对性原则，应当由受让人返还相关证件。

重点提示

《民法典》第465条规定："依法成立的合同，受法律保护。依法成立的合同，仅对当事人具有法律约束力，但是法律另有规定的除外。"该规定明确了合同相对性原则。在因建设用地使用权的转让而引发的纠纷中，人民法院在适用合同的相对性原则审理案件时应当注意以下两点：（1）合同相对性原则的具体内容。合同相对性主要包含以下内容：首先，合同主体的相对性，即合同关系只发生在签订合同的当事人之间，合同履行过程中发生争议时，只有签订合同的当事人才能够基于合同提出请求或提起诉讼，且诉讼对象一般为另一方当事人，而非与合同无关的第三人。其次，合同内容的相对性，设立的权利义务仅约束签订合同的当事人，当事人以外的第三人无权主张合同内容上的权利，也不负有承担合同内容上所规定的义务，在双务合同中，一方权利即为另一方需要履行的义务，双方权利义务关系相互对应，互为因果，权利人的权利必须以义务人履行义务才能得以实现。最后，合同责任的相对性，承担合同责任的仅限于签订合同的当事人，而非第三人，且违约方仅向债权人承担违约责任。合同一方当事人违约时违约一方应当就自己过错所造成的后果承担违约责任；合同因第三人原因不能履行的，不能履行一方当事人仍然应当根据合同内容承担违约责任，但事后可以向第三人追偿。（2）建设用地使用权转让合同中合同相对性原则的适用。《民法典》第348条至第360条规定了建设用地使用权转让以及生效的条件。建设用地使用权人出让该部分土地时，应当与受让人签订建设用地使用权转让合同，且应当将建设用地使用权许可证一并转移，并办理登记手续。在履行合同过程中，受让人将该权利与许可证转让给第三人，此时，会发生权利义务转移的法律效果，第三人代替原受让人作为权利义务主体。应当注意的是，该部分权利义务转移是以建设用地使用权转让合同有效为基础的，若合同无效，则权利义务转移的合同亦归于无效，建设用地使用权转让合同双方当事人应当承担财产返还的责任。此时，根据合同相对性原则，原受让人应当返还建设用地使用权许可证，第三人不应当对出让人承担返还责任。

第五章　宅基地使用权

申请程序有瑕疵的行政许可补正后的合法性认定

【案例】孙××诉××县人民政府、××市人民政府土地行政许可案

案例来源

发布单位：最高人民法院《人民司法·案例》2018年第32期（总第835期）
审判法院：湖南省高级人民法院
判决日期：2018年1月9日
案　　号：（2017）湘行终838号

基本案情

孙××原户籍地为湖南省××县××桥乡××村火车××组××号（以下简称××村）。2011年11月，孙××的侄女及侄女婿孙×荫、朱××将孙××的户籍地伪造成××县×××乡×××村袁家塘组（以下简称袁家塘组），并以此申请在袁家塘组建房。次年1月，孙××将户口从××村迁入袁家塘组谢××的户头上，并于2013年8月从谢××的户头分户。同年3月，袁家塘组和袁家塘组所在的村均在孙××的建房用地申请表上签署"情况属实"的意见，乡政府也签署了"同意按程序报批"的意见。同年，孙××与孙×荫、朱××夫妇共同出资在孙××获取的袁家塘组的宅基地上建成一幢楼房。

2013年1月，××县人民政府（以下简称县政府）向孙××颁发《集体土地使用证》。2015年7月，××县国土资源局发现孙××申请《集体土地使用证》的户籍资料系伪造，请求县政府撤销该使用证。同年8月，县政府作出决定撤销孙××的《集体土地使用证》，随后××市人民政府（以下简称市政府）维持县政府的撤销决定。孙××对该撤销决定不服，提起诉讼。因县政府未能保障孙×荫、朱××的陈述申辩权，程序违法，法院判决撤销该决定。

次年10月，县政府举行听证会并于会后重新作出《关于确认株县3B集用2013第012号无效的通知》，市政府对该通知作出《行政复议决定书》予以维持。

孙××以县政府及市政府新作出的行政行为违反《行政诉讼法》的有关规定为由，提起诉讼，请求撤销县政府作出的《关于确认株县3B集用2013第012号无效的通知》以及市政府作出的《行政复议决定书》。

一审判决后，孙××不服，提起上诉称：首先，本人为农村常住人口，经批准合法迁移，建房手续完善，是登记部门未尽到审查义务造成了登记瑕疵，不能据此剥夺本人的《集体土地使用证》；其次，在县政府以及市政府第一次行政行为被法院依法撤销后，又针对同一事实作出基本相同的行政行为，违反法律规定；且本案已超过追诉时效。综上，请求撤销一审法院判决，并撤销县政府作出的《关于确认株县3B集用2013第012号无效的通知》及市政府作出的《行政复议决定书》。

县政府辩称：孙××与孙×荫、朱××恶意串通，以欺骗手段获取案涉土地权利证书的事实清楚、证据确凿充分，本政府作出的行政行为程序合法、具有法律依据，且该行政行为是本政府依职权行使的土地行政执法决定行为，并非对孙××作出的行政处罚，不受追诉时效限制。因此，请求驳回孙××的上诉，维持一审法院判决。

市政府辩称：孙××违法办理户口迁移，以欺骗手段获取土地权利证书，事实清楚，证据确凿；县政府及本政府所作的行政行为，适用法律正确，程序合法。故请求驳回上诉，维持原判。

判决主文

一审法院判决：驳回原告孙××的诉讼请求。

二审法院判决：撤销一审法院判决；撤销市政府作出的《行政复议决定书》和县政府作出的《关于确认株县3B集用2013第012号无效的通知》。

裁判要旨

判定最初有伪造申请行政许可的故意，但在申请过程中取得了申请资质的申请人是否构成骗取行政许可，关键在于骗取行为与许可行为之间是否存在因果关系。若申请人在申请过程中已实际具备申请许可的条件，且基于对许可的信赖作出了一定的行为，法院应当结合行政合理性原则谨慎认定行政许可的效力，不宜一律以骗取为由认定行政许可无效。

重点提示

行政法律法规要求，行政机关在行使行政职权时应当符合法定程序，同时也对行政相对人进行了规范，相对人在申请行政许可等权利证书时，其提交的信息应当真实，不应当以非法目的骗取行政机关的许可。在司法实践中，对于申请程序有瑕疵的行政许可被补正后是否应当撤销的问题，应当注意以下两点：（1）骗取许可行为与获得行政许可之间不存在因果关系时，不应当认定相对人存在欺骗行为。行政法上构成骗取行为应当具备以下四个要件：骗取人有骗取的主观故意、骗取人实施了骗取的行为、被骗取人作出了许可、被骗取人作出许可与欺骗行为存在因果关系。以上要件缺一不可，否则不应当认定相对人构成骗取。相对人在本不具有获取行政许可的资格的情况下通过伪造信息获取行政许可，属于有欺骗的故意并实施了骗取的行为，但若相对人在随后通过对资料进行补正，则应当认定其实质上消除了骗取行为，足以弥补申请上的瑕疵，故骗取许可行为与获得行政许可之间不存在因果关系，不应认定相对人构成欺骗。（2）行政机关无权撤销合法取得的土地权利证书。《行政许可法》第69条第2款规定："被许可人以欺骗、贿赂等不正当手段取得行政许可的，应当予以撤销。"从合法性角度看，由前述分析可知，申请程序存在瑕疵的行政许可不构成欺骗行为，行政机关无权予以撤销。从合理性角度看，行政机关无论是对行政许可予以撤销还是认定无效，都是对错误颁发行政许可的纠正，在相对人已经对申请瑕疵予以补正的情况下仍然将其撤销，对相对人而言显失公平，相对人重新申请行政许可也会造成行政、司法资源的浪费，不利于维护政府公信力。

第六章　土地使用权出让转让

一、土地使用权出让

1. 因法律法规及政策出台导致合同目的不能实现的合同解除问题

【案例】长春××房屋开发有限公司诉长春市规划和自然资源局建设用地使用权出让合同纠纷案

案例来源

发布单位：《最高人民法院公报》2020年第6期（总第288期）
审判法院：最高人民法院
判决日期：2019年11月29日
案　　号：（2019）最高法民再246号

基本案情

长春市国土资源局（以下简称国土局）发布该市宽城区已建住宅以东、长春市第二十五中学以南、长农公路以西、空地以北范围内的B地块，宗地编号××-××××-×，出让面积21 632平方米土地的挂牌出让公告，土地包括规划用地界线及现状土地界线内已拆迁完毕的土地和未拆迁的土地。长春××房屋开发有限公司（以下简称开发公司）参加案涉地块的挂牌出让，向国土局提交《竞买报价单》，承诺完全接受并遵守挂牌文件的规定和要求，并缴纳保证金。嗣后，双方签订《成交确认书》，对上述竞拍行为予以确认。后签订《国有建设用地使用权出让合同》，约定土地及地上建筑物未拆迁部分由该地块竞得人负责，土地及地上物由竞得单位自行拆迁补偿整理，并对其他权利义务予以约定，开发公司缴纳了土地出让金和契税。后国土资源局更名为长春市规划和自然资源局（以下简称自然资源局）。

合同签订两个月后，国务院出台《国有土地上房屋征收与补偿条例》，其中第4条规定，市、县级人民政府负责本行政区域的房屋征收与补偿工作。市、县级人民政府确定的房屋征收部门组织实施本行政区域的房屋征收与补偿工作。市、县级人民政府应当依照本条例的规定和本级人民政府规定的职责分工，互相配合，保障房屋征收与补偿工作的顺利进行。

开发公司以《国有建设用地使用权出让合同》履行期间，国务院出台了《国有土地上房屋征收与补偿条例》，导致合同约定的由其自行拆除地上物及补偿工作已不可能履行，存在情势变更为由，提起诉讼，请求判令解除案涉合同，并判令自然资源局返还土地出让金、契税并支付利息等款项。

自然资源局辩称：《国有土地上房屋征收与补偿条例》的实施，并未改变案涉合同赖以存在的客观情况，不影响开发公司合同目的的实现，本案不符合情势变更原则的适用条件，开发公司要求解除合同的目的在于转嫁投资风险，逃避违约责任。开发公司本身具有过错，其未及时办理拆迁许可手续，导致其在《国有土地上房屋征收与补偿条例》实施后无法自行拆迁。

一审判决后，开发公司不服，提起上诉称：《国有建设用地使用权出让合同》约定本公司受让的土地为"毛地"，相关规定明确要求不得以"毛地"方式出让土地，在此情况下，自然资源局仍以"毛地"方式出让土地导致合同无法履行，其存在过错。《国有土地上房屋征收与补偿条例》的出台导致本公司无法继续履行合同，本公司不存在怠于履行合同义务的情形。因此，请求撤销一审法院判决，改判支持本公司的诉讼请求。

自然资源局辩称：《国有土地上房屋征收与补偿条例》的实施，不影响《国有建设用地使用权出让合同》继续履行。国家调整土地拆迁政策属于不可预见的事实，因政策改变导致开发公司无法自行对土地进行拆迁整理属于商业风险范畴，开发公司作为专门从事房地产开发的企业，应当对此有充分的认识。请求驳回开发公司的上诉请求。

二审判决后，开发公司不服，申请再审称：本公司受让的土地为"毛地"，无法预见《国有土地上房屋征收及补偿条例》明确规定市、县级人民政府负责本行政区域内的房屋征收与补偿工作这一政策的变化，该政策的出台导致合同目的无法实现。本公司未办理拆迁许可证的原因是合同签订后两个月即发生了政策变化，已无法申请办理拆迁许可证。自然资源局作为土地出让部门，应当熟悉相关政策的变化,《关于进一步加强房地产用地和建设管理调控的通知》明确不得以"毛地"方式出让土地,但自然资源局仍以"毛地"方式出让土地并与本公司签订合同,其对合同无法履行具有过错。综上,请求撤销一、二审法院判决,改判支持本公司的全部诉讼请求。

自然资源局辩称:不存在情势变更情况导致合同无法履行,政策的变化属于开发公司应承担的商业风险。开发公司在合同签订后未积极办理拆迁许可手续,导致无法自行实施拆迁,应承担不利后果。开发公司在《国有土地上房屋征收与补偿条例》颁布6年后才起诉解除合同,超过了解除权行使期限。因此,请求驳回开发公司的再审申请,维持原判。

判决主文

一审法院判决:驳回原告开发公司的诉讼请求。

二审法院判决:驳回上诉,维持原判。

再审法院判决:撤销一、二审法院判决;解除被申请人自然资源局与申请人开发公司签订的《国有建设用地使用权出让合同》;被申请人自然资源局向申请人开发公司返还2630万元及利息;被申请人自然资源局补偿申请人开发公司657 500元;驳回申请人开发公司的其他诉讼请求。

裁判要旨

由于国家法律、法规及政策出台导致当事人签订的国有建设用地使用权出让合同不能履行,以致受让方缔约目的不能实现,受让方依据情势变更原则请求解除合同的,人民法院应予支持。鉴于双方当事人对合同不能履行及缔约目的不能实现均无过错,故可依据《民法典》第566条之规定,仅判决返还已支付的价款及相应孳息,对受让方请求赔偿损失的诉求不予支持。对受让方为履行合同而支付的契税损失,则可基于公平原则平均分担。

重点提示

司法实践中,因法律法规及政策的出台导致合同缔约目的无法实现时,能否适用情势变更原则解除合同的问题,在解决过程中应当注意以下两点:(1)情势变更适用的条件。情势变更,是指合同有效成立后,因不可归责于双方当事人的原因发生情势变更,致合同之基础动摇或丧失,若继续维持合同原有效力显失公平或不能实现合同目的,允许变更合同内容或者解除合同。根据《民法典》的有关规定,适用情势变更应当符合以下条件:①有发生情势变更的事实,导致合同目的无法实现;②情势变更发生于合同订立后,合同关系终结前;③双方当事人对情势变更的发生不存在过错;④双方当事人均无法预见到情势变更的发生;⑤情势变更发生后继续履行合同会对合同当事人极不公平。在合同履行的过程中,若因法律法规及政策的出台导致合同的缔约目的无法实现的,显然符合上述适用情势变更原则的条件,合同目的无法实现一方可以以此为由主张解除合同。(2)适用情势变更解除合同后的法律效力。根据《民法典》第533条规定可知,因情势变更导致合同无法继续履行时,双方就合同内容有再协商义务,协商不成的可以向仲裁机构或法院申请解除合同。合同解除或变更以后,双方均不对此承担法律责任,因此当事人一方要求另一方赔偿其损失的,人民法院应当不予支持。

2. 违约金补偿性功能与惩罚性功能的区别与适用

【案例】福建××置业集团有限公司诉福建省××县自然资源局国有建设用地使用权出让合同纠纷案

案例来源

发布单位:最高人民法院《人民司法·案例》2020年第32期(总第907期)
审判法院:福建省高级人民法院
判决日期:2019年11月19日
案　　号:(2019)最高法民终949号

基本案情

2012年10月,福建省××县自然资源局(原××县国土资源局,以下简称自然资源局)作为出让人与作为受让人的福建××置业集团有限公司(以下简称集团公司)签订国有建设用地使用权出让合同,约定双方系自愿签订本合同且出让人同意在2015年10月前将包括××县人民政府(以下简称县政府)机关大院在内的出让宗地(以下简称涉案土地)交付给受让人;出让人未按时提供土地而致受让人本合同项下宗地占有延期的,每延期1日,出让人应当按受让人已经支付的国有建设用地使用权出让价款的1‰向受让人给付违约金，土地使用年期自实际交付土地之日起算。

同时，双方签订出让合同补充条款，第2点约定该地块土地竞得人同时承建××县行政中心工程；施工单位需在3年内完成工程建设并经验收合格后交付给县政府使用；若逾期在3个月之内，施工单位应按工程的总造价每日2%赔偿损失给××县××城市建设有限公司（以下简称建设公司），拍卖地块交地时间相应推迟，推迟期间土地竞得人所缴纳的土地出让价款不计利息。第9点约定，拍卖地块交地前，土地竞得人所缴纳的土地出让价款，××县财政局按同期1年期银行贷款基准利率上浮30%计息，计算时间自土地出让金缴纳之日起至土地交付之日止，按季度结息。

2017年1月，县政府向××市人民政府（以下简称市政府）报送关于县政府驻地迁移的请示。同年5月，集团公司与建设公司等签署工程竣工移交证书。2018年，县政府再次向市政府报送驻地迁移的请示。市政府分别于2017年、2018年将县政府驻地迁移请示上报省政府。自然资源局在县政府迁移新址获审批后，于2019年1月28日向集团公司交付了涉案土地。

集团公司以自然资源局违反合同约定为由，提起诉讼，请求判令自然资源局向其交付涉案土地，并支付违约金。

自然资源局辩称：本案不属民事诉讼受案范围，应驳回集团公司的诉讼请求；集团公司未按约定按期交付合格工程给县政府，本局有权相应推迟涉案地块交地时间；虽然集团公司未依约按时交付合格工程，本局仍按合同补充条款约定向其支付了土地出让价款利息共计12 324.406 34万元，但集团公司至今没有办理土地变更登记，也没有对其涉及49 616.35万元银行贷款所设定的抵押登记进行变更登记，造成已核减的土地仍实际登记在集团公司名下，并行使用益物权而受益。为此，在集团公司履行完在先义务前，本局有权行使后履行抗辩权中止履行交地义务。

一审判决后，集团公司不服，提起上诉称：出让合同中约定的自然资源局应当于2015年10月19日前将案涉土地交付给本公司，应以此时间作为违约金计算的起点；自然资源局应当按照合同约定的标准支付逾期交地违约金。

自然资源局辩称：出让合同约定拍卖土地的交付系以行政中心工程竣工交付为前提，在工程交付前本局有权行使先履行抗辩权；本局延迟交地是因为迁址审批时间跨度大，本局不存在过错，不应承担违约责任；集团公司本身没有实际损失，且以行为认可了土地延期交付。

判决主文

一审法院判决：驳回原告集团公司的诉讼请求。

二审法院判决：驳回上诉，维持原判。

裁判要旨

违约金既具有弥补守约方因对方违约遭受损失的功能（补偿性功能），又具有督促当事人诚信履行合同的功能（惩罚性功能）。对于违约方具有违约故意的情形，人民法院应当发挥违约金惩罚性功能，督促违约方早日履约。而对于违约方非因其自身等客观原因导致违约的，不应过分强调违约金的惩罚性，违约金的适用应当以填补守约方损失为主。在现有证据不能反映守约方存在实际损失，违约方系因客观原因无法履约，且其一直在能力范围内积极履行其他合同义务的情况下，根据公平原则和诚信原则，可不再判决其支付违约金。

重点提示

违约金是双方在合同中约定或是法律规定，当一方当事人违约时，另一方有权要求违约方支付的金钱。违约金的标准是金钱，但双方也可约定赔偿金钱以外的其他财产。违约金的设立就是为了保证债的履行而对于违约方的一种经济制裁，其既能惩罚违约方又能补偿守约方的损失，因此是重要的违反合同的责任承担方式。司法实践中，厘清违约金补偿性功能与惩罚性功能的区别与适用问题时，应当注意以下三点：（1）违约金具有惩罚功能以及补偿功能。我国《民法典》第585条第1款规定："当事人可以约定一方违约时应当根据违约情况向对方支付一定数额的违约金，也可以约定因违约产生的损失赔偿额的计算方法。"可以看出我国《民法典》中规定的违约金属于赔偿性违约金，但实务中，赔偿性违约金也同样具有惩罚功能与补偿功能。首先是惩罚功能。违约金会使债务人事先想到未完成合同约定的后果，在违约金的压力下，债务人会为了避免支付违约金而尽力完成合同的约定，这有利于督促债务人按照约定履行合同、防止合同目的落空，同时也维护了交易安全、促进了交易的发展。其次是补偿功能。违约金的规定出现后，债权人可以直接以合同约定或法律规定向债务人主张违约金，而无须举证证明其损害结果与债务人的违约行为具有因果关系，即债权人只要对其受到的损害简单合理说明，且债务人不能证明约定违约金过分高于债权人实际损失的情况下，就可以请求人民法院支持其向债务人主张违约金的合理主张。(2) 人民法院应当根据违约人的过错程度发挥惩罚功能以及补偿功能的作用。若违约人是因故意或重大过失违约的，其主观心理持放任的态度，此时就应当强化对惩罚功能的运用，允许债权人提出的违约金的金额适当高于其实际的损失，以督促违约人能够加快履行债务。若违约人是因其他客观原因导致违约的，违约金的惩罚作用就不能得到发挥，因为即使违约金对于违约人存在压力，其也因客观原因而无法履行合同约定，此时就只能采取填补实际损失原则，即当无法证明守约方存在实际损失，违约人未能履行合同约定也是因一定客观原因所导致的，且其一直在能力范围内积极履行其他合同义务的情况下，可以根据公平原则和诚信原则对违约人应当承担的违约金进行调整。(3) 双方在合同中约定的违约损失赔偿额属于违约金条款。上述《民法典》中关于违约金的规定中一定数额的违约金和损失赔偿额的计算方法，两者均属于违约金，只是在表现形式上有所不同。一定数额的违约金是以金额形式表现出来，而损失赔偿额的计算则是以计算的方式表现出来。因此二者本质是相通的，都需要进行必要的司法调整。故《民法典》中规定的违约金应当包括一定数额的违约金与损失赔偿的计算方法，且当事人在合同中约定的损失赔偿额计算方法同样属于违约金条款，也受到《民法典》的限制。

3. 国有土地使用权出让合同纠纷的属性认定及救济途径

【案例】成都××××商贸有限公司诉××省××市××区规划和自然资源局土地行政裁决案

案例来源

发布单位：最高人民法院发布的第二批十起行政协议诉讼典型案例（2022年4月20日）

审判法院：四川省成都市中级人民法院

判决日期：2019年10月30日

案　　号：（2019）川01行终1089号

基本案情

2013年1月，原××省××市××区国土资源局（以下简称原国土局）与冯×亮、李×绪签订《国有建设厅用地土地出让合同》。次月，冯×亮、李×绪及成都市温江区××市场管理有限公司（以下简称管理公司）与原国土局签订《国有建设用地使用权出让合同变更协议》，并将受让人变更为管理公司。

2017年5月，原国土局因与成都××××商贸有限公司（以下简称商贸公司）建设用地使用权出让合同纠纷提起民事诉讼，要求商贸公司支付因违反双方订立的国有土地使用权出让合同（以下简称案涉合同）约定而产生的违约金及利息。法院判决驳回原国土局有关违约金的诉讼请求。

2018年11月，××省××市××区规划和自然资源局（以下简称自然资源局）作出行政决定并制定《成都市温江区国土资源局关于加收土地出让违约金的决定书》（以下简称《决定书》），向商贸公司追缴民事诉讼中未予支持的违约金。

商贸公司以自然资源局滥用行政职权、侵害其合法权益为由，提起诉讼，请求判令撤销规划和自然资源局作出的《决定书》。

自然资源局辩称：本局具有征收违约金的职权；本局作出的《决定书》具有事实依据和法律依据。

一审判决后，自然资源局不服，提起上诉。

判决主文

一审法院判决：撤销被告自然资源局作出的《决定书》。
二审法院判决：驳回上诉，维持原判。

裁判要旨

实务中，因法律并未明确规定或相关规定不一致，有时会对一份协议的属性是行政协议还是民事合同产生争议。但无论该协议是何属性，人民法院均可受理因该协议产生的纠纷。人民法院在审理行政诉讼或民事诉讼时，不得拒绝裁判，也不得重复处理。故，国有土地使用权出让合同的定性不同，就有着不同的解决争议的救济途径，但无论哪一途径都应当严格遵守法律规定。

重点提示

行政机关有权出让国有土地使用权并签订相应的出让协议，但有关国有土地使用权出让协议性质的问题始终是争议的焦点，对此类协议进行定性也是此类案件审判过程中的重点。在司法实践中，认定国有土地使用权出让合同的属性及救济途径的问题，应当注意以下三点：(1)国有土地使用权出让合同的属性争议。国有土地使用权出让合同属于民事合同还是行政协议，在法律界一直存在一定的争议。实务中，人民法院在审理国有土地使用权出让合同纠纷案件时，按照民事诉讼和行政诉讼进行审理的情况都曾出现过。不同审理方式证明人民法院对于国有土地使用权出让合同属性的定性有所不同。第一种观点认为，国有土地使用权出让合同属于民事合同。《最高人民法院关于审理涉及国有土地使用权合同纠纷案件适用法律问题的解释》中明确规定，国有土地使用权出让合同纠纷系民事案件的受案范围。且在司法实践中也有大量的国有土地使用权出让纠纷在民事诉讼中被审理裁判。第二种观点认为，国有土地使用权出让合同属于行政协议，《行政诉讼法》中明确规定，行政协议系行政诉讼的受案范围，而一些法规中将国有土地使用权出让合同归类为行政协议。此外，司法实践中的一些案例也认定国有土地使用权出让合同属于行政协议。(2)国有土地使用权出让合同纠纷的解决途径。因实务中对于国有土地使用权出让合同属性的理解不同，国有土地使用权出让合同争议的解决途径也大不相同。若将国有土地使用权出让合同定性为民事合同，对于民事合同纠纷的解决，民事合同在平等民事主体之间设立，平等主体双方均应当以《民法典》的规定作为依据寻求救济；若将国有土地使用权出让合同定性为行政协议，依据行政诉讼的相关法律规定，行政机关在行政诉讼中仅能以被告的身份出现，故无法以《民法典》中合同的相关规定作为救济途径。实务中，人民法院采取行政协议非诉执行程序，可在行政协议中约定明确且符合法律规定的强制执行条款，并以此作为依据向人民法院申请非诉强制执行；即使未约定强制执行条款的也可以先作出行政决定，再以执行名义向人民法院申请强制执行。综上，国有土地使用权出让合同的定性不同，就有着不同的解决争议的救济途径，但无论哪一途径都应当严格遵守法律规定。(3)人民法院不得对协议的纠纷作出重复处理。无论将国有土地使用权出让合同定性为行政协议还是民事合同，人民法院在审理该争议时，均不能拒绝裁判，也不能重复处理。《最高人民法院关于审理行政协议案件若干问题的规定》第 8 条规定:"公民、法人或者其他组织向人民法院提起民事诉讼,生效法律文书以涉案协议属于行政协议为由裁定不予立案或者驳回起诉,当事人又提起行政诉讼的,人民法院应当依法受理。"即若民事诉讼认为该协议并非其受案范围,并作出不予受理的生效法律文书,行政诉讼应当予以受理,而不得告知当事人申请民事再审。此外,人民法院在处理案件时也应当避免重复处理。若民事诉讼与行政诉讼均认为该协议属于其受案范围,任一诉讼已作出生效法律文书的,另一种诉讼应当保障不能作出重复处理。故,在国有土地使用权出让合同纠纷中,任一诉讼类型对国有土地使用权出让合同作出生效判决,另一诉讼类型再对国有土地使用权出让合同争议作出与生效民事判决相冲突的结论的,人民法院依法不予支持。

4. 政府未能履行国有土地使用权出让合同的责任承担问题

【案例】北京 × 科拜克生物技术有限公司、绥中 × 科拜克生物技术有限公司诉辽宁 × × × 新区管理委员会、× × 县国土资源局土地使用权出让合同纠纷案

案例来源

发布单位:最高人民法院发布的六起充分发挥审判职能作用保护产权和企业家合法权益典型案例(2018 年 12 月 4 日)

审判法院:最高人民法院

判决日期:2018 年 6 月 28 日

案　　号:(2018)最高法民申 2462 号

基本案情

2009 年 5 月,× × 地方政府招商引资高科技项目,北京 × 科拜克生物技术有限公司(以下简称 × 科公司)与辽宁 × × × 新区管理委员会(以下简称 × × 管委会)签订项目合同,约定将生命科学园 60 亩土地无偿提供给 × 科公司使用。绥中 × 科拜克生物技术有限公司(以下简称绥中 × 科公司)系 × 科公司成立的项目公司。2010 年 9 月,× × 县国土资源局(以下简称县国土局)与绥中 × 科公司签订土地使用权出让合同并已实际占有、开发建设案涉工业用地。在绥中 × 科公司投资建设时,当地政府调整了包括案涉土地在内

的 200 余亩用地规划。案涉土地被政府单方收回并由县国土局另行高价出让，由其他公司拍得并开发房地产。绥中 × 科公司的投资建设被拆除，其损失未获赔偿。

× 科公司以 × × 管委会和县国土局侵害其合法权益且未赔偿其损失为由，提起诉讼，请求判令 × × 管委会和县国土局依法赔偿其损失。

一审判决后，× 科公司和绥中 × 科公司不服，提起上诉称：一审法院仅判决赔偿了地上物的基建损失，而未对民营企业的履行利益损失进行赔偿。因此，请求解除国有土地使用权出让合同并返还已经支付的国有土地使用权出让金、投资款、租金并承担损害赔偿责任。

二审判决后，× 科公司和绥中 × 科公司不服，申请再审称：二审判决认定事实缺乏证据证明，且适用法律错误，请求改判增加经济损失 4000 万余元。

判决主文

一审法院判决：被告县国土局赔偿原告 × 科公司地上物的基建损失。

二审法院判决：被上诉人县国土局赔偿上诉人 × 科公司和绥中 × 科公司直接损失及相关合同利益总计 1000 万余元。

再审法院裁定：驳回申请人 × 科公司和绥中 × 科公司的再审申请。

裁判要旨

人民政府因其规划调整、国家政策变化等原因不能履行与当事人事先签订的国有土地使用权出让合同的，受让方有权通过诉讼，请求法院判决解除合同并返还已支付的国有土地使用权出让金、投资款、租金并要求人民政府承担损害赔偿责任。

重点提示

司法实践中，认定政府违约、毁约不能履行合同责任时，应当注意以下两点：（1）开发区管委会并非签订土地使用权出让合同的适格主体。根据《城市房地产管理法》第 15 条的规定可知，土地使用权出让合同双方应为市、县人民政府土地管理部门与土地使用者，即明确了国有土地出让者的身份系特定的市、县人民政府土地管理部门。而开发区管委会虽可以从事其作为机关法人的民事活动，但其并不具备土地管理职能，也缺乏相应的民事行为能力。

由开发区管委会作为土地使用权合同出让方也会违反法律和行政法规的强制性规定。此外,《最高人民法院关于审理涉及国有土地使用权合同纠纷案件适用法律问题的解释》第 2 条第 1 款规定:"开发区管理委员会作为出让方与受让方订立的土地使用权出让合同,应当认定无效。"综上,我国国有土地使用权的出让主体并不包括开发区管委会,开发区管委会与受让人签订的土地出让合同应当依法认定无效。(2)政府部门应当对其违约的行为承担相应的责任。政府部门应当认真遵守诚信原则,全面履行其在招商引资出让土地使用权时与当事人依法签订的国有土地使用权出让合同。因政策变化、规划调整等原因使政府未能履行与当事人签订的民商事合同的,依法应当承担相应的责任。根据《最高人民法院关于充分发挥审判职能作用为企业家创新创业营造良好法治环境的通知》第 3 条可知,我国相关法律规定依法保护与支持诚实守信企业家的合法权益。对于因政府领导人员换届、更替、国家政策变化、规划调整等原因造成其违约、毁约的,依法支持企业的一定合理请求。上述原因导致当事人签订的民商事合同不能继续履行的,当事人有权提出解除合同并请求返还已经支付的国有土地使用权出让金、投资款、租金或者承担损害赔偿责任。上述政府责任的规定,有利于规范政府的合法招商引资行为,保护企业的合法权益,吸引更多的企业加入招商引资项目,促进经济的健康发展。

5. 民行交叉下"毛地"转让合同的性质及效力

【案例】漳平市××成品油销售有限公司诉漳平市国土资源局建设用地使用权纠纷案

案例来源

发布单位:最高人民法院《人民司法·案例》2019 年第 23 期(总第 862 期)
审判法院:福建省龙岩市中级人民法院
判决日期:2018 年 6 月 20 日
案　　号:(2018)闽 08 民终 477 号

基本案情

2005 年,漳平市××成品油销售有限公司(以下简称销售公司)参加挂牌出让竞得涉案地块,并与漳平市国土资源局(以下简称市国土局)签订《国有土地使用权出让合同》，约定：（1）土地用于加油站建设，征地拆迁事务由销售公司办理；（2）土地出让金70.78万元，含销售公司征地拆迁包干费用36.78万元；（3）销售公司应在合同签订后10日内付清出让金，市国土局应在30日内办理土地登记并及时交付土地；（4）延期交付土地6个月以上的，销售公司有权解除合同，要求市国土局返还已支付的出让金，并可请求支付违约金。嗣后，销售公司及时足额支付了出让金，市国土局亦按时办理了建设用地使用权登记。但因安置补偿未落实，征地拆迁未能完成，案涉地块一直未能交付。2015年，市国土局等机关与销售公司召开协调会，形成的《会议纪要》载明：涉案地块因征拆不成无法交付，可协调为销售公司另选地块建设加油站。后《会议纪要》未执行。另查明，案涉土地经省政府批准征收为国有，加油站规划至今保留有效。

销售公司以市国土局逾期交付土地构成违约为由，提起诉讼，请求判令市国土局交付土地，支付征地拆迁包干费用以及逾期交付土地的违约金。

诉讼中，法院向销售公司释明，"毛地"出让已被禁止，且时过境迁，增加征地费用如何分担难以认定。故销售公司变更诉讼请求为：请求判令市国土局以"净地"方式交付土地，并支付逾期交付土地的违约金。

一审判决后，销售公司不服，提出上诉称：（1）市国土局受案外人影响，不能秉公处理征收拆迁等事务，而是通过克扣经费、拖延审核、拒绝提供批文、不到实地勘测放样等方式，百般拖延本公司的征拆工作进度，造成了案涉土地至今不能交付开工。故市国土局长期故意拖延，拒绝提供土地征收批文等文件，不配合征地拆迁工作，属于故意违约。（2）一审判决认定"案涉土地不适合加油站建设，合同不能履行"没有事实和法律依据。案涉土地上有违章建筑，应予拆除，即使不拆，现存空地也足以建设加油站。加油站规划、成品油站点规划均仍有效，加油站环评、危化品检查均通过，技术标准达标，这些事实经过建设项目选址意见书、环境影响评价报告等文书认可。故案涉土地完全符合开展建设的条件。综上，请求撤销一审法院判决，改判市国土局交付土地并支付违约金。

市国土局辩称：（1）依土地出让合同约定征收拆迁事务由销售公司办理，销售公司要求本局交付征收拆迁完成的土地，缺乏法律依据。合同双方自愿合法签订了土地出让合同，明确约定征拆事务由销售公司处理，由于其处理不力，导致土地无法交付使用，与本局无关，本局更没有义务以所谓"净地"形式交付案涉土地。(2)土地出让合同已陷入履行不能,且责任在销售公司一方。因国家"毛地"出让政策和周边建设环境的变化,案涉土地已不适于建设加油站,土地出让合同已陷入履行不能,而该履行不能是销售公司办理拆迁征收业务不力所致,本局已完成土地出让义务,相应损失应由销售公司承担。(3)本局已履行合同义务,并未违约,无须支付违约金。自土地出让合同生效以来,本局已履行了应当履行的土地使用权登记义务。至于实际交付土地的义务,由于销售公司尚未完成征拆义务,本局享有履行抗辩权。综上,请求驳回销售公司的上诉请求。

判决主文

一审法院判决:驳回原告销售公司的诉讼请求。

二审法院判决:驳回上诉,维持原判。

裁判要旨

从合同目的上看,建设用地"毛地"出让合同并非为实现行政管理目的而订立,尽管其中穿插了行政事务委托,因此仍然属于民事合同范畴。其中穿插的行政事务委托,并没有违反法律、行政法规的强制性规定,因此合同依法成立即有效。当纠纷发生时,应当依照民事法律规范,并参照行政经验或一般流程来厘清合同双方的权利义务、履行顺序,从而划分各自责任。

重点提示

"毛地",是指在城市旧区范围内,尚未经过拆迁安置补偿等土地开发过程、不具备基本建设条件的土地。在司法实践中,"毛地"处理涉及多种法律行为,且情况也较为复杂,一方面涉及对"毛地"的征收,另一方面是将征收的"毛地"通过公开竞拍的方式给受让方使用。在这一过程中行政委托关系介入了土地出让过程,为此类案件审理增加了难度,实务中应当注意以下三点:(1)"毛地"出让合同的性质认定。《最高人民法院关于审理涉及国有土地使用权合同纠纷案件适用法律问题的解释》将土地出让合同认定为民事合同,在长期司法实践中也通常将其认定为民事合同进行处理。而"毛地"出让合同涉及征地拆迁,合同中一般约定由受让方进行拆迁,尽管拆迁行为涉及行政委托,但仍然应当将其认定为土地出让民事合同,受到民事法律规范的调整。理由如下：首先，"毛地"出让合同是基于合同双方真实意思表示达成的，行政机关作为土地出让一方，通过竞拍的方式将"毛地"出让给受让方，双方对于拆迁的事宜约定交由受让方实施，上述行为均是在双方协商一致的基础上达成的，行政机关在其中仅作为民事主体与受让人签订转让合同，不能认定双方之间是管理者与被管理者的关系。其次，"毛地"出让合同的根本目的是实现建设用地使用权的转让，并未涉及公共利益，征地行为仅是土地出让合同整体行为中的一部分，并未改变合同的属性。从行为的性质上来看，行政权不能对合同的产生、变更、终止产生直接作用，政府即使是对土地开发进行一定的管理，也是以合同履行为基础的。因此，应当将"毛地"出让合同认定为民事合同。（2）行政事务委托不影响"毛地"出让合同效力。前文已述，"毛地"出让合同应当认定为民事合同，合同是否有效应依照《民法典》的规定进行认定，《民法典》中合同无效有以下几种情形：① 违反法律法规效力性强制性规定；② 合同系双方当事人恶意串通，损害他人权益；③ 违背公序良俗。依照法定程序进行的征地事项委托并不具有上述使合同无效的情形存在，因此应当认定合同有效。（3）履行"毛地"出让合同应当遵循一定的行政程序或经验。在对"毛地"出让合同双方进行责任划分以及履行顺序认定时，应当充分考虑行政经验。根据《土地管理法》《城市房地产管理法》《土地管理法实施条例》《招标拍卖挂牌出让国有建设用地使用权规定》等法律法规的规定，土地征收的一般程序为：① 公开征收预告；② 现状调查与确认；③ 征询意见与组织听证（就补偿标准、安置途径等问题开展沟通）；④ 形成并上报征地材料；⑤ 征地的审核审批；⑥ 发布征地公告（公告批文、范围面积、补偿标准、安置方案等）；⑦ 征询与听证（就公告事项）；⑧ 形成安置补偿方案并上报；⑨ 安置补偿方案的审批；⑩ 签订安置补偿协议；⑪ 完成补偿与安置；⑫ 接收土地；⑬ 争议解决。而土地出让的一般程序为：① 挂牌竞拍；② 摘牌成交；③ 签订合同；④ 缴纳税费；⑤ 交付土地；⑥ 颁发证书。若合同双方并未明确土地交付的具体细节，且未约定各自义务的履行顺序和违约责任，仅笼统规定出让人未按时交地的违约责任承担方式，此时，应当依照土地征收与出让的一般流程或经验来认定各自义务，判断双方责任。

6. 前置行政行为对后续订立国有土地使用权出让合同的影响

【案例】王×诉××省××县国土资源局土地其他行政行为案

案例来源

发布单位：最高人民法院发布的第二批十起行政协议诉讼典型案例（2022年4月20日）

审判法院：安徽省安庆市中级人民法院

判决日期：2018年2月12日

案　　号：（2017）皖08行终102号

基本案情

2007年12月，王×为开发经营参与了××省××县国土资源局（以下简称国土资源局）的拍卖，并竞拍成功涉案地块的国有土地使用权，订立成交确定书后，王×交付了土地出让金，并向拍卖公司支付了拍卖费用。为开发经营该地块，王×成立了项目公司，先后完成了大厦的勘探设计和施工设计，并支付设计、建设前期有关费用。王×在订立出让合同和申请办理土地使用权证时，却被告知该地块设计规划指标不全，不能订立土地出让合同，也不能办理建设相关的批准手续。王×多次请求国土资源局和××省××县人民政府解决问题，但一直没有得到解决。后，安庆市重点工程因公需征收涉案地块，致使王×竞拍该地块的目的无法实现。

王×以国土资源局未能落实新的解决方案，侵害其合法权益为由，提起诉讼，请求确认国土资源局行政行为违法并赔偿损失777.62万元及土地开发既得利润300万元。

一审判决后，王×与国土资源局均不服，分别提起上诉。

王×上诉称：本人竞得涉案地块的国有土地使用权并签订成交确定书，因国土资源局的行政审批手续不全不能完成相关办证手续导致本人不能进行开发建设，其应当赔偿本人全部经济损失。一审法院赔偿金额计算存在明显错误，请求维持一审判决第一项，撤销一审判决第二项，改判支持本人一审诉求。

国土资源局上诉称：王×的起诉已经超过法定起诉期限，应予驳回；一审判决适用法律不当,本局的拍卖行为合法;一审判决认定本局赔偿王×土地价值损失费缺乏事实与法律依据。故请求撤销一审法院判决,改判驳回王×的起诉或诉讼请求。

判决主文

一审法院判决:确认被告国土资源局拍卖涉案地块行为违法;被告国土资源局支付原告王×土地价值损失费727.585万元、拍卖费用7.8万元、开发准备费用18万元,共计753.385万元。

二审法院判决:维持一审法院判决第一项;撤销一审法院判决第二项;改判上诉人国土资源局支付上诉人王×赔偿金803.42万元;驳回上诉人王×的其他诉讼请求。

裁判要旨

一般来说,行政机关在订立行政协议前通常需要作出与行政协议相应的行政行为。人民法院应当正确处理行政协议前置行政行为与行政协议订立之间的关系,特别是前置行政行为合法与否直接影响行政协议能否订立。在国有土地使用权的拍卖中,行政相对人竞拍成功并与行政机关订立行政协议,该行政协议订立前要经过招标、拍卖、确认等前置程序,上述前置行为的合法与否会直接影响后续行政协议能否合法订立。

重点提示

取得国有土地使用权的相对人在与行政机关签订国有土地使用权出让合同之前通常需要经过行政前置行为,在司法实践中,探究前置行政行为的合法性对于后续订立国有土地使用权出让行政协议的效力的影响问题,应当注意以下两点:(1)国有土地使用权的出让方式。《土地管理法》第55条第1款规定:"以出让等有偿使用方式取得国有土地使用权的建设单位,按照国务院规定的标准和办法,缴纳土地使用权出让金等土地有偿使用费和其他费用后,方可使用土地。"由此可知,为了减轻我国城市基础建设和市政发展的资金负担,解决土地资源浪费等问题,我国按照土地所有者与土地使用权相分离的原则,将一部分国有土地使用权出让给土地使用者一定时间,并向其收取土地使用金。对于我国国有土地使用权出让方式,一般有拍卖、招标出让、挂牌出让、协议出让等方式。其中拍卖采取竞争的方式较为公平，同时行政机关也能获得较为可观的收益，故拍卖是适用较多的一种。行政机关发布拍卖公告，并由竞买人公开竞拍，根据出价确定最终土地使用者。（2）应当正确处理前置行政行为与行政协议订立之间的关系。由前述分析可知，行政相对人取得国有土地使用权需要经过拍卖等前置行政行为，人民法院在审理过程中应当正确判断前置行政行为的合法性，并以此为依据判断行政协议的效力及责任承担。若前置行政行为不存在违反法律规定的行为或仅存在瑕疵且并不影响后续行政协议的订立，此时，行政协议相对人可以依据行政协议的合法性，向人民法院要求行政机关依法继续订立行政协议，且法律规定订立行政协议属于行政机关的法定职责的，行政机关依法不能拒绝订立，这样可以更直接、全面地保障协议相对人的合法权益；若前置行政行为确实违反了法律规定且基于此无法订立行政协议的，行政协议相对人则可以向人民法院请求确认前置行政行为违法并赔偿其损失。

7. 出让土地不符合"净地"要求是否构成违约

【案例】诸暨市××置业有限公司诉原诸暨市国土资源局国有土地使用权出让合同纠纷案

案例来源

发布单位：最高人民法院发布的九起产权保护行政诉讼典型案例（2020年7月27日）

审判法院：浙江省绍兴市中级人民法院

判决日期：2017年12月13日

案　　号：（2017）浙06行终337号

基本案情

2013年4月，原诸暨市国土资源局（以下简称国土局）发布涉案地块国有建设用地使用权挂牌出让公告及出让须知，并于同日在《诸暨日报》上公告。次月，诸暨市××置业有限公司（以下简称置业公司）竞得国土局挂牌出让的坐落于诸暨市××××村地块商业用地国有建设用地使用权，双方签订成交确认书中约定，置业公司应在2013年6月25日前缴清土地出让款5000万元。同年10月，双方签订国有建设用地使用权出让合同，约定出让宗地总面积为17 089.2平方米，总出让价款为5000万元，国土局应于2013年10月21日前将出让宗地交付置业公司。合同就违约情况进行约定：国土局未能按期交付土地或交付的土地未能达到本合同约定的土地条件或单方改变土地使用条件的，置业公司有权要求国土局按照规定的条件履行义务，并且赔偿延误履行造成的直接损失。土地使用年限自达到约定的土地条件之日起计算。

2013年10月9日，诸暨市规划局作出建设用地规划许可证，对案涉出让地块作出规划许可。因案涉地块尚存高压线未搬迁致置业公司未能入场施工，置业公司多次要求国土局处理，至2016年4月底，案涉地块的高压线被迁移。

置业公司以国土局收取土地出让金后，未能按时交付符合出让条件的土地构成违约，应承担相应责任为由，提起诉讼，请求判令国土局赔偿损失。

一审判决后，国土局不服，提起上诉。

判决主文

一审法院判决：被告国土局应赔付原告置业公司自2013年10月22日起至2016年4月26日总价款5000万元按中国人民银行同期同档次贷款基准利率计算的利息损失部分（不超过8 146 458.33元）；驳回原告置业公司的其他诉讼请求。

二审法院判决：驳回上诉，维持原判。

裁判要旨

行政机关在与行政相对人签订国有土地使用权出让合同时，同样应当遵守相关规定，承担相应的合同义务，以保障行政相对人的合法权益，优化营商环境，维护市场经济秩序。行政机关交付的土地不符合"净地"要求导致相对人无法进行开发建设的，应认定构成违约，按照约定承担相应的违约责任。

重点提示

我国现行法律推行"净地"出让制度，可以明确权属、减少纠纷、缩短开发周期、节省开发费用等，在司法实践中，出让方与受让方因涉案土地是否属于"净地"而产生纠纷，审理此类案件时，应当注意以下两点：（1）行政机关出让土地应当符合"净地"要求。根据《国土资源部关于加大闲置土地处置力度的通知》第2条规定:"实行建设用地使用权'净地'出让,出让前,应处理好土地的产权、补偿安置等经济法律关系,完成必要的通水、通电、通路、土地平整等前期开发,防止土地闲置浪费。"《闲置土地处置办法》第21条规定:"市、县国土资源主管部门供应土地应当符合下列要求,防止因政府、政府有关部门的行为造成土地闲置:(一)土地权利清晰;(二)安置补偿落实到位;(三)没有法律经济纠纷;(四)地块位置、使用性质、容积率等规划条件明确;(五)具备动工开发所必需的其他基本条件。"由上述规定可知,"净地"应当符合以下要求:土地及地上附着物、建(构)筑权属清楚,补偿安置落实到位,没有法律经济纠纷,规划条件明确,具备动工开发所必须的基本条件。在司法实践中,应当根据出让土地的具体情况认定其是否符合"净地"标准。(2)行政机关未在规定期限内实现"净地"要求即交付土地的应当视为违约。由前述分析可知,我国现行的国有土地使用权出让模式下,出让的国有土地应当符合"净地"要求,这是法律政策的规定,无论合同中是否有约定,出让人即行政机关均应当予以遵守。若出让方没有完成"净地"要求,则应当认定其违反相关法律和政策,对合同相对方构成违约,出让方应当就其未能"净地"出让构成的违约承担相应违约责任。

8. 政府机关不履行土地使用权出让合同应承担的责任

【案例】梁×运诉××县人民政府国土资源局建设用地使用权出让合同纠纷案

案例来源

发布单位:最高人民法院发布的十起依法平等保护非公有制经济典型案例(2016年4月8日)

审判法院:安徽省六安市中级人民法院

判决日期:2015年6月10日

案　　号:(2015)六民一初字第00020号

基本案情

2014年6月,梁×运通过招投标方式取得国有建设用地使用权,并与

××县人民政府国土资源局（以下简称国土局）签订国有土地成交书与国有土地使用权出让合同，上述合同中约定：国土局在2014年9月前将涉案土地交付梁×运，出让金为5 953 350元，定金为400万元，定金抵作土地出让价款，自合同签订之日起60日内一次性付清。合同约定国土局在60日内交付土地，经催交后仍不能交付的，梁×运有权解除合同，国土局应当双倍返还定金，并退还已经支付国有建设用地使用权出让价款的其余部分，梁×运可请求国土局赔偿损失。合同签订后，梁×运交纳定金400万元，并在规定期间内交付剩余土地出让金，但国土局在催告后仍未交付土地。

梁×运以国土局经催告后仍不能交付土地，导致其合同目的不能实现为由，提起诉讼，请求判令国土局双倍返还定金800万元、退还已支付土地出让金1 953 350元，赔偿损失100万元。

判决主文

一审法院判决：解除原告梁×运与被告国土局签订的《国有建设用地使用权出让合同》；被告国土局双倍返还原告梁×运定金238.134万元；被告国土局返还原告梁×运已交纳的剩余土地出让金476.268万元；驳回原告梁×运的其他诉讼请求。

裁判要旨

受让人经招投标程序从政府机关处竞得宗地的建设用地使用权后，双方签订国有土地使用权出让合同并约定违约条款。合同履行过程中，在受让人按照约定交纳定金、出让金并开展准备工作后，政府机关未按合同约定交付土地的，受让人有权主张解除合同，并要求政府机关返还土地出让金、双倍返还定金。

重点提示

政府在与企业签订建设用地使用权出让合同后，其作为出让方的义务是多方面的，但其中最为重要的一点就是按合同约定，在企业支付土地定金与土地出让金后，在规定期限内交付出让的土地，以保障企业能够如期开展后续活动。司法实践中，认定政府违反国有土地使用权出让合同约定的责任时，应当注意以下两点：（1）政府部门迟延履行交付土地义务，经催告后在合理期限内仍未履行，企业可以解除合同。合同解除，是指生效的合同在未履行之前，因法定的原因或当事人的意思表示,将双方之间的合同关系提前解除的行为。政府与企业双方经合意签订建设用地使用权出让合同,基于合同约定双方应当共同履行合同义务。政府应当按照合同约定的时间和合同约定的土地条件交付土地,根据《民法典》第563条关于当事人解除合同情形的相关规定可知,若政府未及时交付土地,且经催告后仍未交付的,企业有权以政府一方违背诚信原则,迟延履行主要义务,经催告后在合理期限内仍未履行致使其遭受信赖利益损失为由,向人民法院申请合同的解除。(2)政府部门与企业签订国有土地使用权出让合同后,不能按约交付土地,应承担赔偿责任。受让企业有权与行政机关在《国有建设用地使用权出让合同》中约定违约责任,当企业按照出让合同约定支付土地使用权出让金的,有关政府部门必须按照出让合同约定,按时提供出让的土地;未按照出让合同约定时间提供出让的土地的,土地使用者有权解除合同,并要求政府部门按延期日计算违约金。若延期交付超过约定期限且经催告仍未交付,企业有权解除合同并要求政府部门双倍返还定金、返还土地使用权出让金,并可以请求违约赔偿。

9. 收回国有土地使用权行政处理决定的合法性认定

【案例】定安××建筑装修工程公司诉海南省××县人民政府土地行政撤销案

案例来源

发布单位:《最高人民法院公报》2015年第2期(总第220期)
审判法院:最高人民法院
判决日期:2014年3月10日
案　　号:(2012)行提字第26号

基本案情

1994年9月,定安××建筑装修工程公司(以下简称建筑公司)承包××县建设委员会(以下简称县建委)的建设施工工程,后县建委拖欠建筑公司工程款80.472万元,县政府划出10亩土地用以补偿建筑公司。次月,经建筑公司申请,海南省××县人民政府(以下简称县政府)批复决定以8万元/亩的价格重新调整10亩土地给建筑公司,××县土地管理局(以下简称县土地局）给建筑公司颁发第 14 号《建设用地规划许可证》。同年 12 月 27 日，县政府作出决定，将涉案 6706 平方米土地以总价款 80.472 万元出让给建筑公司。次日，建筑公司就涉案土地申请登记发证，但申请登记时建筑公司未写明土地用途，县土地局亦未载明土地用途。

1996 年 1 月 22 日，县政府给建筑公司颁发了第 6 号《国有土地使用证》。而后，建筑公司在涉案土地上开办了水泥预制厂。2001 年 11 月 9 日，建筑公司以涉案土地作为抵押物向中国××银行定安支行（以下简称定安支行）贷款，并在××县建设与国土环境资源局（原县土地局，以下简称县建设局）办理抵押登记。2004 年 1 月 4 日，县政府以涉案土地闲置为由，拟无偿收回涉案土地使用权，但未实施。

2007 年 11 月 5 日，县政府作出第 112 号通知，决定按原登记成本价 80.6072 万元有偿收回涉案土地使用权，并于 3 日后送达建筑公司。同年 12 月 6 日，县建设局以海南省人民政府（以下简称省政府）已批准将涉案土地调整为行政办公用地为由，决定撤销第 14 号《建设用地规划许可证》。同年 12 月 7 日，县建设局就涉案土地使用权有偿收回事宜通知建筑公司和定安支行 4 日后参加听证会，建筑公司未参加听证。同年 12 月 29 日，县政府以建筑公司申请土地登记发证未填写土地用途、县土地局在审核过程中亦未在有关文书上载明土地用途为由，作出第 150 号撤证决定。该涉案土地现已由县政府作为行政办公用地使用。

建筑公司不服县政府第 112 号通知及第 150 号撤证决定，以回收土地的通知程序违法及撤证决定于法无据为由，提起行政诉讼，请求判令撤销县政府第 112 号收地决定及第 115 号撤证决定。

一审判决后，县政府不服，提起上诉。

二审判决后，建筑公司不服，申请再审称：本公司已在涉案土地上建设水泥预制厂，涉案土地已进行实质性开发，且未闲置两年以上，不适用对闲置土地无偿收回的规定；县政府收回土地的目的是建行政办公大楼，并非为了公共利益；土地有偿收回的适当补偿标准应依据市场价格评估确定。故请求予以撤销。

县政府辩称：建筑公司在涉案土地上建设的水泥预制厂时间与规划不符，构成土地闲置；依《国有土地上房屋征收与补偿条例》第 8 条的规定，建设市政公用的办公大楼属公共利益；涉案土地构成土地闲置，本应无偿收回，本单位按原价有偿收回已经充分考虑了建筑公司的合法权益，并无不当。

定安支行辩称：涉案土地已办理合法抵押登记，本单位依法享受抵押优先受偿权，且本单位善意无过错，涉案土地被收回将导致本单位的抵押权消灭，显失公平；即使第112号收回土地决定和第115号撤证决定合法有效，本单位对涉案土地的补偿款仍享有优先受偿权；第112号土地收回决定和第115号撤证决定程序违法，且严重损害本单位的抵押权权益，应予以撤销。故请求支持建筑公司的诉讼请求，维护本单位的主债权和抵押权。

庭审中，再审法院委托评估机构按住宅用地用途对涉案土地在土地收回行政决定作出时的市场价格进行评估，估值为人民币135万元。

判决主文

一审法院判决：确认被告县政府作出的第112号通知违法；被告县政府对原告建筑公司进行行政补偿；确认被告县政府作出的第150号撤证决定违法；责令被告县政府对收回原告建筑公司国有土地使用权的损失采取补救措施。

二审法院判决：撤销一审法院判决；驳回被上诉人建筑公司的诉讼请求。

再审法院判决：撤销二审法院判决；维持一审法院判决第一项确认第112号通知违法的内容；维持一审法院判决第二项；撤销一审法院判决第一项确认112号通知中有关按成本价对申请人建筑公司进行行政补偿部分的内容；撤销一审法院判决第三项，改判被申请人县政府向申请人建筑公司一次性支付收回土地使用权补偿款135万元及相应利息。

裁判要旨

行政机关在未听取权利人以及抵押权人意见的情形下，作出收回土地使用权的行政决定，属于程序违法。土地用途未登记并非行政相对人的过错所致，行政机关以此为由撤销建设用地规划许可证系滥用职权。滥用职权及违反程序作出的行政决定违法，应予撤销，但若撤销行政决定不符合公共利益，则应判决确认行政决定违法，并给予相对人合理补偿。

重点提示

行政机关在行使具体行政行为时应当符合法律规定，具体表现为证据确凿，适用法律法规正确，符合法定程序。司法实践中，在判断行政机关收回国有土地使用权的行政行为是否构成行政违法以及责任认定的过程中，应当注意以下两点：（1）行政行为违法的情形。根据法律规定，结合实践可知，行政行为违法主要有以下几种情形：①主要证据不足，即行政机关作出具体行政行为缺乏事实根据，具体表现为没有证据或证据缺失。②适用法律法规错误，指行政机关作出行政行为适用的法律法规于法无据。③行政行为违反法定程序，根据国务院发布的《全面推进依法行政实施纲要》的规定："行政机关实施行政管理，除涉及国家秘密和依法受到保护的商业秘密、个人隐私的外，应当公开，注意听取公民、法人和其他组织的意见；要严格遵循法定程序，依法保障行政管理相对人、利害关系人的知情权、参与权和救济权。"行政机关在作出具体行政行为时，应当依照法定程序充分听取当事人以及利害关系人的意见，否则应当认定程序违法。④越权行为，即行政机关所作出的行政行为不在法律法规所授予的职权范围之内。⑤滥用职权，指行政机关在作出行政行为时不正当地行使职权，导致行政相对人合法权益受损。⑥明显不当，即行政机关在作出行政行为时违背公平原则，导致行政相对人合法权益受损。存在上述情形的行政行为，应当认定其构成行政违法。（2）违法收回国有土地使用权时相对人的救济途径。一般来讲，行政机关作出的行政决定违法，人民法院可以判决撤销该决定，但在实务中，存在国有土地使用权已被违法行政决定收回并重新予以开发建设的情况，此时若判令撤销行政决定，显然不符合公众利益。《土地管理法》第58条规定："有下列情形之一的，由有关人民政府自然资源主管部门报经原批准用地的人民政府或者有批准权的人民政府批准，可以收回国有土地使用权：（一）为实施城市规划进行旧城区改建以及其他公共利益需要，确需使用土地的……依照前款第（一）项的规定收回国有土地使用权的，对土地使用权人应当给予适当补偿。"因此，可以参照前述法律规定，在收回国有土地使用权后，对行政相对人予以补偿。如何确定适当补偿，应当考虑相对人获取土地的方式，实践中，相对人主要有两种获得土地使用权的方式，即划拨与出让，不同的土地获取方式相对人所付出的成本也有所不同，以划拨方式获得土地使用权的，权利人不必支付对价，以出让方式取得的，权利人支付了相应的对价，随着市场的波动，权利人有权获得土地使用期间因土地市场价格上涨的市场增值利益。另外，以划拨方式获得土地使用权的，土地使用权补偿范围限于收回土地时土地上的建筑物与附属物，无须对土地本身予以补偿。以出让方式获得土地使用权的，补偿时不仅要考虑土地的市场价格，还应当考虑土地的性质、用途、区位、剩余使用年限等因素确定补偿数额。

10. 行政机关内部行政行为外部化的认定

【案例】魏××、陈××诉××县人民政府土地行政复议案

案例来源

发布单位：最高人民法院指导案例 22 号（2013 年 11 月 8 日）
审判法院：安徽省高级人民法院
判决日期：2012 年 9 月 10 日
案　　号：（2012）皖行终字第 14 号

基本案情

安徽省××县国土资源和房产管理局（以下简称国土局）作出《关于收回国有土地使用权的请示》，内容为：收回××县××东路与××中路部分地块土地使用权，魏××、陈××所有的涉案房屋即位于该地块范围内。对此，××县人民政府（以下简称县政府）作出《收回土地使用权批复》，同意收回。嗣后，国土局在未制作收回土地使用权决定，也未向原土地使用权人送达该决定的情况下，直接将上述批复交由××县土地储备中心（以下简称土地储备中心）实施拆迁补偿安置。

魏××、陈××因不服县政府作出的《收回土地使用权批复》，向××市人民政府（以下简称市政府）申请行政复议。市政府作出《行政复议决定书》，维持了《收回土地使用权批复》，并告知魏××、陈××对此享有诉权。

魏××、陈××以县政府批复同意收回涉案土地使用权程序违法为由，提起诉讼，请求撤销县政府作出的《收回土地使用权批复》。

一审判决后，魏××、陈××不服，提起上诉。

判决主文

一审法院裁定：驳回原告魏××、陈××的起诉。
二审法院裁定：撤销一审法院裁定；指令一审法院继续审理本案。

裁判要旨

行政机关作出的内部行政行为未对外发生法律效力，不影响相对人的权利义务关系，则该内部行政行为不属于行政诉讼受案范围。通常情况下，地方政府对所属土地管理部门的请示所作批复即属于内部行政行为。但是，土地管理部门在收回土地使用权过程中，未依法制作并向原土地使用权人送达土地使用权收回通知，而是直接依据地方政府作出的批复收回土地使用权的，该批复事实上对外发生了法律效力，对原土地使用权人的权利义务产生了影响。该批复因此具有可诉性，属于行政诉讼的受案范围。

重点提示

在司法实践中，对于行政相对人能否就行政机关的内部行为提起行政诉讼的问题，在解决的过程中应当注意以下两点：（1）内部行为外部化的类型。通常而言，行政机关内部行为并不涉及相对人的利益，因而不在法院的受案范围之内，而一旦内部行为涉及相对人的权利义务，则赋予其可诉性，即外部化。结合我国的司法实践，内部行为外部化通常有以下几种类型：①会议纪要。会议纪要通常由行政机关内部民主集中产生，无外部相对人参与，纪要内容仅作为后来具体行政行为的依据，并不直接涉及相对人的利益，而在实践中，会议纪要亦有可能在功能或内容上对相对人的权利义务作出决议，并向社会公布，送达到相对人，此时该纪要对相对人的实际利益产生了影响，应当认定其具有可诉性。②下级机关初审。《行政许可法》第35条规定："依法应当先经下级行政机关审查后报上级行政机关决定的行政许可，下级行政机关应当在法定期限内将初步审查意见和全部申请材料直接报送上级行政机关。上级行政机关不得要求申请人重复提供申请材料。"依照该规定可知，初步审查仅提供审查意见并报送上级行政机关，由上级行政机关最终作出行政决定。实践中，初审外部化主要有两种情形：一是行政机关不作为，影响行政程序推进。《最高人民法院关于审理行政许可案件若干问题的规定》第4条规定："……行政许可依法须经下级行政机关或者管理公共事务的组织初步审查并上报，当事人对不予初步审查或者不予上报不服提起诉讼的，以下级行政机关或者管理公共事务的组织为被告。"二是初审超越权限，直接对外作出实体决定。虽然初步审查在程序上并不具有独立性，但初审机关有独立性，其超越权限作出实体决定，直接影响了行政相对人的权益，其应当作为行政诉讼中的被告。③上级机关的批复、指示或批准。上级行政机关与下级之间存在领导与监督的关系，一般而言，上级机关对下级机关的指示仅限于系统内部，在实践中有可能出现上级机关作出的批复、指示或批准具有外部化的现象，此时上级机关的批复、指示或批准对相对人的权利义务产生影响，因而具有可诉性。（2）内部行为外部化的判断标准。认定内部行为外部化，应当考量以下几点要素：首先，内部行为具有涉权性，即行政机关的内部决议已经具有了设立、变更、消灭或确认相对人权利义务关系的意思表示。其次，判断内部行为具体、确定直接，具体表现为内部行为直接涉及当事人具体的某种权益，内部行为满足实体和程序上的要求。最后，内部行为为行政相对人所知晓，具体表现为口头告知、复件送达，以及电话、传真、网络公示、通告等形式。满足上述要件即可认定行政机关内部行为外部化，具有可诉性。

11.受让人与原使用权人约定的交地义务对出让合同性质认定的影响

【案例】长沙××房地产有限公司诉××信息产业股份有限公司、长沙市国土资源局建设用地使用权出让合同纠纷案

案例来源

发布单位：最高人民法院民事审判第一庭《民事审判指导与参考》2013年第2辑（总第54辑）

审判法院：最高人民法院

基本案情

2007年年初，××信息产业股份有限公司（以下简称信息公司）向长沙市土地市场管理处（以下简称土管处）出具涉案土地的《挂牌委托书》，载明：摘牌单位须按照规划的要求对零星用地进行整合；竞得人在报价前与信息公司签订《付款与交地协议》；信息公司承诺在竞得人将全部地价款付清后的1年内按标准交地。同年5月，长沙市国土资源局（以下简称国土局）以长沙市国土资源交易中心（以下简称交易中心）的名义发布《挂牌须知》，载明：各项协议或合同的经济责任与法律责任由竞得人与挂牌委托人履行，交易中心不承

担法律后果；外地竞买人，如能竞得则在长沙成立针对本项目所注册登记的子公司，以该子公司的名义签订《国有土地使用权出让合同》，履行受让人的权利义务。次月，国土局发布《挂牌出让公告》，要求竞买人需认可《挂牌须知》中的条件与规定。

同年7月，厦门×××投资发展有限公司（以下简称投资公司）与上海××投资发展有限公司（以下简称发展公司）联合竞买涉案土地使用权，之后按照《挂牌须知》的要求办理了外地竞买人的相关手续，递交了《竞买申请书》至交易中心。10日后，信息公司与投资公司（代表投资公司及发展公司）签订《付款与交地协议》，约定：出让土地使用权，用途为住宅，出让年限为70年；摘牌单位需整合零星用地，交付时间为双方签订《成交确认书》之日起1年内；投资公司及发展公司应在《成交确认书》签订后的10个工作日内与国土局签订《出让合同》，交纳税费。嗣后，在交纳4000万元竞买保证金给国土局后，投资公司和发展公司于当日联合竞得涉案土地使用权，竞价为4.66亿元。同日，交易中心与投资公司、发展公司签订了《成交确认书》。

同年8月，投资公司与发展公司合作设立了长沙××房地产有限公司（以下简称房地产公司）。7日后，国土局与房地产公司针对涉案土地签订了《出让合同》，约定：出让土地的用途为住宅，双方若未按期交地或支付出让金，则每延期1日，支付出让地价1‰的违约金或滞纳金。之后，房地产公司先后向国土局支付土地转让价款20 000万元、22 600万元，加之已交付的4000万元定金，共支付了4.66亿元出让地价款。国土局按照政策及双方约定，返还16 401.3483万元地价款给信息公司，扣除相应税费后，信息公司实际收到14 846.4968万元。次年5月，信息公司发函给房地产公司，称因房地产公司未按照约定在2007年8月2日之前而直至2007年10月30日才交付全部地价款，故将交地时间顺延至2008年10月30日。同年7月，国土局为房地产公司办理了土地登记。同月底，信息公司递交说明给国土局，载明"因开发商原因，其无法在约定的2008年7月19日前交地"。

2009年6月，信息公司发函给投资公司、发展公司和房地产公司，称其已于同年6月12日完成了搬迁腾地义务，涉案土地已满足交地条件，请求投资公司、发展公司和房地产公司尽快接管。次月，经公证处公证，红线范围内有人未撤离，红线内建筑物无人使用；同年4月，部分水管电线虽经改造，但仍在房地产公司红线内，且红线内有供居民使用的唯一通道。2010年5月，房地产公司在信息公司再次要求其接管涉案土地时，以涉案土地未达到交地标准为由拒绝接收。另查明，信息公司取得涉案土地时的土地用途为工业用地。因规划调整，上述宗地性质由工业用地改变为住宅用地，用于房地产开发。

房地产公司以国土局与投资公司、发展公司签订出让合同后，未按合同约定交付土地，构成违约为由，提起诉讼，请求判令信息公司与国土局共同按照标准腾空土地房屋，交付案涉土地，并向其支付违约金 14 399.4 万元。

国土局辩称：交付土地义务的履行主体为信息公司，本局与房地产公司签订的《国有土地使用权出让合同》并未对交付涉案土地的时间与条件作出约定，本局并未违约，且其主张的违约金约定过高。故请求驳回房地产公司对本局的全部诉讼请求。

信息公司辩称：首先，本案的性质为国有土地使用权出让合同纠纷，故合同双方分别为土地管理部门与土地使用者，根据合同相对性，本公司并非合同当事人，不属本案被告。其次，本案的根源在于房地产公司未按约履行零星用地补征义务。最后，房地产公司与国土局在出让合同中约定的违约金条款对本公司不具有约束力。综上，请求驳回房地产公司对本公司的诉讼请求。

一审判决后，房地产公司与信息公司均不服，分别提起上诉。

房地产公司上诉称：首先，一审判决将案由确定为"土地使用权转让合同纠纷"而非"土地出让合同纠纷"，与争议法律关系的性质不符；涉案土地至今仍未达到交付标准，而一审判决既认定涉案土地具备交付条件，同时又驳回本公司交付涉案土地的诉讼请求，自相矛盾；同时，与本公司成立国有土地使用权出让关系的主体为国土局。其次，一审判决认定本公司未尽到整合零星土地的责任而判令本公司承担部分延期交地的责任缺乏事实与法律依据。此外，《国有土地使用权出让合同》的违约金系依据相关法律规定约定，合法有效，不需进行调整。综上，请求撤销一审法院判决，支持本公司的一审诉求。

信息公司上诉称：首先，一审判决将本案认定为土地使用权转让合同，忽视了房地产公司未履行补征零星住宅用地义务的事实且认定本公司违约，均存在错误。其次，本公司已将涉案土地办理至房地产公司名下，且无证据证明其遭受损失，故本公司无须承担赔偿责任，一审判决本公司支付 4.66 亿元的占用利息及违约责任错误。综上，请求撤销一审法院判决，驳回房地产公司的全部诉讼请求。

判决主文

一审法院判决：被告信息公司向原告房地产公司支付70%的资金占用利息；驳回原告房地产公司的其他诉讼请求。

二审法院判决：撤销一审法院判决；被上诉人国土局向上诉人房地产公司支付违约金（以4.66亿元土地价款为基数，自2008年10月30日起至2010年5月7日止按中国人民银行公布的同期同类贷款利率1.3倍计算）的70%；上诉人信息公司向上诉人房地产公司支付违约金（以4.66亿元土地价款为基数，自2008年10月30日起至2010年5月7日止按中国人民银行公布的同期同类贷款利率1.3倍计算）的30%；驳回上诉人房地产公司的其他上诉请求；驳回上诉人信息公司的其他上诉请求。

裁判要旨

判断当事人之间签订的合同性质系土地使用权转让合同还是出让合同，应当依照合同签订主体、程序、用途等综合认定，仅以原使用权人与受让人之间的交地协议并不能作为判断合同性质的依据，因原土地使用人的原因致使受让人未能在约定期限内获得土地使用权的，原土地使用权人应当承担相应的责任。

重点提示

当事人获得土地使用权应当依照相应的法律程序，在审理土地使用权纠纷案件时，应当注意以下两点：（1）土地出让与土地转让的区别：①主体不同。土地出让合同的主体为国家，由法律授权的县以上政府部门具体实施。转让的主体是已经取得国有土地使用权的土地使用者，该使用者将土地的使用权转移至其他公民或组织。转让的方式包括出售、交换、赠与、继承等。②性质不同。土地出让是将土地的使用权与所有权进行分离，为受让人设立使用权；而转让仅是当事人之间使用权的转移，没有新的权利产生。③转移程序不同。国有土地使用权出让，仅需签订出让合同，即可办理土地使用权证。土地使用权转让，不仅需要当事人签订转让合同，还需经过政府部门审批，办理相关手续才可过户。④交易市场不同。出让属于一级市场，即国家作为国有土地所有者；转让属于二级市场，即符合法定条件的自由转让。人民法院在审理土地使用权出让合同纠纷时,应当注意区分合同性质,从而作出正确裁判。(2)原使用人挂牌时附加的条件不应约束买受人。从程序上看,划拨土地使用权不可直接转让,且受让方支付价款最终应当收归当地政府所有,原划拨土地使用人不可从中获利。而实践中,不乏原土地使用人在挂牌过程中附加条件,以取得自身利益最大化,这种方式既规避了现行国有土地使用权出让和转让的相关法律、行政法规的规定,又造成了国家土地收入的隐性损失,应当予以纠正。

二、土地使用权转让

土地使用权转让未经人民政府批准的效力认定

【案例】雷××诉丰镇市××铁合金有限责任公司确认合同无效纠纷案

案例来源

发布单位:最高人民法院《人民司法·案例》2018年第23期(总第826期)

审判法院:内蒙古自治区丰镇市人民法院

判决日期:2017年8月10日

案　　号:(2017)内0981民初649号

基本案情

雷××独资设立的丰镇市××工业废渣处理有限公司(以下简称废渣处理公司),经丰镇市工商局核准成立。该公司占用丰镇市×××镇×××村村委会集体所有的林地、荒地、荒沟约90亩作为料场。其中50亩通过政府同意、立项、审批并取得了相关的合法占用手续(立项文件、与政府的协议、林地批文、全额土地出让金票据、乡政府和村民占用手续、环保局环评等),并已实际占用;另有不到30亩,经乡政府同意,村民转租归废渣处理公司所有,未取得相关用地手续,未实际占用。料场被用于存放丰镇市××铁合金有限责任公司(以下简称铁合金公司)生产的废渣。

嗣后,废渣处理公司因经济、环境变化,自身经营能力等原因无法继续经营,遂与铁合金公司签订了《料场转让协议》,约定废渣处理公司将其所占有的上述料场中 80 亩空地使用权及场内物料一并转让给铁合金公司，料场产生的所有相关责任于土地转让的同时转移。铁合金公司同意出资 70 万元转让费，负责后续相关转换变更手续。协议签订后，废渣处理公司将与该地有关的全部合法占用手续（与政府的协议、立项报告的批复、林地批文、环评报告、土地出让金收据、与村民的协议书、土地承包协议书的原件、建设项目选址意见书复印件等）移交给铁合金公司，铁合金公司未依约办理料场土地使用权转换变更批准手续，将料场用于存放其生产的工业废渣。后废渣处理公司未经清算程序就申请注销登记，获准解散公司。

雷××得知《料场转让协议》中有关料场使用权转让的约定属于无效，遂以铁合金公司不履行协议义务，既不办理土地转换变更手续，也不进行投资建设，罔顾环评要求大量倾倒工业废渣为由，提起诉讼，请求确认《料场转让协议》中关于料场转让的部分无效，判令铁合金公司返还 80 亩土地的使用权，返还废渣处理公司移交的所有文件并停止倾倒、清运料场内所有废渣。

铁合金公司辩称：料场转让有效，该公司承担料场所产生的一切责任，且正在办理相关手续，等待审批；若认定合同无效就应认定为合同全部条款无效。

判决主文

一审法院判决：确认原告雷××设立的废渣处理公司和被告铁合金公司签订的《料场转让协议》中涉及国有土地使用权转让及农村承包土地经营权流转部分无效；被告铁合金公司向原告雷××返还对料场转让协议所涉土地使用权及农村承包土地经营权所涉土地使用权的占有和使用；被告铁合金公司向原告雷××返还与该地有关的全部合法占用手续；被告铁合金公司在判决生效后立即停止向《料场转让协议》涉及的料场倾倒废渣；被告铁合金公司将《料场转让协议》涉及的料场使用的土地上的废渣清理完毕；原告雷××返还被告铁合金公司料场转让款 70 万元。

裁判要旨

转让方未取得出让土地使用权证书与受让方订立合同转让土地使用权，因起诉前转让方已经取得出让土地使用权证书或者经有批准权的人民政府同意转让的，应当认定合同有效。有限责任公司注销后，由有限责任公司的原股东承受公司的权利义务。

重点提示

当事人取得土地使用权证以后将土地转让的，应当经当地政府批准并办理登记，在司法实践中，有时会发生企业与他人并未获得政府批准即签订土地使用权转让协议，在公司注销后产生合同纠纷的情形，此时转让行为的效力以及公司注销后权利义务的承担问题就成了争议的焦点，在审理此类案件时应当注意以下两点：（1）土地使用权转让的程序。土地使用权转让，分为集体土地使用权转让与国有土地使用权转让。土地使用权的转让应当遵守相应的程序，对于集体土地使用权而言，其转让应当符合《农村土地承包法》第38条的规定："土地经营权流转应当遵循以下原则：（一）依法、自愿、有偿，任何组织和个人不得强迫或者阻碍土地经营权流转；（二）不得改变土地所有权的性质和土地的农业用途，不得破坏农业综合生产能力和农业生态环境；（三）流转期限不得超过承包期的剩余期限；（四）受让方须有农业经营能力或者资质；（五）在同等条件下，本集体经济组织成员享有优先权。"国有土地转让应当遵循《城市房地产管理法》第38条、第39条的规定。同时，土地使用权转让还应当经有批准权的人民政府同意转让，非经法定程序，或未经过人民政府批准同意转让的土地使用权转让行为，应当认定为无效，双方应当就合同无效部分取得的财产恢复原状，相互返还。（2）有限公司注销后，权利义务继承问题。《最高人民法院关于适用〈中华人民共和国民事诉讼法〉的解释》第64条规定："企业法人解散的，依法清算并注销前，以该企业法人为当事人；未依法清算即被注销的，以该企业法人的股东、发起人或者出资人为当事人。"同时，根据《最高人民法院关于适用〈中华人民共和国公司法〉若干问题的规定（二）》第20条的有关规定可知，公司未经依法清算即办理注销登记，股东或者第三人在公司登记机关办理注销登记时承诺对公司债务承担责任，债权人主张其对公司债务承担相应民事责任的，人民法院应依法予以支持。也就是说，在公司注销以后，该公司的股东应当依法承受公司的权利与义务。

三、土地使用权的其他纠纷

1. 未就土地使用权抵押合同办理抵押登记的责任性质及承担

【案例】青岛××集团×××房地产开发有限公司诉营口××××置业有限公司、青岛×××商贸有限责任公司等抵押合同纠纷案

案例来源

发布单位：最高人民法院《人民司法·案例》2017年第20期（总第787期）
审判法院：山东省高级人民法院
判决日期：2016年11月28日
案　　号：（2016）鲁民终1076号

基本案情

2014年4月29日，青岛××集团×××房地产开发有限公司（以下简称青岛房地产公司）与青岛×××商贸有限责任公司（以下简称商贸公司）、青岛××资产管理有限公司（以下简称管理公司）、王××、宫××签订《借款协议》，约定：商贸公司向青岛房地产公司借款2500万元，管理公司、王××、宫××为该笔借款提供连带责任保证。同日，青岛房地产公司向商贸公司汇款2500万元，商贸公司向青岛房地产公司出具金额为2500万元的收款收据一份。

宫××担任营口××××置业有限公司（以下简称置业公司）法定代表人的时间为2014年6月25日至当年9月16日。在此期间，青岛房地产公司与商贸公司和置业公司的法定代表人宫××签订《借款补充协议》，约定：置业公司为商贸公司借款2500万元提供抵押担保，抵押物为：（1）位于辽宁省盖州市双台镇董屯村、西双村的土地证号为盖州国用2012第148号的土地使用权；（2）盖州市双台镇董屯村的土地证号为盖州国用2012第149号的土地使用权；（3）盖州市双台镇西双村的土地证号为盖州国用2012第150号的土地使用权。《借款补充协议》签订后，双方均未办理土地使用权抵押登记。借款到期后，商贸公司未偿还借款本金，管理公司、王××、宫××、置业公司未履行担保责任。

青岛房地产公司以商贸公司到期未偿还借款本金，管理公司、王××、宫××、置业公司未履行担保责任为由提起诉讼，请求判令商贸公司、管理公司、王××、宫××、置业公司偿还借款本金2500万元及利息等费用。

一审判决后，置业公司不服，提起上诉称：企业之间借贷违反我国法律和政策，《借款协议》无效，作为担保合同的补充协议也无效；宫××作为法定代表人签订的没有加盖本公司及原审商贸公司公章的行为不构成表见代理，本公司不承担担保责任；即使承担抵押权未设立的赔偿责任，依法也不应超过债务人不能清偿部分的1/2；一审判决程序违法，剥夺本公司对承担责任方式的合法辩护权利。

青岛房地产公司辩称：《借款协议》系双方当事人真实意思表示，合法有效；《借款补充协议》由置业公司法定代表人宫××签订，构成表见代理；因置业公司过错导致抵押权未设立，其应当在抵押物价值范围内承担赔偿责任。因此，请求驳回置业公司的上诉请求。

判决主文

一审法院判决：被告商贸公司偿还原告青岛房地产公司借款本金2500万元及违约金；被告管理公司、王××、宫××对上述第一项给付义务承担连带清偿责任，上述被告承担保证责任后，有权向被告商贸公司追偿；被告置业公司在其提供的抵押物的价值范围内对上述第一项给付义务承担赔偿责任；驳回原告青岛房地产公司的其他诉讼请求。

二审法院判决：维持一审法院判决第一项、第二项、第四项；变更一审第三项为：上诉人置业公司在其提供的抵押物价值的1/2范围内对上述第一项给付义务的不能清偿部分承担赔偿责任。上诉人置业公司承担赔偿责任后有权向原审被告商贸公司追偿。

裁判要旨

土地使用权抵押合同自成立时生效，但是，土地使用权抵押，应当办理抵押登记，抵押权自登记时设立。因此，抵押人与抵押权人签订土地使用权抵押合同后，不办理抵押权登记，抵押权不能设立，抵押权人无法达到以土地使用权担保其债权实现的目的。抵押权人因此造成债权无法实现损失的，抵押人与抵押权人应当按照各自在办理抵押权登记中的义务履行情况确定违约责任，根据具体情况确定责任承担方式。

重点提示

当事人获得土地使用权后与另一方当事人签订抵押合同,约定将土地使用权抵押给另一方当事人,抵押权应当自双方办理抵押登记后设立,在实践中存在未办理抵押登记的情况,双方当事人由此产生的纠纷,法院审理时应当注意以下三点:(1)抵押权登记以双方当事人达成合意为前提。根据《民法典》第395条、第402条规定,当事人可以以土地使用权作抵押,抵押时应当办理抵押登记,抵押权自登记时设立。办理抵押登记须以双方就抵押达成协议为前提,即双方应当先达成抵押的合意,可以采取口头或书面的形式,抵押协议签订后,只有办理土地使用权抵押登记,才能实现抵押权设立的合同目的。(2)未办理抵押登记当事人应当承担的责任性质。抵押合同成立后,当事人并未办理抵押登记,抵押权不能有效设立,基于合同双方成立债权债务关系,而非抵押权关系,另一方当事人只能就其不履行合同要求对方承担违约责任。根据《民法典》第577条规定可知,违约责任的承担方式包括继续履行、采取补救措施或赔偿损失。在当事人就借款提供抵押,因未办理登记,抵押权尚未设立的情形下,若当事人之间的主借款合同的借款期限已经届满,进入清偿阶段时,抵押合同已无继续履行的必要,此时应当认定由违约一方当事人承担赔偿损失的债权责任。(3)未办理抵押权登记合同的违约责任承担范围。《不动产登记暂行条例》第14条第1款规定:"因买卖、设定抵押权等申请不动产登记的,应当由当事人双方共同申请。"因此,在双方签订抵押合同后,未办理土地使用权抵押登记的过错在于双方,双方当事人均应当承担同等的违约责任,此时抵押人应当在其抵押财产价值的一般范围内承担赔偿责任。而当抵押人为第三人时,其承担赔偿责任后可向债务人追偿。抵押人以自己的财产为债务人提供担保,当债务人到期未履行债务时,以抵押人的财产对债权人进行清偿,以体现抵押权的作用。第三人在财产价值范围内对债权人进行清偿后,与债务人之间形成新的债权债务关系,即在其抵押清偿的范围内有权要求债务人清偿债务。

2. 土地被征用后原土地使用权人出让土地的效力认定

【案例】冯×军诉河北省衡水市人民政府土地行政撤销案

案例来源

发布单位：最高人民法院公布的行政审判十大典型案例（第一批）（2017年6月13日）

审判法院：最高人民法院

判决日期：2016年6月23日

案　　号：（2016）最高法行再1号

基本案情

1986年11月，河北省×县××镇东门里村村民赵×瑞将其老宅卖给张××，并办理公证手续。而后，房屋倒塌，张××未翻建。1995年6月，×县商业局食品加工厂申请办理该宅基征地手续。同年10月，原×县土地管理局将该土地征用，并出让给×县商业局食品加工厂，但在办理土地登记过程中土地使用者变为冯×章（已去世，诉讼由其子冯×军完成）。次月，河北省×县人民政府（以下简称县政府）为冯×章颁发国有土地使用证，载明：土地东西宽24.1米，南北长7.8米，东至赵×彬，西至道，南至唐×利，北至道，办证后一直未建房。

2003年3月，张××将该地卖给赵×彬，签订转让协议。2004年，赵×彬在该地上建房并居住至今，但一直未办理土地使用证。2009年6月，冯×章将赵×彬诉至法院，赵×彬才得知冯×章已办证，遂向河北省××市人民政府（以下简称市政府）提起行政复议。复议机关经审查认为，1995年原×县土地管理局征用该土地，并出让给×县商业局食品加工厂，土地使用权人应为×县商业局食品加工厂，在土地权属未变更的情况下，原×县土地管理局直接为冯×章办理土地登记属程序违法，作出撤销县政府为冯×章颁发的国有土地使用证，并注销其土地登记的行政复议决定。

冯×章以该复议决定错误为由，提起诉讼，请求判令撤销该行政复议决定。

另查明，1990年1月，综合商店职工胡××、王××出具书面证明，张

××于1990年转让给冯×章涉案土地，法院对1990年张××与冯×章之间转让土地的事实予以确认。

一审判决后，冯×军不服，提起上诉。

二审判决后，赵×彬不服，提出申诉。

再审判决后，冯×军不服，向最高人民法院申请再审称：再审判决认定错误，请求最高人民法院撤销一审判决和再审判决。

市政府辩称：行政复议正确，应予维持；为冯×章颁发国有土地使用证的行政行为违法，赵×彬与被申请的具体行政行为具有法律上的利害关系。

判决主文

一审法院判决：维持被告市政府作出的（2009）49号行政复议决定书。二审法院判决：撤销一审法院判决；改判撤销被诉的行政复议决定。

再审法院判决：撤销二审法院判决；维持一审法院判决。最高人民法院判决：撤销一审法院判决、再审法院判决；维持二审法院判决。

裁判要旨

复议机关在受理复议申请时应当审理申请人是否具有申请复议资格，土地被征用后原土地使用人将不具有土地使用权，其之后的土地使用权转让行为应认定为无权处分，受让人因土地纠纷进行复议的，应当认定为其不具有利害关系，不具有复议申请人资格。

重点提示

行政复议是行政相对人认为其受到具体行政行为的侵害时寻求救济的途径之一，复议机关应当对行政复议的主体资格以及复议内容进行审查认定。在司法实践中，有时会发生原土地使用权人将被征用的土地出让的情形，此种情形下，对于受让人是否有权申请行政复议的问题，应当注意以下两点：（1）申请行政复议的条件。根据《行政复议法实施条例》第28条规定："行政复议申请符合下列规定的，应当予以受理：（一）有明确的申请人和符合规定的被申请人；（二）申请人与具体行政行为有利害关系；（三）有具体的行政复议请求和理由；（四）在法定申请期限内提出；（五）属于行政复议法规定的行政复议范围；（六）属于收到行政复议申请的行政复议机构的职责范围；（七）其他行政复议机关尚未受理同一行政复议申请，人民法院尚未受理同一主体就同一事实提起的行政诉讼。"在实务中，复议机关应当对行政复议主体资格进行审查认定，包括具体行政行为是否侵犯了其合法权益以及公民或组织是否与具体行政行为之间存在利害关系。其中利害关系表现为公民提起复议有相应的权利基础，即公民所享有的权利是以合法转让、继承等方式获得的，且该权利是合法的，若该权利的取得方式不符合法律规定，或该权利本身不合法，则应当认定公民不具有复议主体资格。（2）土地征收后原土地使用权人将土地出让给受让人系无权处分。根据《国有土地上房屋征收与补偿条例》的规定，国有土地被征收以后，原土地使用权人对征收和补偿决定不服的，可以提起行政复议或行政诉讼，但其不再享有土地使用权，基于此，原土地使用权人在土地被征收后又将土地使用权出让给受让人的，应当认定为无权处分。由前述分析可知，申请行政复议的条件之一在于申请人与具体行政行为之间不具有利害关系，原土地使用权人出让已被征收的土地的行为无效，则受让人与土地之间也就不具有利害关系，其无权提起行政复议申请。

3. 国有土地使用权收回的程序条件

【案例】 北京××××工贸有限公司诉北京市××区人民政府土地其他行政行为案

案例来源

发布单位：最高人民法院中国应用法学研究所《人民法院案例选》2016年第9辑（总第103辑）

审判法院：最高人民法院

判决日期：2015年7月8日

案　　号：（2015）四中行初字第96号

基本案情

1999年，北京××××工贸有限公司（以下简称工贸公司）通过出让方式取得了涉案土地[京顺国用（1999出）字第0069号、京顺国用（1999出）字第0070号、京顺国用（1999出）字第0071号]的国有用地使用权。由于政府及规划修改，涉案的土地只能进行原建工程审批，不能进行新建工程审批，导致工贸公司未能按照公司规划进行老活动中心的商业规划建设，使土地一直处于闲置状态，给公司造成巨大经济损失。

2014年10月，工贸公司根据《土地管理法》《北京市国有建设用地供应办法（试行）》《北京市收回企业国有土地使用权补偿办法》的相关规定，以邮寄方式向北京市××区人民政府（以下简称区政府）递交申请，请求收回国有土地使用权，并要求根据《国有土地上房屋征收与补偿条例》《国有土地上房屋征收评估办法》《北京市国有土地上房屋征收与补偿实施意见》的相关规定，对土地上的房屋一并进行征收及补偿。区政府收到申请后按照信访程序将案件转至北京市国土资源局××分局（以下简称国土分局）。次年，国土分局以工贸公司的申请不符合国有土地使用权收回条件为由，出具处理意见书。

工贸公司以区政府将其申请以信访形式转至国土分局的行为属于不履行收回国有土地使用权职责为由，提起诉讼，请求判令区政府履行职责，收回涉案国有土地使用权并对地上房屋进行征收补偿。

区政府辩称：本政府收到工贸公司的申请后已将案件转至国土分局，以信访形式认定工贸公司的申请不符合国有土地使用权收回条件的部门系国土分局，而非本政府。此外，根据《土地管理法》的规定，对国有土地使用权收回本政府具有选择权，且工贸公司的申请不符合法定条件。综上，请求驳回工贸公司的诉求。

判决主文

一审法院判决：驳回原告工贸公司的诉讼请求。

裁判要旨

在国有土地使用权期限内，国有土地使用权人向当地政府批准部门提交申请收回其土地使用权，经政府部门审查同意后，再报经人民政府批准收回国有土地使用权。原批准用地的人民政府收到申请后将申请转至国土部门审查处理，并未违反国有土地使用权收回的程序规则，国有土地使用权人据此请求人民政府履行收回职责，应不予支持。

重点提示

国有土地使用权收回，是指国家基于一定的法律事实而对房屋、土地等不动产进行征收，该收回行为一般发生于征地拆迁过程之中，国有土地使用权收回所依据的法律不同，而具有不同的性质，国有土地使用权收回应当遵循一定的程序以及条件，《土地管理法》第58条对于国有土地使用权收回作出了规定，在司法实践中处理有关国有土地使用权收回的问题时，应当注意以下三点：（1）国有土地使用权收回应当向当地政府土地行政管理部门提出申请，并获得相应批准。在实践中，土地使用权的取得途径、用途、性质不尽相同，其收回途径也并不一致，具体情况应依据《土地管理法》的规定执行，如单独批准收回国有土地的，应当由原批准机关批准；因公共利益对国有土地使用权收回的，在批准后，由当地政府相关土地行政主管部门实施。（2）国有土地收回的法定条件。根据《土地管理法》第58条的规定，具备以下条件时，可以申请收回国有土地使用权：①为实施城市规划进行旧城区改建以及其他公共利益需要，确需使用土地的；②土地出让等有偿使用合同约定的使用期限届满，土地使用者未申请续期或者申请续期未获批准的；③因单位撤销、迁移等原因，停止使用原划拨的国有土地的；④公路、铁路、机场、矿场等经核准报废的。（3）国有土地使用权收回时，政府部门制定相应的补偿方案应当符合法定程序。有批准权的政府部门在作出收回国有土地使用权的决定前，应当听取当事人的陈述和申辩，否则应当认定为程序违法，依法予以撤销。国有土地使用权收回的补偿方案因地制宜，不涉及地上物的，仅依照土地使用权的市场评估价以及剩余使用年限等因素对土地使用权人进行补偿；涉及地上物的，一般应当由房屋拆迁管理部门许可的拆迁人与土地使用权人签订补偿协议，就房屋拆迁部分与土地使用权一并评估补偿。另外，在拟订收回方案、听证、报批、下达决定书、注销登记、补偿等程序上也应当符合法定程序。

第七章　农村土地承包经营权

一、承包合同纠纷

1. 村委会将林地发包给非本集体经济组织成员的合同效力问题

【案例】罗××农村土地承包经营户诉重庆市綦江区南×镇沙×村村民委员会确认合同无效纠纷案

案例来源

发布单位：最高人民法院《人民司法·案例》2019年第11期（总第850期）
审判法院：重庆市高级人民法院
判决日期：2017年12月27日
案　　号：（2017）渝民再155号

基本案情

罗××与翁××（已死亡）系夫妻关系。1983年，原南×矿区南×人民公社丰×大队（以下简称丰×村）与以翁××为代表的本村村民签订承包合同，约定丰×村将部分村有林出包给以上村民营造，林地权归属丰×村，生产管理权归属翁××等村民，合同有效期自1983年7月至2013年7月。1999年，丰×村村民委员会与丰×村林场签订承包合同，约定由村民委员会将村有林部分承包给丰×村林场经营管理，承包期限为1998年12月至2013年12月。后丰×村经行政区划调整和建制合并后权利义务由原重庆市万盛区南×镇沙×村，现为重庆市綦江区南×镇沙×村（以下简称沙×村）继受。

2006年，沙×村村民委员会再次与本村村民王××签订承包合同，将丰×林场承包给王××生产经营，承包期限为2006年1月至2013年12月。

2014年5月，沙×村村民代表大会以绝对多数表决同意将丰×林场林地使用权及林木所有权招标承租。8日后，沙×村村民代表大会再次以28∶33的绝对多数表决同意将林场承租给刘××（非本村村民），并与之签订承包合同，承包期限为2014年5月至2076年12月。

罗××农村土地承包经营户（以下简称罗××户）以沙×村村民委员会将丰×林场承包给刘××未经村民大会依法表决，程序违法为由，提起诉讼，请求确认沙×村村民委员会与刘××签订的承包合同无效。

一审判决后，罗××不服，提起上诉称：沙×村村民委员会未经村民会议2/3以上成员同意并报乡镇人民政府批准，将涉案林地发包给刘××是非法的。请求依法撤销一审法院判决，改判支持其一审诉讼请求，并判令沙×村村民委员会、刘××承担违约赔偿责任。

二审判决后，罗××不服，申请再审称：沙×村村民委员会私自将罗××户1983年承包的山林再次承包给王××、刘××均是非法且错误的；罗××户依法享有在林地承包期限届满之后继续承包的权利。故请求确认罗××户有继续承包的权利。

沙×村村民委员会辩称：二审判决认定事实清楚、适用法律正确，故请求驳回罗××户的再审申请。

判决主文

一审法院判决：驳回原告罗××户的诉讼请求。

二审法院判决：驳回上诉，维持原判。

再审法院判决：撤销一审、二审法院判决；确认被申请人沙×村村民委员会与第三人刘××签订的承包合同无效。

裁判要旨

耕地、林地、草地等农村土地应当采取家庭承包的方式经营，且限于由本集体经济组织成员承包；对"四荒地"等不适宜家庭承包的农村土地，才可以采取招标、拍卖、公开协商等其他方式，发包给非本集体经济组织的其他主体经营。农村集体经济组织将耕地、林地、草地发包给其他主体经营的，该合同违反了《农村土地承包法》第5条、第16条的效力性强制性规定，无论是否经过民主议定程序，均应当被认定为无效。

重点提示

我国法律明确规定农村土地实行承包经营制度，农村土地分为两类：一类为林地、耕地、草地；另一类为其他依法用于农业的土地。依照土地不同性质，土地的承包方式也有所区别，村集体在与个人或组织签订承包合同时应当严格遵守相应法律规定。对于因村委会将农村林地发包给非集体经济组织成员而引发的纠纷，人民法院在审理的过程中应当注意以下三点：（1）我国农村土地承包经营的方式。根据《农村土地承包法》的规定，农村土地承包主要有两种方式，包括但不限于耕地、林地、草地部分的农业用地，以农村集体经济组织内部的家庭承包方式经营，对于养殖水面、菜地、"四荒地"等农业用地，在不能人人有份或集体组织成员不愿意承包、不适用家庭承包的情况下，可以通过招标、拍卖、公开协商等方式承包，无论何种承包方式，承包人承包土地后均取得用益物权性质的承包经营权，区别在于以家庭承包人与农村集体签订合同后即产生物权效力，受到物权保护，登记仅系对承包经营权的确认。以招标、拍卖、公开协商等方式承包农业用地的，应当依法登记取得权属证书，随后才能取得承包经营权，未经登记不产生物权效力。（2）以家庭承包方式承包的林地，承包期届满后承包人未明确表示不愿意承包的，应当由承包人继续承包。根据《民法典》第332条的规定可知，林地的承包经营权为30年至70年。《中共中央、国务院关于全面推进集体林权制度改革的意见》第3条规定："林地的承包期为70年。承包期届满，可以按照国家有关规定继续承包。已经承包到户或流转的集体林地，符合法律规定、承包或流转合同规范的，要予以维护；承包或流转合同不规范的，要予以完善；不符合法律规定的，要依法纠正。对权属有争议的林地、林木，要依法调处，纠纷解决后再落实经营主体。自留山由农户长期无偿使用，不得强行收回，不得随意调整。承包方案必须依法经本集体经济组织成员同意。"由此可知，以家庭承包方式承包的林地，承包人依法享有承包期满后续期的权利，在承包人未明确表示不愿意继续承包的情况下，承包经营权人有权继续承包，当地村委会无权将林地收回，更无权另行发包。（3）村委会与非村集体组织成员签订林地承包合同的，应当认定合同无效。《农村土地承包法》第5条规定："农村集体经济组织成员有权依法承包由本集体经济组织发包的农村土地。任何组织和个人不得剥夺和非法限制农村集体经济组织成员承包土地的权利。"该法第16条规定："家庭承包的承包方是本集体经济组织的农户。农户内家庭成员依法平等享有承包土地的各项权益。"林地、耕地、草地等农业用地事关农民的基本生活保障，对于农业生产发展有关键作用，应当长期保持一种稳定状态，擅自改动将会严重影响集体、社会以及国家利益，因此，应当认定上述规定为效力性强制性规定。因此，村委会将农村林地发包给非集体经济组织成员的，无论其是否经过民主议定程序，均应认定承包合同无效。

2. 包含互换土地经营内容的连环房屋买卖合同的效力认定

【案例】杨××诉刘×臣土地承包经营权纠纷案

案例来源

发布单位：最高人民法院《人民司法·案例》2016年第29期（总第760期）
审判法院：吉林省高级人民法院
判决日期：2015年11月27日
案　　号：（2015）吉民提字107号

基本案情

1999年1月12日，张××次子张×甲代张××出售其名下的房屋给刘×新，并约定所售房屋周边张××有土地承包经营权的2.8亩地由刘×新无偿耕种至2008年年末，从2009年开始，刘×新从自己的承包地中给张××串地，以换得买受房屋周边2.8亩土地的承包经营权。2000年，刘×新将前述涉案房屋转让给杨××，并约定房屋周边2.8亩地由杨××无偿耕种至2008年年末。2009年年初，杨××从自己的承包地中给刘×新串地，换得买受房屋周边2.8亩土地的承包经营权。

2002年3月14日，杨××将前述交易中所购房屋转让给刘×臣，并约定房屋周边2.8亩地由刘×臣无偿耕种至2008年年末。2009年年初，刘×臣从自己的承包地中给杨××串地，换得买受房屋周边2.8亩土地的承包经营权。但到了2009年，刘×臣拒绝履行合同，未从自己的承包地中给杨××串地。

杨××以刘×臣拒不履行合同为其串地构成违约为由，提起诉讼，请求判令刘×臣履行串地义务。

刘×臣辩称：关于涉案合同中房屋买卖的部分没有争议，但原合同中约定的本人给杨××串地的行为没有征得原土地承包人张××和张××长子张×乙的同意，应属无效行为。张×乙已将争议的房屋周边2.8亩土地转包给本人经营耕种5年，故不同意给杨××串地。

一审判决后，刘×臣不服，提起上诉。

一审重审判决后，刘×臣不服，提起上诉。

二审判决后，杨××不服，申请再审。

再审判决后，刘×臣不服，向检察机关提起申诉。检察机关提起抗诉称：本案认定事实不清，适用法律错误。张××未委托其子张×甲代串土地，张×甲在与刘×臣签订的《卖房契约》中代张××签署串地条款系无权代理。该份《卖方契约》是否成立并生效，关键在于张××是否对张×甲串地的行为进行了追认。张××对张×甲串地的行为多次表达了互相矛盾的态度，不能确定其是否进行了追认。另外，张××作为涉案土地的权利人，与本案有直接的利害关系，法院遗漏必须参加诉讼的当事人，程序违法。

刘×臣称：同意检察机关抗诉意见，应补充张××在2014年9月17日由其居住地村委会出具的盖章材料作为证据。

杨××辩称：不同意检察机关受理刘×臣的申诉所提起的抗诉。刘×臣提出的申诉没有事实及法律依据，但已生效且已执行的吉林省四平市中级人民法院（2013）四民再字第20号民事判决依据双方所签订的卖房串地合同和庭审中所举的证据及法院依职权所调取的证据，事实清楚，证据确实充分，审判程序合法。

判决主文

一审法院判决：被告刘×臣自2009年起从自家稻田地东边串出2.8亩地给原告杨××经营。

二审法院裁定：发回一审法院重审。

一审法院重审判决：维持一审法院判决。

二审法院判决：撤销一审法院重审判决；驳回被上诉人杨××的诉讼请求。

再审法院裁定：指令二审法院再审本案。

二审法院再审判决：撤销二审法院判决；维持一审法院重审判决。

再审法院判决：维持二审法院再审判决。

裁判要旨

在审理土地承包经营权纠纷案件时，如需对含互换土地经营内容的连环房屋买卖合同效力进行确认，应全面审查所有涉案合同的效力，根据有效证据，确认当事人的真实意思表示，对所有合同效力作出正确判断，进而判定存在争议的合同是否应当履行及采取何种履行方式。

重点提示

土地经营涉及农民的生活保障，在司法实践中，农户为便利耕种或其他生产生活需要，与其他农户签订串地合同，并在履行过程中产生纠纷的情形时有发生，法院在审理此类案件时，应当注意以下两点：（1）串地行为的性质及串地合同合法的效力。《农村土地承包法》第33条规定："承包方之间为方便耕种或者各自需要，可以对属于同一集体经济组织的土地的土地承包经营权进行互换，并向发包方备案。"根据上述法律规定可知，串地行为是当事人之间对承包经营权的相互转让，原土地承包经营权人丧失对原承包土地的经营权，换得对方土地的经营权，这是法律规定所允许的生产经营活动，因此，经审查符合法律规定的串地合同应当认定为有效。串地行为一般发生于农业省份，土地流转行为较为普遍，因此也较易引发纠纷。（2）串地合同的效力应当经过全面审查。在实务中，当事人对土地利益的过分追求有可能导致其重复处分，法院审理时应当注意当事人签订流转合同时的时间节点，当事人的意思表示是否真实，以及审查多个合同的效力。厘清承包经营权、用益物权、债权等法律关系，以保障当事人的合法权益，同时避免司法资源的浪费。

3. 土地上已种植经济作物的土地互换合同的解除

【案例】王×诉张×土地承包经营权互换合同纠纷案

案例来源

发布单位：最高人民法院立案一庭、立案二庭《立案工作指导》2012年第1辑（总第32辑）

审判法院：最高人民法院

基本案情

2000年5月，王×与张×达成口头协议，双方约定使用王×承包的21亩土地与张×位于村边的19.2亩承包地进行互换。换地后，王×在所换土地上栽种了5亩龙胆草，10.5亩平贝（其中，2000年种植3亩、2001年种植7.5亩），2.5亩防风和柴胡。为采取方便，王×在种植平贝时，在土地上铺设了纱网，并施农家肥。张×于合同履行至2003年5月时，提出协议到期，要求王×返还之前换种的在该片土地上种植了农作物的19.2亩地，张×将协议中置换的21亩土地抛荒。至此，王×还有7.5亩平贝尚未采取。据相关药材技术资料载明：种植柴胡、防风2年可采取，平贝大的2年可采取，小的3~4年可采取。

王×以其与张×约定双方土地在剩余承包期限内互换，张×在其在换得土地上施肥并种植药材3年后反悔，要求换回土地并阻挠其经营该土地为由，提起诉讼，请求判令张×继续履行换地合同，并赔偿其因未能按时耕种土地造成的损失1330元。

张×辩称：王×主张1330元的赔偿请求无事实依据；双方口头约定的换地期限为3年，王×到期未履行约定，请求依协议赔偿诉争土地上栽种药材的一半。

一审判决后，王×不服，提起上诉。

二审判决后，王×不服，申请再审。

再审裁定后，王×不服，提出申诉称：双方口头约定换地期限为28年，该约定合法有效，原审判决未认可该约定，而将换地期限认定至2009年7月错误；张×阻挠其耕种土地，因此造成1330元损失应予赔偿。张×于2007年6月、2010年6月两次抢收其种植的药材，非法获利10万元，因判决文书上未判决张×侵权退地，令其难于维权。

判决主文

一审法院判决：被告张×将与原告王×换得的21亩承包地返还给原告王×；原告王×将换取的19.2亩土地返还给被告张×，其中种植平贝的7.5亩土地由原告王×将平贝采取后，将土地返还给被告张×，其余11.7亩地返还给被告张×；原告王×补偿被告张×7.5亩地损失费1300元；驳回原告王

×其他诉讼请求。

二审法院判决：维持一审判决第四项，即驳回上诉人王×的其他诉讼请求；撤销一审判决第一项、第二项、第三项；被上诉人张×与上诉人王×的换地期限至2009年7月31日，在此之前，上诉人王×将在被上诉人张×19.2亩土地上种植的中草药一次采取完毕，双方自2009年8月1日开始，各自耕种原有的土地。

再审法院裁定：驳回再审申请人王×的再审申请。

最高人民法院审查意见表明：申诉人王×的申诉理由均不能成立，不应支持。

裁判要旨

当事人有权就承包地互换的有关事宜签订协议，但若当事人达成的仅为口头上互换土地的协议，且协议中对互换期限并未达成一致意见，双方也均无充分证据证明各自主张的互换期限届满，应视为对履行期限约定不明，一方可随时主张解除该协议。但若一方当事人在互换的土地上种植经济作物，则应当考虑到当事人种植作物的周期性，另一方在提出解除合同后，应给予种植方合理的准备时间，待种植作物一次性采取完毕后，各自耕种自己的土地。

重点提示

根据相关法律规定，以家庭承包方式获得土地承包经营权的，合同生效时即可获得承包经营权，承包人获得承包经营权后，可因各自需要对属于同一集体经济组织的土地的土地承包经营权进行互换，并向发包方备案。实务中，当事人就承包土地互换产生纠纷，法院审理时应当注意以下两点：（1）土地互换合同的解除应当符合合同解除的一般条件。合同订立后，当事人应当遵循诚信原则，依照合同内容享有权利履行义务。当事人之间可以基于意思表示或法律规定解除合同，合同解除应当符合以下条件：①存在解除事由。《民法典》第562条规定："当事人协商一致，可以解除合同。当事人可以约定一方解除合同的事由。解除合同的事由发生时，解除权人可以解除合同。"该法第563条规定："有下列情形之一的，当事人可以解除合同：（一）因不可抗力致使不能实现合同目的；（二）在履行期限届满前，当事人一方明确表示或者以自己的行为表明不履行主要债务；（三）当事人一方迟延履行主要债务，经催告后在合理期限内仍未履行；（四）当事人一方迟延履行债务或者有其他违约行为致使不能实现合同目的；（五）法律规定的其他情形。"②解除合同应当通知对方当事人。合同解除原则上需要有解除行为，当满足解除条件时，当事人应当采取一定行为解除合同，通知到达对方当事人时合同解除。（2）未约定履行期限的合同，合同解除应当给予对方必要的准备时间。合同解除的方式分为协议解除、法定解除以及随时解除，对于履行期限不明确的，当事人可以随时要求解除合同，但应当给予对方当事人必要的准备时间。当事人口头协议互换承包土地，并未对履行期限进行约定，亦未在村委会备案，应当认定为履行期限约定不明的合同。土地互换期间，当事人在土地上种植经济作物的，另一方当事人虽有权随时提出解除土地互换合同的主张，但也应当考虑到作物的生长时间，等到作物成熟并采摘完毕后，双方可以将土地换回并各自耕种自己的土地。

二、经营权登记与流转纠纷

家庭新增成员是否有权分配土地流转收益

【案例】曹××、张思×诉张×、张×田等所有权确认纠纷案

案例来源

发布单位：最高人民法院中国应用法学研究所《人民法院案例选》2016年第9辑（总第103辑）

审判法院：北京市第三中级人民法院

判决日期：2015年11月18日

案　　号：（2015）三中民终字第11238号

基本案情

张×与通州区×××村村民委员会（以下简称村委会）签订农村土地承包合同（确权确地），合同中约定了×××村16亩地由张×承包。合同签订前，张×之子张×良与曹××结婚，婚后不久育有张×颖一女，基于此，村委会确认承包人包括以下五人：张×成（张×之父）、张×田（张×之母）、张×良、曹××、张×颖。合同签订后，张×遂开始流转土地，流转

收益由张×领取。土地流转过程中，张×成去世。张×良、曹××夫妇又生育一女张思×，后张×良与曹××离婚，张思×由曹××抚养。

曹××、张思×以新生儿有权分配土地流转收益为由，提起诉讼，请求判令16亩土地流转收益中1/5归曹××所有，1/5归张思×所有。

张×、张×田、张×良、张×颖共同辩称：签订承包合同时已经确认土地的权利人，当时张思×尚未出生，故张思×不应享有该土地流转收益。张×成作为土地权利人在土地流转过程中去世，其份额应视为遗产的一部分由继承人取得，非为张×成继承人的曹××不能取得其份额。

一审判决后，张×、张×田、张×良、张×颖不服，提起上诉。

判决主文

一审法院判决：被告张×与村委会签订的《农村土地承包合同书（确权确地）》中16亩土地流转收益的1/5归原告曹××所有，1/5归原告张思×所有。

二审法院判决：驳回上诉，维持原判。

裁判要旨

农村土地承包经营合同是取得土地承包经营权的方式和条件，以固定农户承包的土地亩数，但合同的签订并不影响在农户内部现有全体家庭成员共同享有该土地流转收益的权利，不以签订合同时确定的家庭成员为限；农户家庭成员死亡的，该家庭成员在承包期内获得的承包收益，按照《民法典》的规定发生继承，但仅以其死亡时已经获得或虽尚未取得但已经投入资金、付出劳动即将取得之情形为限，不包括死亡后承包土地新产生的流转收益。

重点提示

土地承包经营权从性质上看属于用益物权，承包人自获得土地承包经营权之日起，即可排除他人一切非法干涉。我国目前土地承包经营权主体以户为单位，一方面能够提高农民生产积极性，另一方面能够保障农户的基本生活用地，以户为单位的家庭内部成员就家庭新增成员是否有权分配土地流转收益产生的纠纷，在审理时应当注意以下两点：（1）家庭新增成员有权分配因土地流转而产生的收益。以户为单位确定土地经营权承包主体代表农村集体组织内部成员均享有成员权，土地承包权利存续期间内家庭内部成员的增加或减少并不对权利产生影响。中共中央、国务院在《关于当前农业和农村经济发展的若干政策措施》明确"增人不增地、减人不减地"的规定，《农村土地承包法》第28条与《民法典》第336条均规定承包期内，发包方不得调整承包地。上述法律规定并未对农户内部成员的利益分配进行干涉，即农村土地承包经营以及流转所获利益如何分配应当根据成员之间的内部协议等相关要素进行认定。土地承包主体是以"户"为标准，即以家庭为单位进行承包，而家庭成员的范围并非在承包时就已经确定，其会因为各种情况发生变动，但该变动并不能影响对家庭成员范围的认定。如在承包后家庭内出生的新生儿，其地位是村中集体成员的一员，享有集体成员应享有的所有、用益、受益权，还是家庭成员的一员，是"户"范围的扩张，所以其权利是法律所授予，不受承包合同的限制。拥有土地承包权的新生儿，当然也就拥有了该土地承包经营所产生的收益权。

（2）土地流转收益不在继承范围内。前文已述土地承包经营权并不因成员的改变而发生变动，因此家庭承包经营权也并不产生继承关系。土地承包经营产生的收益可以视为公民的个人收入，公民死亡时，其依法获得的承包收益可以依照《民法典》予以继承。而土地流转收益与承包收益权不同，流转收益权应当认定为一种资格，这种资格是获得承包收益权的前提，《民法典》中的收入是指自然人过世以前所得以及过世前所为过世后应得的收入，并不包含过世后因资格所带来的收益，因此，承包土地流转收益权不在继承范围内。

第八章　土地征收征用

1. 征收补偿协议未约定分期支付补偿款时逾期支付的认定

【案例】焦作市××××酒店有限公司诉焦作市××区人民政府土地行政合同案

案例来源

发布单位：最高人民法院中国应用法学研究所《人民法院案例选》2022年第8辑（总第174辑）

审判法院：河南省高级人民法院

判决日期：2021年9月10日

案　　号：（2021）豫行终1216号

基本案情

2018年9月17日，焦作市××区人民政府（以下简称××区政府）与焦作市××××酒店（以下简称××酒店）签订《国有土地使用权收回补偿协议》（以下简称《补偿协议》），约定××区政府收回位于解放路北原由××公司使用的焦国用〔2007〕第020号国有土地使用证项下土地，补偿标准按照出让成交总价的一定比例补偿，双方还就协议的履行等进行了约定。2019年6月21日，××区政府与××酒店在《国有土地使用权收回补偿协议》的基础上签订了《国有土地使用权收回补偿补充协议》（以下简称《补充协议》），约定补偿金额仍按照出让成交总价的一定比例补偿。同时协议第6条约定，宗地完成出让后，由市财政局进行土地处置价款结算返还区财政，区财政局拨付至区土地收购储备服务中心7日内，××区政府支付××酒店国有土地使用权收回补偿费用，支付方式以本补偿补充协议为准。

2019年11月7日，上述被收回的土地挂牌成交，按照《补充协议》约定的补偿标准计算，××区政府需补偿××酒店5661.4178万元。2020年1

月 21 日，焦作市××区财政局拨付第一笔××酒店土地使用权收回补偿费 1000 万元；2020 年 8 月 11 日，收到焦作市××区财政局拨付第二笔××酒店土地使用权收回补偿费 3000 万元；2020 年 12 月 30 日，焦作市××区财政局拨付第三笔××酒店土地使用权收回补偿费 1661.4 万元，在扣除焦作市山阳区人民法院执行款 525.34 万元后，于 2020 年 12 月 30 日将 1136.06 万元通过银行转账至××酒店，××酒店出具收据。

××酒店以××区政府逾期履行合同，造成其利息损失为由，提起诉讼，请求判令××区政府赔偿逾期支付赔偿款的损失 563 万元。

一审判决后，双方均不服，分别提起上诉。

判决主文

一审法院判决：被告××区政府赔偿原告××酒店损失，损失金额为：（1）以 3000 万元为基数，自 2020 年 1 月 21 日起至 2020 年 8 月 12 日止，按照全国银行间同业拆借中心 2020 年 1 月发布的一年期贷款市场报价利率计算的利息；（2）以 1661.4 万元为基数，自 2020 年 1 月 21 日起至 2020 年 12 月 29 日止，按照全国银行间同业拆借中心 2020 年 1 月发布的一年期贷款市场报价利率计算的利息；驳回原告××酒店的其他诉讼请求。

二审法院判决：驳回上诉，维持原判。

裁判要旨

对于履行期限约定不明或未进行约定的行政协议，应当从促进交易、有利于合同目的实现及诚信原则出发，结合合同有关条款或者交易习惯确定适当的合同履行时间。在土地征收补偿纠纷中，若补偿协议中未明确约定行政机关可以分期支付补偿款，则应由行政机关提供证据证明其具有分期支付的原因及事由，否则应认定分期支付补偿款的行为系逾期支付，应承担相应的赔偿责任。

重点提示

征收补偿安置协议属于行政协议，对行政协议的审查可以适用不违反行政法和行政诉讼法强制性规定的民事法律规范。为准确提示协议双方的义务，为各方履行提供合理预期，行政协议一般会对履行日期进行规定，当行政协议中履行日期未进行约定或者约定时间不明确，双方因合同履行产生争议的，法院在审理过程中,应当注意以下两点:(1)行政协议未规定履行期限,行政机关分期支付补偿款项是否违约的判断。虽然行政协议与民事合同有所不同,但对于履行期限的有关问题仍然可以参照民事法律体系下的有关规定来进行判断。对于民事合同的履行期限的判断问题,《民法典》第510条规定:"合同生效后,当事人就质量、价款或者报酬、履行地点等内容没有约定或者约定不明确的,可以协议补充;不能达成补充协议的,按照合同相关条款或者交易习惯确定。"该法第511条第4项规定:"履行期限不明确的,债务人可以随时履行,债权人也可以随时请求履行,但是应当给对方必要的准备时间。"依据诚信原则,在履行时间约定不明的情况下,应当基于促进交易、有利于实现合同目的和诚信原则,结合相关条款或者交易习惯确定合同履行时间。行政机关向相对人发放征收补偿款,若未在行政协议中明确约定可以分期支付,则应当由其提供相应的证据证明其具有分期支付的原因及事由,否则应当认定其分期支付补偿款的行为系逾期支付的违约行为,行政机关应向相对人承担相应的赔偿责任。(2)违约行为造成损失的计算。《民法典》第584条规定:"当事人一方不履行合同义务或者履行合同义务不符合约定,造成对方损失的,损失赔偿额应当相当于因违约所造成的损失,包括合同履行后可以获得的利益;但是,不得超过违约一方订立合同时预见到或者应当预见到的因违约可能造成的损失。"行政机关逾期支付补偿款的行为给相对人造成的损失主要是其逾期期间的利息损失,一般来讲,该笔损失应当结合行政机关第一次支付补偿款的时间,并根据逾期支付天数、金额来进行计算。

2. 无权代理人与行政机关签订的行政协议的效力问题

【案例】项×雨等诉××省××县人民政府土地行政协议案

案例来源

发布单位:最高人民法院《人民司法·案例》2022年第5期(总第952期)
审判法院:浙江省高级人民法院
案　　号:(2021)浙行终653号

基本案情

户主项×雨一家有六口,包括妻子朱×喜、儿子项×华、女儿项×

静、外孙朱×旭、朱×谕。浙江省台州市××水库工程项目经批准后，××县政府办公室印发了《台州市朱溪水库工程移民安置办法》。2017年8月，台州市××房地产评估有限公司对项×雨的房屋及装修、附属物的价值进行了评估确定。同年10月，××县××镇人民政府（以下简称镇政府）作为甲方与乙方（户主签名项×雨）签订了台州市××水库工程建设征地移民安置补偿协议。后镇政府将协议约定的部分款项打入项×雨账户。项×雨提出该协议非其本人或户内成员所签，××省××县人民政府（以下简称县政府）称该协议是项×静或朱×喜代表该户所签。经鉴定，该协议中乙方项×雨的签名及指印并非项×静或朱×喜的。后县政府改称该协议系项×雨委托其亲戚朱×兵所签。

项×雨、项×静、朱×旭、朱×谕以涉案安置补偿协议并非其户内成员所签为由，提起诉讼，请求确认案涉补偿协议无效。

一审判决后，县政府不服，提起上诉。

判决主文

一审法院判决：撤销涉案安置补偿协议；原告项×雨向被告县政府返还已收到的款项287 751.32元。

二审法院判决：驳回上诉，维持原判。

裁判要旨

行政协议合意性与行政性的双重属性决定了法律适用的二元性，对行政协议效力进行评判时，既要审查行政协议作为契约的效力，也要审查协议行为的合法性。对于无权代理人实施的代理行为，行政主体未尽审查义务而与之签订行政协议，属于行政行为主要证据不足，应予撤销。

重点提示

无权代理，是指行为人非基于代理权而以被代理人名义实施法律行为的行为。对于因行政机关未尽合理义务与无权代理人签订行政协议的效力问题而造成的纠纷，在司法实践中，应当注意以下两点：（1）审理行政协议无权代理案件时可参照适用民事法律中的规定。无权代理问题在民事纠纷中经常出现，故人民法院可参照适用民事代理相关法律规定审理相关行政协议案件。《民法典》第 171 条第 1 款规定："行为人没有代理权、超越代理权或者代理权终止后，仍然实施代理行为，未经被代理人追认的，对被代理人不发生效力。"由此可知，无权代理人实施的未经被代理人追认的代理行为对被代理人不发生效力，但对于代理过程中签订的合同是否有效的问题还需进一步探究。合同具有相对性，其仅对当事人发生法律效力，即仅在双方当事人之间而非代理人与另一方当事人之间发生法律效力。因此，在无权代理行政协议案件中，由于无权代理人的行为，行政协议对被代理人不发生效力。此外，在无权代理行政协议中，代理人与行政机关签订行政协议时的合意均是将该协议的法律效果归属于被代理人，故行政协议在代理人和行政主体之间发生效力。（2）未经被代理人追认的无权代理行政协议应予撤销。行政机关作为依法行使国家权力、执行国家行政职能的机关，在行政协议订立时扮演着主导者、指挥者的角色，其应当对代理人等相关人员的情况进行调查核实，并提出证据证明。当行政协议的签订一方仅为代理人时，为保障代理人所代为签订的协议能够体现被代理人的真实意思表示，行政机关应尽合理审查义务审查代理人是否具有代理权限并提供代理人的授权委托手续或其他能证明代理人有代理权的证据。故若行政机关未尽审查义务且不能提供必要证据时，属行政行为主要证据不足，人民法院可根据《行政诉讼法》第 70 条的规定，撤销该行政协议。

3. 征收集体土地上"住改非"房屋时补偿金额的确定

【案例】杨××诉贵州省××县人民政府土地行政补偿案

案例来源

发布单位：最高人民法院《人民司法·案例》2021 年第 2 期（总第 913 期）
审判法院：最高人民法院
判决日期：2019 年 12 月 30 日
案　　号：（2019）最高法行申 965 号

基本案情

2012 年 12 月，贵州省人民政府批复同意将包括××县温泉镇温泉村集体农用地 11.944 公顷在内的农用地转为建设用地并征收为国有。2014 年 8 月，贵州省××县人民政府（以下简称××县政府）作出关于××温泉疗养院片区开发建设项目房屋征收的决定和征收公告，决定征收××温泉疗养院片区开发建设项目规划范围内的房屋。杨××的房屋在征收范围内，建筑总面积为419平方米。杨××于1997年取得案涉房屋的宅基地使用权证，于2012年取得餐饮服务许可证，开办温泉景区农家乐，有效期至2015年8月1日。杨××与××县政府就补偿问题一直未达成一致。在多次协商未果的情况下，2016年，××县政府参照《国有土地上房屋征收与补偿条例》作出征收补偿决定，对被征收人杨××的房屋予以征收，提供货币补偿或产权调换两种安置方式供杨××自行选择，其中货币补偿包括房屋补偿款、附属设施补偿款及装饰装修补偿款、搬迁补助费、过渡费共计1 214 960元；产权调换包括建筑面积72平方米房屋一套、120平方米房屋三套和温泉生态园公共商铺10平方米与杨××建筑面积419平方米住宅房屋进行产权调换，给予杨××装饰装修及附属设施补偿款、搬迁费、过渡费共计562 331元，杨××应补安置房超面积房屋补偿款25 620元，冲抵后各项补偿款共计536 711元，安置房归杨××所有。相关补偿款项均已提存到专项账户。

杨××对征收补偿决定不服，向贵阳市政府申请复议。贵阳市政府作出维持决定。

杨××遂以征收补偿协议不合理为由，提起诉讼，请求撤销前述征收补偿决定和复议决定。

一审判决后，杨××不服，提起上诉。

二审判决后，杨××不服，申请再审。

判决主文

一审法院判决：驳回原告杨××的诉讼请求。

二审法院判决：驳回上诉，维持原判。

再审法院裁定：驳回申请人杨××的再审申请。

裁判要旨

根据《土地管理法》的规定，征收土地应当给予公平、合理的补偿，保障被征地农民原有生活水平不降低，长远生计有保障。人民政府征收集体土地上房屋时参照执行国有土地上房屋征收补偿标准的，对于被征收房屋"住改非"实际用于经营的情形，应当对被征收人的停产停业损失酌情给予合理补偿。

重点提示

"住改非",是指原国有或集体所有的土地上的房屋,房屋所有权证上载明的用途为住宅,将其用途改为经营用房,且依法取得了营业执照、税务登记证等经营手续。我国法律并未对此类行为认定为违法行为,只要经营人未违反国家以及他人利益即可。"住改非"房屋拆迁时,除对房屋进行补偿以外,是否应当对停产、停业造成的损失进行补偿,尚存在争议,结合立法与司法实践,在审理此类案件时,应当注意以下三点:(1)当事人损失的确定。《最高人民法院关于审理涉及农村集体土地行政案件若干问题的规定》第12条第2款规定:"征收农村集体土地时未就被征收土地上的房屋及其他不动产进行安置补偿,补偿安置时房屋所在地已纳入城市规划区,土地权利人请求参照执行国有土地上房屋征收补偿标准的,人民法院一般应予支持……"在实践中,征地机关在进行土地征收时,未能与被征收人达成安置补偿协议或者怠于作出安置补偿决定,随着当地物价上涨,依照原价格进行补偿已经不符合当前被征收人的实际利益,因此,行政机关作出补偿决定时,应当重新对价格进行评估,以保障被征收人能够购房或重新建房,从而实现保障被征地农民原有生活水平不降低,长远生计有保障。(2)征收"住改非"房屋时应当酌定补助停产、停业损失。《国有土地上房屋征收与补偿条例》第17条第1款规定:"作出房屋征收决定的市、县级人民政府对被征收人给予的补偿包括:(一)被征收房屋价值的补偿;(二)因征收房屋造成的搬迁、临时安置的补偿;(三)因征收房屋造成的停产停业损失的补偿。"同时该条例第23条规定:"对因征收房屋造成停产、停业损失的补偿,根据房屋被征收前的效益、停产停业期限等因素确定……"根据上述法律规定可知,如果房屋拆迁使被拆迁人的生产生活受到了影响,拆迁机关应当对被拆迁人给予相应的补偿,涉案土地房屋存在"住改非"的情况,则应当考虑经营者和从业人员的生活条件等情况,酌定是否给予补偿或者补助。(3)司法机关对"住改非"补偿案件的司法审查和认定标准。法院审理此类案件时,应当先对"住改非"用户进行确认,审查其是否办理经营手续,如营业执照、食品安全许可证等,是否及时纳税,有无经营场所等。随后,应当遵循公平、公正的补偿原则计算待工人员的补偿费用,不同地区的评估补偿办法各不相同,应当基于当地的生产水平进行认定。在审理案件时,应当注重公平,保持效率,以节约司法资源。

4. 行政机关的补偿安置职责能否因基层单位的强拆行为免除

【案例】朱×云、李×仙诉浙江省××市××区人民政府房屋拆迁行政补偿案

案例来源

发布单位：最高人民法院《人民司法·案例》2020年第17期（总第892期）
审判法院：最高人民法院
判决日期：2019年11月29日
案　　号：（2019）最高法行再199号

基本案情

朱×云、李×仙两夫妻系浙江省××市××区城×念亩头村（以下简称念亩头村）89号、310号两处房屋的所有权人。2014年7月，浙江省××市××区人民政府（以下简称区政府）发布拆迁公告，决定对念亩头村动迁。2015年3月，89号房屋被××市城南××村改造建设有限公司（以下简称城南建设公司）委托的××县顺×房屋拆迁有限公司拆除。朱×云、李×仙的房屋位于上述公告确定的拆迁范围内，因未达成安置补偿协议，城南建设公司于2016年6月向朱×云户作出朱×云户拆迁安置方案。

朱×云、李×仙以区政府系涉案被拆迁房屋的补偿安置责任主体，却未给予补偿安置为由，提起诉讼，请求判令区政府按照其提出的标准进行补偿安置。

区政府辩称：本政府仅是拆迁公告的发布主体，补偿安置的实施主体是城南建设公司、城南街道办和念亩头村，故本政府并非适格被告；城南建设公司作出的朱×云户拆迁安置方案，相关征收部门已经履行了补偿安置职责；朱×云、李×仙要求对朱×云户拆迁安置方案部分内容进行调整，但本政府并不具有主动调整该拆迁安置方案的法定职责。

一审裁定后，朱×云、李×仙不服，提起上诉。

二审裁定后，朱×云、李×仙不服，申请再审称：其一审诉求是要求区政府依法予以补偿，不是要求调整所谓的拆迁安置方案。城南建设公司作出的朱×云户拆迁安置方案虽具有行政决定的性质，但并不符合相关法律规范。

根据相关法律规定，区政府对涉案被拆迁房屋具有主动予以补偿的法定职责，而不需要经过当事人申请才能履行，原审法院适用法律错误。

判决主文

一审法院裁定：驳回原告朱×云、李×仙的起诉。

二审法院裁定：驳回上诉，维持一审法院裁定。

最高法院裁定：撤销一审、二审法院裁定，指令二审法院继续审理本案。

裁判要旨

集体土地征收过程中，市、县人民政府及其土地管理部门是法定的补偿安置义务主体，应当积极主动履行补偿安置义务，其将具体补偿工作交由其他行政主体乃至民事主体实施，一般应视为委托，并不免除其法定的补偿安置职责。乡镇政府、街道办等受托主体基于其自主意识实施的强制行为被确认违法后，在相关赔偿责任未得到妥善解决前，不能否定市、县人民政府及其土地管理部门依法应承担的行政补偿义务；反之，即使市、县人民政府及其土地管理部门履行完补偿义务后，亦不必然完全免除乡镇政府、街道办的行政赔偿责任。

重点提示

行政委托是国家行政机关将自己职责范围内的某些行政职能委托给某机关、机构、企事业单位或其他社会组织办理的行为。司法实践中，认定行政机关的补偿安置职责能否因基层单位的强拆行为免除的问题时，应当注意以下三点：（1）行政机关的补偿义务不会因其委托的单位组织承担该补偿义务后而免除。根据《土地管理法》的相关规定可知，集体土地的征收与补偿主体是市、县人民政府及其土地管理部门，即市、县人民政府及其土地管理部门在经过有关部门批准后会对相关土地进行征收，并会与被征收人达成征收补偿协议以保障被征收人的权益。但在实务中，市、县人民政府通常会采取委托的方式让下级行政机关、机构或企业等其他社会组织参与征收与补偿的相关工作，而行政委托并非授权，故受委托单位组织的补偿安置行为应当视为市、县人民政府的行为，但不能以此认为该委托单位组织等能够成为征收补偿工作的法定义务主体并获得了独立实施补偿安置的行政主体资格，更不能认为市、县人民政府及土地管理部门因此而免除了其法定的征收、补偿与安置的义务。(2)市、县人民政府对被征收人作出征收安置补偿系依职权行政行为。行政行为具体可以分为依申请行政行为以及依职权行政行为，其中，依申请是指行政机关因行政相对人的申请才受理的行政权力事项，最大的特点就是申请才受理；而依职权则是行政机关因其法定职责而无须行政相对人提出就主动作出的行政行为。《土地管理法》与《土地管理法实施条例》中均明确了我国土地征收与补偿安置工作的法定实施主体、流程与具体职责等，但在其中并未规定被征收人需申请才能获得征收补偿安置，故给予被征收人征收安置补偿系市、县人民政府应当依职权履行的法定职责。此外，行政机关对其依职权应履行的法定职责并不会因行政相对人的履行申请而从依职权转为依申请应履行的法定职责，同时，也不会因行政机关的怠于履行而消失。(3)行政补偿诉讼与行政赔偿诉讼的关系。在土地征收案件中，经常会出现拆迁行为被确认为违法的情形，此时被征收人根据《国家赔偿法》和《行政诉讼法》的相关规定，有权提起行政赔偿诉讼或行政补偿诉讼，故会涉及两种诉讼之间的关系问题。实务中，在解决被征收人提起的两种诉讼时应当注意以下几点：①被征收人仅向或首先向人民法院提起行政赔偿诉讼的，人民法院应当一并审理已经转化为行政赔偿问题的行政补偿以保障被征收人能够获得全面的赔偿；被征收人之后再提起行政补偿诉讼的，因补偿问题已经在行政赔偿诉讼中加以转化解决，故人民法院可裁定驳回起诉。②对于被征收人提起行政补偿诉讼而未提起行政赔偿诉讼的应当分为两种情况进行讨论：其一，当行政机关作为委托主体，受委托单位组织依行政机关委托作出的行政征收行为被确认为违法后，补偿义务机关和赔偿义务机关的请求权通常会发生竞合。在竞合发生后，人民法院可告知被征收人仅提起行政赔偿之诉，并在行政赔偿诉讼中将被征收人的补偿与赔偿问题一起解决。其二，当行政机关作为委托主体，但受委托的单位组织系依其自主的想法而作出行政征收行为被确认为违法，此时补偿义务机关和赔偿义务机关的请求权未发生竞合，人民法院则应当遵循被征收人的选择，人民法院可以受理被征收人单独提出的行政补偿之诉。且在补偿之诉解决完毕后，被征收人仍有权提起行政赔偿诉讼。

5. 土地征收案件中行政赔偿数额的认定

【案例】郑××诉浙江省临海市人民政府、浙江省临海市××镇人民政府土地行政赔偿案

案例来源

发布单位：最高人民法院《人民司法·案例》2019年第17期（总第856期）
审判法院：最高人民法院
判决日期：2019年7月31日
案　　号：（2019）最高法行赔申250号

基本案情

郑××从2014年10月5日起至2014年12月31日止，与临海市××镇湖×村等村民签订土地承包经营权转包（出租）合同，承租湖×村、长×村近35亩土地用于种植苗木，约定种植时间为6年。因×××高速公路临海段××枢纽落地匝道延长工程项目建设的需要，2015年5月，×××高速公路台州段建设指挥部（以下简称建设指挥部）组织有关部门召开××枢纽方案研讨会，并形成会议纪要。同年7月，建设指挥部建议临海市人民政府（以下简称市政府）、临海市××镇人民政府（以下简称镇政府）把××枢纽延长段纳入项目统一实施。同年7月底，临海市住房和城乡建设规划局在其门户网站公布×××高速公路（临海段）建设工程项目线路局部调整方案批前公告，明确将郑××承租的苗木基地划为高速公路建设用地。经国土资源部审批，同意征用包括郑××苗木基地在内的湖×村集体土地为×××高速公路工程台州段建设用地。

由于有关部门与郑××就苗木基地的补偿问题未能达成一致意见，××枢纽地块涉及的郑××苗木基地未完成清表工作，影响工程建设。2017年6月，建设指挥部镇政府向湖×村下发关于湖×村交地清表告知书，内容如下：（1）在告知书收到之日起15日内完成剩余土地地上物清表工作；（2）本告知书送达之日起15日内仍未搬迁的，一律视为无主处理；（3）本交地告知书送达村组织后，由村组织在村务公开栏和拟征土地所在村组张贴公告。湖×村收到该告知书后，在该村公开栏中张贴。同月，建设指挥部和镇政府组织人

员对郑××涉案的苗木基地强行清理。

郑××以市政府、镇政府在未征得其同意,也未与其签订任何补偿协议的情况下,对其苗木基地采取行政强制行为,在实体上和程序上严重违法为由,提起诉讼。

一审判决后,双方均不服,提起上诉。

二审中,郑××申请调取××事务所的苗木清点记录。经查明,各方当事人曾委托××事务所进行评估,但建设指挥部称这一委托因故取消,未能进行。××事务所称其已将苗木清点记录交给建设指挥部,但建设指挥部称没有收到过上述苗木清点记录,本案也没有证据表明××事务所保存有苗木清点记录。

二审判决后,郑××不服,申请再审。

判决主文

一审法院判决:被告市政府、镇政府赔偿原告郑××人民币1 850 856元。

二审法院判决:撤销一审法院判决;上诉人市政府、镇政府赔偿上诉人郑××人民币240万元。

再审法院裁定:驳回再审申请人郑××的再审申请。

裁判要旨

行政赔偿金额酌定只能适用于无法根据举证责任分配来确定举证责任的案件。行政赔偿金额可以结合各方当事人的主张、在案证据和调解情况等酌定。

重点提示

我国《行政诉讼法》规定了在行政诉讼中双方当事人的举证责任,在行政赔偿类案件的司法实践中,法院在确定行政赔偿具体数额的过程中,分配举证责任时应当注意以下两点:(1)行政诉讼中的举证责任分配适用顺序。根据《行政诉讼法》第34条、第37条以及第38条的规定,行政相对人应当对行政机关作出的行政行为承担举证责任;因被告的原因导致原告无法举证的,由被告承担举证责任。同时,《最高人民法院关于适用〈中华人民共和国行政诉讼法〉的解释》第47条第2款、第3款对行政诉讼法进行了补充,即规定了当双方均无法对损失进行举证时，应当由何者承担不利后果，同时赋予了法院在此种情况下可酌定赔偿金额。综上，在行政补偿、赔偿案件中，举证顺序原则上由原告承担举证责任，在一定条件下由被告进行举证，双方均无法对实际损失进行举证时，由法院根据现有证据酌定赔偿金额。（2）赔偿、补偿数额可根据现有证据、当事人意愿等因素酌情确定。《最高人民法院关于适用〈中华人民共和国行政诉讼法〉的解释》第47条第3款规定："当事人的损失因客观原因无法鉴定的，人民法院应当结合当事人的主张和在案证据，遵循法官职业道德，运用逻辑推理和生活经验、生活常识等，酌情确定赔偿数额。"相对人的损失因客观原因无法确定，表明双方所提供的证据均无法充分证明当事人所受损失的具体数额。法官应当根据目前证据材料，结合当事人主张，遵循职业道德，运用逻辑推理、生活经验等，使得赔偿数额最为接近当事人的实际损失。

6. 关于国有土地使用权的收回及补偿问题

【案例】山西省××集团有限公司诉山西省××市人民政府土地行政裁决案

案例来源

发布单位：《最高人民法院公报》2017年第1期（总第243期）
审判法院：最高人民法院
判决日期：2016年7月28日
案　　号：（2016）最高法行再80号

基本案情

2004年4月、2005年10月，山西省××集团有限公司（以下简称集团公司）先后办理了××西街162号的《国有土地使用证》，并于2006年3月取得《房屋产权证》。2014年4月，山西省××市人民政府（以下简称市政府）为实施改造道路建设发布〔2014〕018号《××市人民政府为实施××南路××路改造道路建设涉及收回××大街以南，×心街以北部分国有土地使用权的通告》（以下简称《通告》），并于同月在《太原日报》、山西省××市国土资源局网站"收地专栏"进行了公示。《通告》中涉及集团公司两块土地的面积分别为 7.77 平方米、741.73 平方米，共 749.5 平方米。根据《通告》内容显示，要求涉及的单位和住户自即日起 15 日内办理土地使用权注销手续；逾期不交回的，将予以注销。

集团公司以《通告》存在错误，侵犯其合法权益为由，提起诉讼，请求撤销市政府收回其国有土地使用权的行政行为。

一审判决后，集团公司不服，提起上诉。

二审判决后，集团公司不服，申请再审称：市政府未落实补偿问题以及未经法定程序即直接作出收回国有土地使用权的决定系滥用行政权力，程序违法；决定收回国有土地使用权两年之久仍未按照道路改造项目开工建设，其收地行为与法律规定的土地使用权在特殊情况下，根据社会公共利益的需要，国家可以依照法律程序提前收回不相符。因此，市政府的行政行为违反法定程序，原审法院判决不当，请求撤销原判决。

市政府辩称：根据相关法律的规定，本政府系适格主体，有权在法定期限内作出收回国有土地使用权的决定；本政府发布的《通告》已经媒体公示，属事实清楚、内容符合法律规定，程序合法。综上，请求驳回集团公司的再审请求。

判决主文

一审法院判决：驳回原告集团公司的诉讼请求。

二审法院判决：驳回上诉，维持原判。

再审法院判决：撤销一审、二审法院判决；确认被申请人市政府作出的《通告》中有关收回申请人集团公司 749.5 平方米国有土地使用权的行政行为违法。

裁判要旨

行政机关在为公共利益的需要收回国有土地使用权时，应当对被收回土地权人进行补偿，收回补偿应当遵循及时补偿原则和公平补偿原则。行政机关作出上述行政行为时，既未依照法定程序进行，亦未对被收回土地人进行补偿的，被收回土地人有权拒绝交出土地。

重点提示

国有土地使用权收回，是指为了公共利益的需要，原批准用地的人民政府土地主管部门经批准收回用地单位或个人国有土地使用权的行为。在司法实践中，对于因国有土地使用权的收回以及补偿而引发的纠纷，应当注意以下三点：（1）行政机关有关部门收回国有土地使用权的具体情形。国家作为国有土地所有者并不直接使用土地，而由符合使用国有土地条件的具体单位和个人依法使用国家所有土地的权利。根据《土地管理法》关于行政机关有关部门收回国有土地使用权的相关规定可知，有关人民政府自然资源主管部门经原批准用地的人民政府或者有批准权的人民政府批准后，可以收回国有土地使用权。而收回国有土地使用权的具体情形有以下四点：①为了城市居民良好居住环境的完善建设而进行旧城区改造以及其他公共利益需要，确实需要收回国有土地使用权的；②被收回土地使用权人对国有土地的使用期限已满，即土地出让等有偿使用合同约定的使用期限届满，土地使用者未申请续期或者申请续期未获批准的；③已经不再需要使用国有土地使用权，即因单位撤销、迁移等原因，停止使用原划拨的国有土地的；④公路、铁路、机场、矿场等经核准报废的。因此，在法定情形下，行政机关可以依法收回国有土地使用权，但应当注意的是，符合上述第一种情形由行政机关有关部门收回国有土地使用权的，对土地使用权人应当给予一定的补偿。（2）国有土地征收补偿应当遵循及时补偿原则和公平补偿原则。根据上述规定可知，为了城市居民的良好居住环境的完善建设而进行旧城区改造以及其他公共利益需要，确实需要收回国有土地使用权的，有关机关在收回该国有土地使用权时，应当给予被收回国有土地使用权人一定的补偿。有关部门不能只收回不补偿，也不能进行不合理的补偿或延迟补偿，故补偿不仅要满足补偿范围和标准，还要遵循及时补偿原则和公平补偿原则，并依照具体的补偿程序进行。①及时补偿原则。有关部门在作出收回国有土地使用权的决定后的合理时间内，应及时与被征收土地使用权人通过签订补偿协议确定最终的补偿方案而及时解决收回补偿问题。②公平补偿原则。首先，补偿时要先补偿后搬迁，禁止出现断水、断电等影响居民日常生活的暴力行为逼迫居民进行搬迁。对于行政机关的强制行为，被侵害人可以向人民法院确认该行为违法。其次，补偿方案应当及时公开，并由社会公众参与，对于公众的修改意见与最终修改情况也应当及时公布，特殊情况下要进行听证。以此保障被收回国有土地使用权人的知情权与参与建议权。(3)行政机关收回国有土地使用权前应将补偿问题依法定程序解决。上述补偿是收回国有土地使用权的前置程序，未进行补偿前，人民政府不按照法定程序即作出收回国有土地使用权的决定系违法行政行为，此时土地使用者有权拒绝交出国有土地使用权。违法行政行为应当予以撤销，但上述违法行为的撤销会给国家利益、社会公共利益造成重大损害的，法院判决应确认该行政行为违法，但不撤销行政行为。据此，国有土地使用权人有权在补偿问题被依法定程序解决后，再行搬迁并交出国有土地使用权。

7. 农村集体土地补偿费的执行

【案例】李×义、曹×泉、闫×案外人执行异议之诉案

案例来源

发布单位：最高人民法院《人民司法·案例》2017年第14期（总第781期）
审判法院：山东省济南市中级人民法院
判决日期：2016年2月1日
案　　号：(2015)济执异字第190号

基本案情

2013年至2014年，××市国土资源局市中分局、××村村委会（以下简称村委会）、××市××区国有资产运营有限公司（后变更为济南市中控股有限公司，以下简称市中控股公司）、××市××区人力资源和社会保障局（以下简称社保局）先后签订九份《土地征收补偿安置协议》，约定：征收土地每亩补偿16万元，地上附着物及补偿每亩4.2万元。市中控股公司与村委会签订的《协议书》约定共征用×康村土地2171.38亩，按土地及地上附着物每亩20.2万元的标准补偿1808.48亩，共计36 531.296万元。自征地开始后，市中控股公司已向村委会支付"土地及地上附着物补偿"140 954 085元。2014年，法院生效民事判决书判决村委会向山东××建设工程有限公司（以下简称建设工程公司）支付××村建筑工程款19 280 173.68元及利息后，村委会未履行法院生效判决确定的义务，建设工程公司向法院申请强制执行，法院依据生效判决书冻结了村委会在××农商银行英雄山支行的账户存款23 995 479.11

元。另查明，李×义、曹×泉、闫×系××村村民。

执行过程中，李×义、曹×泉、闫×以被冻结款项不属于村委会所有，而是其代收的应当支付给村民的征地补偿款为由，提出执行异议，请求法院中止执行并解除对村委会银行存款的冻结。

建设工程公司辩称：法院冻结的财产权利人为村委会，与李×义、曹×泉、闫×无利害关系，其不具有异议人的主体资格。此外，李×义、曹×泉、闫×虽主张被冻结款项系应当支付给被征地村民的补偿款，但并未提供证据证明应支付的具体数额。因此，请求驳回李×义、曹×泉、闫×提出的执行异议之诉。

判决主文

执行法院裁定：驳回异议人李×义、曹×泉、闫×的异议申请。

裁判要旨

在执行机构冻结了被执行人村集体经济组织名下的银行存款的执行案件中，依据相关法律规定，土地征收补偿费系村集体经济组织所有，可以用于偿还村集体的对外债务，但应当为失地村民保留必要份额以保障生产生活。同时，参照政府规章的相关规定，土地补偿费中用于偿还村集体对外债务的比例最好保持在20%，且仅应当用于偿还因村民集体公益所负的债务，而剩下的80%则应当用于保障被征地村民的日常生活。

重点提示

土地补偿费是因国家建设而征收农民集体所有土地时，被征收土地所在地的市、县人民政府土地行政主管部门依法向被征收土地的所有者和使用者的补偿费用。司法实践中，在以农村集体土地补偿费作为执行对象的案件的处理过程中，应当注意以下三点：（1）土地补偿费的所有权归属的具体分配。根据《土地管理法》第48条第2款的规定，行政机关有关部门在征收土地时，应当依法及时足额支付土地补偿费、安置补助费以及农村村民住宅、其他地上附着物和青苗等的补偿费用，并安排被征地村民的社会保障费用。通常来说，土地补偿费归农村集体经济组织所有，而地上附着物及青苗补偿费则归地上附着物及青苗的所有者所有。因此，在农村集体经济组织作为被执行人时，土地补偿费可以作为农村集体经济组织的财产予以执行,用于偿还村集体经济组织的对外债务。但行政机关有关部门发放土地补偿费的主要目的就是保障失地村民的生产生活,若将全部土地补偿费都用于偿还村对外债务,失地村民的生活权益无法保障,容易激化社会矛盾,从而影响社会稳定。同时又根据《最高人民法院关于人民法院民事执行中查封、扣押、冻结财产的规定》的相关规定,人民法院在执行时应当留有被执行人及其所扶养家属的最低生活保障。故也应当为村民保留必要的生活费用。(2)对于失地村民权益,在执行时应给予一定范围的保障。由上述可知,土地补偿费作为村集体经济组织的财产予以执行时,不能全部用于清偿村集体经济组织的对外债务,应为被征地村民保留必要的份额。而对于土地补偿费具体份额比例,我国法律法规并无具体明确的规定,但可以参照地方政府规章。相关政府规章规定,农民集体所有的土地全部被征收的,土地征收补偿安置费的80%用于被征收土地农民的社会保障、生产生活安置,其余的20%用于村内兴办公益事业或者进行公共设施、基础设施建设。据此,在执行以村委会为被执行人的案件时,必须为村民留有足够的生活费用,不能将土地补偿费全部用于清偿村对外债务。(3)在执行以村委会为被执行人的案件时应查明的主要事实。一是要查明被法院执行的村委会名下的银行存款是否为村集体土地的征收补偿费。对于是否为土地补偿费,可以由补偿协议、政府公告等有关证据材料进行判断。在查明该存款确为土地补偿费后才可按上述规定进行执行。二是要查明土地补偿费的具体数额。行政机关有关部门征收土地并发放给村委会的补偿款一般包括土地补偿费、安置费、地上附着物及青苗补助费。而根据相关规定,地上附着物及青苗补偿费应当归地上附着物及青苗的所有者所有。故人民法院在执行过程中要注意不能将地上附着物及青苗补助费和安置费作为村委会的财产予以执行,但有例外情况除外。三是要查明执行案件中村委会对外债务的性质。土地补偿费应当用于村委会因村民集体公益所欠的债务,非因公益事业所欠的债务,不得用土地补偿费予以清偿。

8. 征收土地地上物补偿纠纷与侵权纠纷的区别

【案例】 浙江××园艺有限公司诉浙江××投资集团有限公司、××湖高速公路××段工程建设指挥部财产损害赔偿纠纷案

案例来源

发布单位：最高人民法院民事审判第一庭《民事审判指导与参考》2012年第3集（总第51集）

审判法院：最高人民法院

基本案情

浙江××园艺有限公司（以下简称园艺公司）系中外合资企业，从事生产、出口观赏竹苗、苗木，产品主要销往欧洲，拥有多处生产基地。上述生产基地的土地，由园艺公司与土地使用权人签订了三十年不等的土地租赁合同。2005年3月，因××湖高速公路建设需要，在××湖高速公路××段工程建设指挥部（以下简称指挥部）征地拆迁科及有关施工单位出具承诺书并对欲损毁的竹林、苗木等进行清点的情况下，园艺公司同意先行将竹林、苗木等移除，由施工单位进行施工。同时，园艺公司在落款时间为2005年10月的《关于要求客观、科学、合理地计算被征地产品损失的报告》中也表示："在协商未果的情况下，为不影响高速公路的施工，经市国土资源局等部门的协调，我公司表示了极大的理解和配合，同意先打开施工通道，有关赔偿事宜等协商结束后一并处理。"之后，浙江××投资集团有限公司（以下简称投资集团）和指挥部在园艺公司的苗圃中开挖便道，造成园艺公司多处生产基地的苗木被毁损。

园艺公司以投资集团、指挥部在其苗圃中开挖便道，陆续毁损基地各类竹林、苗木总价值达43 633 200元未予合理赔偿为由，提起诉讼，请求判令投资集团、指挥部赔偿竹林损失41 841 000元、苗木损失1 792 200元、土地改造费704 700元。

投资集团、指挥部辩称：涉案土地已经办理征用手续，不存在非法用地事实；征地补偿款已按地方标准支付，园艺公司认为补偿标准过低，其提出的赔偿项目和数额没有依据。

一审判决后，园艺公司、投资集团、指挥部均不服，分别提起上诉。

园艺公司上诉称：一审法院仅对资产评估报告予以部分采信缺乏公正、科学、严谨和合理性；另外，一审法院通过调整倍数换算的方式降低了投资集团和指挥部应该赔偿的数额，与采信评估报告的行为矛盾。故请求撤销一审判决，判决投资集团和指挥部按评估报告确定的损失承担连带赔偿责任。

投资集团辩称：园艺公司租用的是湖州市道场乡几个村的农田，一审判决却认定为林地，园艺公司也认为这些土地是林地，不符合事实和法律规定；一审法院以存在诸多疑问的评估报告作为判决的依据是不严谨的。

指挥部辩称：一审法院委托作出的评估报告脱离了园艺公司的诉讼主张，园艺公司的诉讼主张除了竹林损失是当年损失乘以五，一审中评估机构出具的评估报告笼统地把企业的销售收入再乘以二十八年这样一个可以使用土地的年限，按照收益现值法计算了所有的损失，违背了园艺公司的诉讼主张。

投资集团上诉称：一审法院以财产损害赔偿纠纷受理本案，却在赔偿额标准的确定问题上以《浙江省林地管理办法》的规定来核定，变成了林地征用补偿纠纷。另外，从侵权损害赔偿的角度来看，一审判决存在明显的错误；从拆迁补偿的角度来看，一审法院在赔偿数额的确定上没有事实和法律依据，具有随意性。故请撤销一审判决，依法改判。

园艺公司辩称：各方在赔偿协议或者征用补偿协议没有签订，投资集团和指挥部在开便道的时候就进行彻底性地毁坏，故本案定性应为损害赔偿纠纷。本公司的苗圃是林地而非农田；同时，评估报告书评估时采取了较为科学的评估方法，结论公正。

指挥部上诉称：本案的性质应是征地赔偿纠纷，不能定性为侵权损害赔偿；一审判决在采用和对待本案的评估报告时，存在很大的随意性，不符合程序法的规定，请求撤销一审判决，依法改判。

园艺公司辩称：指挥部在还没有迁移时，就把所有的竹苗、苗木用推土机彻底性损毁。指挥部认为其没有侵权行为及一审法院没有查清侵权行为造成多少损失的观点，不符合事实。

二审判决后，投资集团、指挥部均不服，申请再审称：本案的法律关系应为征地纠纷，而非侵权赔偿；二审判决认定涉案土地为林地错误，应系农田；二审采信的××会计师事务所评估报告严重失实，大大超出实际损失数额，要求重新评估。故请求对涉案财产价值进行重新评估并作出公正判决。

园艺公司辩称：涉案土地未批先建，属违法用地，二审认定本案为财产赔偿纠纷正确；涉案土地完全符合林地标准；二审采信的××会计师事务所评估报告在程序及实体方面均无不妥，客观公正，应予认定；二审适用法律无误。请求维持原判。

再审判决后，园艺公司、投资集团、指挥部均不服，向最高人民法院申请再审。

园艺公司申请再审称：再审判决将本案确定为征收土地地上物补偿纠纷，系适用法律不当；再审判决确定毁损当年（2005年）的价格作为评估单价是错误的，认定投资集团、指挥部给园艺公司造成财产损失为13 066 275元缺乏证据证明。故请求撤销再审判决，支持本公司一审诉求，投资集团与指挥部共同加倍支付延期利息。

投资集团与指挥部辩称：虽然本案发生了园艺公司的竹苗、苗木等遭受损害的客观事实，但双方当事人均事先知晓征地的客观事实，并达成了先毁后补的协议，故本案性质为征收土地地上物补偿纠纷。再审法院委托的评估机构所作的评估报告脱离了本案事实，不应作为法院参照的依据。园艺公司要求支付延期利息的再审申请超出了原审诉讼请求范围。

投资集团与指挥部申请再审称：评估机构缺乏相应资质，不顾征迁补偿的法律性质和园艺公司的经营状况，片面采用评估参数，严重偏离客观实际并远远超过园艺公司实际损失得出的评估结论不符合事实。故请求撤销一审、二审及再审判决，重新委托专业评估机构进行评估，并按土地征迁地上物补偿性质作出公正判决。

园艺公司辩称：投资集团与指挥部要求重新鉴定的申请缺乏依据。

判决主文

一审法院判决：由被告投资集团和指挥部共同赔偿原告园艺公司竹苗、苗木等损失1893.5388万元；驳回原告园艺公司的其他诉讼请求。

二审法院判决：驳回上诉，维持原判。

再审法院判决：撤销一审、二审法院判决；由申请人投资集团、指挥部共同补偿申请人园艺公司竹苗、苗木等损失13 066 275元。

最高人民法院再审判决：撤销再审法院判决；维持二审法院判决。

裁判要旨

在被征收土地上进行施工的过程中,行为人将受害人地上物予以铲除的行为在客观上造成了地上物的损害,但若行为人在实施铲除行为之前已与受害人达成了"先毁后补"的合意,则应认定行为人不具有主观上的过错。同时,侵权人承担的是损害赔偿责任,具有一定的惩罚性,而行为人征收受害人土地用于建设的项目属于重大公共建设工程,具有一定的公益性,并不具有惩罚性。

重点提示

侵权纠纷,是指因行为人因实施侵害他人的合法民事权益的行为而与当事人发生的纠纷,其争议焦点是当事人的权益是否受到侵害,权益的归属是否是明确的。司法实践中,行为人与被征收人达成"先毁后补"的合意后,在被征收的土地上进行施工时铲除受害人地上物的行为构成侵权纠纷还是征收土地地上物补偿纠纷的问题有时会引发争议,对此应当注意以下三点:(1)征收地上物补偿纠纷与侵权纠纷具体区分。征收地上物补偿纠纷与侵权纠纷有着相似之处,即行为人均对地上物实施了损害行为,在客观上均造成了地上物受损害的结果,且地上物的所有人均能获得一定数额的赔偿或补偿。但两者也有所不同,不同之处在于:首先,征收地上物补偿纠纷中征收人与被征收土地人达成"先毁后补"的合意,征收人主观上并没有造成被征收土地人损失的想法,即主观上并无过错;而侵权纠纷则是行为人作出未经被害人同意的行为,故存在主观上过错。其次,征收地上物的行为是出于公益目的,双方均无过错,是合法行为且不具有惩罚性,而侵权行为是一种侵害他人合法权益的行为,故属于违法行为且具有惩罚性。最后,根据上述可知,征收地上物补偿纠纷中最后征收人给予被征收土地人损失的行为因不具备惩罚性,故应为补偿,而侵权纠纷则具备惩罚性,故应为赔偿。(2)公共建设工程中,双方达成"先毁后补"的合意后,因被毁物价值发生纠纷的属于征收地上物补偿纠纷。根据上述可知,征收地上物补偿纠纷相较于侵权纠纷具有主观无过错、不具有惩罚性、最终给予被征收人的为补偿款的特点。因此,判断双方达成"先毁后补"的合意后,因被毁物价值发生纠纷是否为征收土地补偿纠纷时,可以综合上述特点进行判断。首先,在征收前双方已经达成"先毁后补"的合意,故被毁地上物是在被征收人的同意下被毁损的,征收人主观并无过错,实施前也已经经过同意,故不属于侵权纠纷。其次，双方仅对被毁地上物的价值存在纠纷，故征收人不存在违法用地的行为。综上，公共建设工程中，双方达成"先毁后补"的合意后，因被毁物价值发生纠纷的属于征收地上物补偿纠纷。（3）征收地上物补偿款应采取公平原则进行确定。农村集体土地是村民赖以生存的基础，同样土地上的附着物更是农民辛勤劳动的成果，是农民维持生活的重要财产。《土地管理法》第48条第2款规定："征收土地应当依法及时足额支付土地补偿费、安置补助费以及农村村民住宅、其他地上附着物和青苗等的补偿费用，并安排被征地农民的社会保障费用。"实务中，地上附着物和青苗等的补偿费用都会补偿给地上附着物和青苗的所有人。首先，对于征收土地上物的补偿款，有关机关在补偿时既要充分保障上述所有人的权益，又要考虑集体利益的实现。同时，对于征收人，既要节省被征收人的费用，也要考虑征收时所造成的损失。其次，对于具体补偿款的计算，法律中并无统一标准，因征收过程中会造成地上附着物或者青苗被毁坏，造成损失难以计算的后果。因此，实务中通常会采用公平原则进行判断，确保农民地上附着物等损失能够得以弥补。

9. 行政复议中对补正材料存在争议能否视为申请人放弃复议申请

【案例】潘×明等360人诉××省人民政府土地行政复议案

案例来源

发布单位：最高人民法院行政审判庭《中国行政审判指导案例》（第2卷）
审判法院：浙江省杭州市中级人民法院
判决日期：2010年4月14日
案　　号：（2010）浙杭行初字第20号

基本案情

××县人民政府（以下简称县政府）发布一份经省政府批准的《征收土地方案公告》，征收集体土地11.9298公顷，其中××街道胜利村（以下简称胜利村）2.489公顷。胜利村潘×明等360人不服上述征地批文，向省政府申请行政复议，请求撤销××省人民政府（以下简称省政府）批准征收胜利村2.489公顷部分。省政府收到该复议申请后，经审查认为，潘×明等360人在提交的行政复议申请材料中，未提交全体申请人系涉案土地承包人的证明，遂要求申请人补正。潘×明等360人的委托代理人收到该补正通知后，答复认为申请人的人数超过胜利村成年人的一半，无须提供承包证明。省政府在收到复函后未作出处理意见。

潘×明等360人以省政府至今未对其因县政府发布的《征收土地方案公告》提出的复议申请作出复议决定为由，提起诉讼，请求判令省政府限期对其复议申请作出复议决定。

省政府辩称：潘×明等360人提交的行政复议申请材料中，未包括全体申请人系涉案土地承包人的证明，本政府向潘×明等360人发出补正通知书，潘×明等360人的代理人签收该补正通知后回函。村民委员会一经依法选举产生，即具有法律赋予依法管理本村农民集体所有土地的权利和义务，非经法定程序不得剥夺；潘×明等360人未按申请材料补正通知书的要求补正，属"无正当理由逾期不补正，视为申请人放弃行政复议申请"的法定情形，本政府不需要作出不受理行政复议申请的书面告知以及再次通知补正。综上，本政府不存在行政复议不作为的行为，请求驳回潘×明等360人的诉讼请求。

判决主文

一审法院判决：责令被告省政府履行行政复议法定职责。

裁判要旨

申请人提出行政复议申请后，要求复议申请人提供证明材料，并判断该材料能否证明其与被复议具体行政行为具有利害关系，是行政复议机关的法定职权，亦属于其应当依法履行的法定职责。复议申请人认为不需要补正证明材料，即行政复议机关与复议申请人之间存在争议的情况，不能直接视为复议申请人放弃行政复议申请。

重点提示

在行政复议类纠纷案件的审判过程中，对于行政复议申请人与具体行政行为之间是否存在利害关系，以及当行政复议申请材料是否需要补正仍存在争议时，能否视为申请人已经放弃了复议申请的问题，司法实践中，应当注意以下三点：（1）行政复议申请人应当与具体行政行为有利害关系。根据《行政复议法实施条例》第 28 条关于行政复议受理条件的规定可知,行政复议机关受理行政复议申请时要求该申请人与被申请的具体行政行为之间具有利害关系。即对于行政复议申请人来说,当其认为行政机关作出的具体行政行为侵害其合法权益时,就可向有关主管机关依法提起复议申请。而对于行政复议机关来说,只有当该具体行政行为与行政复议申请人之间具有利害关系时,才符合其受理行政复议申请的条件。实务中,为了更能保障行政复议申请人的合法权益,为其提供有效救济途径,行政复议机关在判断行政复议申请人与具体行政行为是否有利害关系时,对于侵害范围的判断不应过分扩大,即侵害的范围仅包括复议申请人自己的权益,并不包括他人或社会公众的利益。(2)行政复议机关具有审查申请人与被复议具体行政行为之间是否具有利害关系的法定职责。《行政复议法》第 30 条规定:"行政复议机关收到行政复议申请后,应当在五日内进行审查。对符合下列规定的,行政复议机关应当予以受理:(一)有明确的申请人和符合本法规定的被申请人;(二)申请人与被申请行政复议的行政行为有利害关系;(三)有具体的行政复议请求和理由;(四)在法定申请期限内提出;(五)属于本法规定的行政复议范围;(六)属于本机关的管辖范围;(七)行政复议机关未受理过该申请人就同一行政行为提出的行政复议申请,并且人民法院未受理过该申请人就同一行政行为提起的行政诉讼。对不符合前款规定的行政复议申请,行政复议机关应当在审查期限内决定不予受理并说明理由;不属于本机关管辖的,还应当在不予受理决定中告知申请人有管辖权的行政复议机关。行政复议申请的审查期限届满,行政复议机关未作出不予受理决定的,审查期限届满之日起视为受理。"据此,行政复议机关对复议申请人与被复议具体行政行为之间是否具有利害关系的审查是法律授予行政复议机关的一项权利,也是其法制工作的职责。该审查在保障行政复议申请人能得到合法救济的同时,又能保障其合法权益。同时,对于不符合行政复议受理条件的,行政复议机关不予受理且及时告知申请人,能够节约司法资源。(3)行政复议申请人与行政复议机关对是否需补正存有争议的情况下,不能视为复议申请人已经放弃了复议申请。由上述规定可知,行政机关复议机关在收到申请人的复议申请后,只能作出受理或者不予受理决定。同时,又根据《行政复议法实施条例》第 29 条规定:"行政复议申请材料不齐全或者表述不清楚的,行政复议机构可以自收到该行政复议申请之日起 5 日内书面通知申请人补正。补正通知应当载明需要补正的事项和合理的补正期限。无正当理由逾期不补正的，视为申请人放弃行政复议申请。补正申请材料所用时间不计入行政复议审理期限。"由此可知，行政复议机关在审查后认为复议人提交的证明材料未能证明其与被复议具体行政行为具有法律上利害关系的，即可要求复议申请人进行补正。若复议申请人认为其无须提供补正材料，那么行政复议机关应当作出不予受理的决定，而并非视为行政复议申请人已经放弃申请。即在复议申请人回复无须提供证明时，行政复议机关应当进行审查判断，不能简单地视为复议申请人放弃申请。行政复议机关简单地视为申请人已经放弃申请的行为实际上剥夺了复议申请人以复议方式寻求救济的权利，系行政复议机关未履行其法定职责，属于行政不作为。

第九章　审理程序

一、诉与诉权

1. 城镇总体规划可诉性的认定

【案例】 湛江××工业气体有限公司诉××县住房和城乡规划建设局等土地行政规划纠纷案

案例来源

发布单位：《最高人民法院公报》2022年第3期（总第307期）
审判法院：最高人民法院
判决日期：2020年3月30日
案　　号：（2019）最高法行申10407号

基本案情

湛江××工业气体有限公司（以下简称气体公司）是××县政府通过招商引资建设的一家生产、销售乙炔、氧等危险化学品企业。2007年10月，××县规划建设局给气体公司颁发了《建设用地规划许可证》，将××县××镇甘岭糖厂对面的13 330平方米土地规划给气体公司建设使用。2009年7月，××县规划建设局给气体公司颁发了《建设工程规划许可证》，随后，气体公司在该地上建起厂房并使用。2012年，××县××镇人民政府启动对《××县××镇总体规划（2008-2025）评估报告》的修编工作。

2012年12月，××县住房和城乡规划建设局（以下简称县住建局）和××镇人民政府将《××县××镇总体规划修编（2012-2030）方案》在县住建局和××镇人民政府公开栏上进行公示。次年1月，××镇人民政府制订了《××县××镇总体规划修编（2012-2030）规划图》，报××县城乡规划委员会、××县人民政府审议，同年2月，××县人民政府作出遂府函［2013］13号《关于要求审批〈××县××镇总体规划（2012-2030）〉的批复》，同意《××县××镇总体规划（2012-2030）》确定的规划范围、期限等。气体公司项目在××县××镇总体规划（2012-2030）范围内。

气体公司以县住建局、××县政府修编××镇总体规划，未依法征求其作为利害关系人的意见，擅自改变了其范围内土地规划用途，侵害其合法权益为由，提起诉讼。

一审裁定后，气体公司不服，提起上诉。

二审裁定后，气体公司不服，申请再审称：本公司用地符合规划，证照齐全，且早于广东×××农产品批发中心有限公司（以下简称批发公司）的用地许可、规划及建设许可多年；县住建局及××县政府违法给予批发公司用地规划、许可，造成了严重的安全生产隐患，其违法变更用地规划，造成本公司损失，但在多次口头承诺给予安置、补偿后，始终没有妥善处理；一审、二审法院认定事实不清，程序严重违法，损害本公司合法权益，且本公司提起的诉讼并未超过法定起诉期限。

判决主文

一审法院裁定：驳回原告气体公司的起诉。
二审法院裁定：驳回上诉，维持原裁定。
再审法院裁定：驳回申请人气体公司再审申请。

裁判要旨

就城镇总体规划的可诉性而言，总体规划内容实施尚有不确定性，且需借助详细规划尤其是修建性详细规划才能实施，更需要通过"一书两证"才能得以具体化。当事人认为总体规划内容侵犯其合法权益的，应当通过对实施总体规划的详细规划尤其是修建性详细规划的异议程序以及对颁发或不颁发"一书两证"行政行为的司法审查程序寻求救济。对总体规划的监督既可以通过《城乡规划法》规定的民主审议程序进行，也可以通过专业判断和公众参与等程序进行，但不宜通过司法审查程序监督。

重点提示

城镇总体规划是政府综合当地经济以及社会发展情况，结合自然环境、资源条件等相关因素，对城市的规模以及发展方向所作的一定期限内的综合部署。城市总体规划是城市规划编制工作的第一阶段，也是城市建设和管理的依据。在司法实践中，对于行政相对人认为城镇总体规划侵犯其合法权益的，在审理过程中应当注意以下两点：（1）控制、规划性行政行为可诉性的构成要件。控制规划性行政行为作为阶段性的行政活动，在具备以下条件时才具有可诉性：①对象要件。控制规划性行政行为所针对的对象为行政相对人，由此可知，控制规划性行政行为的直接对象如果为下级行政机关，或者针对的对象为特定物，均不符合对象要件要求。②内容要件。控制规划性行政行为内容应当涉及相对人的利益，该利益可分为实体性权益以及程序性权益，就程序性利益而言，主要为能够保障相对人知情权、表达权以及听证权等保障实体权利实现的程序性利益。③效果要件。即行政行为是否对行政相对人的权利义务产生实际影响。该要件也通常为判断某一行政行为是否具有可诉性的核心要件。在具体案件中，若城镇总体规划不具备上述构成要件的要求，则不具有可诉性。（2）行政相对人对城镇总体规划的救济方式。结合法律以及司法实践，行政相对人认为城镇总体规划侵害其合法权益的，可以有以下救济方式。其一，参与论证会或听证会等听证程序等方式参与并提出意见。《城乡规划法》第26条规定："城乡规划报送审批前，组织编制机关应当依法将城乡规划草案予以公告，并采取论证会、听证会或者其他方式征求专家和公众的意见。公告的时间不得少于三十日。组织编制机关应当充分考虑专家和公众的意见，并在报送审批的材料中附具意见采纳情况及理由。"其二，行政相对人可对根据总体规划实施的详细规划提出异议，原因在于总体规划内容实施尚有不确定性，需借助详细规划尤其是修建性详细规划才能实施，更需要通过"一书两证"才能得以具体化。"一书两证"的内容包括选址意见书、建设用地规划许可证以及建设工程规划许可证。行政相对人可以对修建性详细规划提出异议，也可对"一书两证"的颁发要求进行司法审查，以实现对自身合法权益的救济。

2. 履行行政协议诉求客观上不能实现时的处理

【案例】高××诉北京市××区人民政府房屋征收办公室房屋拆迁行政征收案

案例来源

发布单位：最高人民法院中国应用法学研究所《人民法院案例选》2020年第9辑（总第151辑）

审判法院：北京市第三中级人民法院

判决日期：2019年9月3日

案　　号：（2019）京03行终898号

基本案情

2017年2月，北京市××区人民政府发布《房屋征收决定》，该决定对永安里旧城区改建项目用地红线范围内的房屋及其附属物实施征收，房屋征收的实施单位为北京市××区房屋征收事务中心（以下简称区征收事务中心）。高××位于××区永安西里××楼××单元××号的房屋在上述征收范围内。同年12月，北京市××区人民政府房屋征收办公室（以下简称房屋征收办）委托区征收事务中心与高××签订了《征收补偿协议》，约定高××同意按照《征收补偿方案》中确定的产权调换方案进行产权调换，协议中同时对被征收房屋情况、人口情况、补偿方式及内容、结算、搬迁期限、付款期限及方式、产权调换房屋的办理手续、争议解决方式、协议生效、变更或解除等事项进行约定。

2018年3月，区征收事务中心与高××签订《征补协议（一）》，约定高××自愿选择涉案房屋作为产权调换房屋之一，并在规定的时间内进行选房确认工作，高××取得了《永安里旧城区改建项目产权调换房源选房确认单》，并签署了产权调换房屋拟登记权利人确认声明。次月，相关单位向高××交付涉案房屋，交房时的《入住交房验收表》中载明"主卫设施不完善没有水管没有地漏坐便管道没有下水管道"等内容。房屋征收办向高××提供的涉案房屋的户型图显示，位于主卧室的小间为"卫生间"，规划设计图上载明的是"储藏"。涉案房屋的建设单位××置业公司及规划单位××工程设计公司分别出具了《说明》,认定涉案房屋不具备将储藏间改造为卫生间的条件。

高××以房屋征收办交付的房屋与约定不符为由,提起诉讼,请求判令:房屋征收办依照房屋征收补偿协议的约定交付具有两个卫生间的房屋,赔偿临时安置补偿 139 794 元,支付房屋违约、逾期修复期间房屋租金可得利益损失 84 111 元、物业费、供暖费 9600 元。

一审判决后,高××不服,提起上诉。

一审重审法院在庭审过程中向高××释明,高××表示坚持要求房屋征收办继续履行协议,涉案房屋主卧室的小间可以修复为卫生间,房屋征收办应当向其交付具有两个卫生间的房屋,并支付逾期修复期间的补偿以及损失赔偿。

一审重审法院判决后,高××不服,提起上诉。

判决主文

一审法院判决:被告房屋征收办支付原告高××违约金 5000 元;驳回原告高××要求房屋征收办将涉案房屋南面卫生间进行修复,恢复卫生间使用功能的诉讼请求。

二审法院裁定:撤销一审法院判决,发回一审法院重审。

一审重审法院判决:驳回原告高××的全部诉讼请求。

二审法院判决:驳回上诉,维持原判。

裁判要旨

行政机关与相对人签订行政协议后,双方应当按照协议约定履行,但若协议内容从客观事实角度来讲已经无法继续履行,且在人民法院已经就此向原告进行阐明的情况下,原告仍坚持提出此项诉请的,人民法院应当通过判决予以驳回;对行政机关不予履行协议而造成的损失,相对人有权主张行政机关承担违约责任,但若原告提出的损失赔偿的请求并非基于合同无法履行而产生的违约责任,则应予以驳回。

重点提示

在司法实践中,行政机关与相对人签订补偿协议,随后行政机关未能按照协议约定的内容履行,且协议内容在客观上已确实无法继续履行时,相对人应当如何对自身的权利进行救济的问题始终是争议的焦点,法院在审理此类案件时,应当注意以下两点:(1)合同客观上已确实无法履行时的处理。因当事人未按照合同约定履行义务而引发的纠纷,审判实务中,存在合同内容在客观上已确实无法履行的情况,根据《民法典》第580条第1款的规定,当事人一方不履行非金钱债务或者履行非金钱债务不符合约定的,对方可以请求履行,法律上或者事实上不能履行的除外。也就是说,在合同已经确实无法履行的情况下,当事人不得主张对方继续履行合同。但《最高人民法院关于全面加强人民法庭工作的决定》第20条规定:"人民法庭应当根据当事人的文化水平、诉讼能力、是否委托律师等具体情况履行释明义务,指导当事人起诉时明确诉讼请求,并围绕诉讼请求进行举证。"同时,我国《最高人民法院关于民事诉讼证据的若干规定》第53条还规定:"诉讼过程中,当事人主张的法律关系性质或者民事行为效力与人民法院根据案件事实作出的认定不一致的,人民法院应当将法律关系性质或者民事行为效力作为焦点问题进行审理。但法律关系性质对裁判理由及结果没有影响,或者有关问题已经当事人充分辩论的除外。存在前款情形,当事人根据法庭审理情况变更诉讼请求的,人民法院应当准许并可以根据案件的具体情况重新指定举证期限。"因此,人民法院在查明案件事实后,确认合同本身已不具有履行的可能性时,应当向当事人进行释明,若当事人坚持不变更诉讼请求要求继续履行合同的,人民法院应当通过判决驳回其诉讼请求。(2)合同已确实无法履行时当事人对自身权利的救济途径。《民法典》第577条规定:"当事人一方不履行合同义务或者履行合同义务不符合约定的,应当承担继续履行、采取补救措施或者赔偿损失等违约责任。"行政机关未按合同约定履行义务时,应当承担相应的违约责任。但要求原告所提出的赔偿必须是基于合同未履行而产生的违约责任,其他方面的赔偿请求不能得到人民法院的支持。

3."一行为一诉"原则的适用

【案例】马××诉宁夏回族自治区××市人民政府等房屋拆迁行政补偿案

案例来源

发布单位:最高人民法院《人民司法·案例》2019年第32期(总第871期)
审判法院:最高人民法院

判决日期：2019 年 4 月 30 日

案　　号：（2019）最高法行终 1 号

基本案情

2003 年 3 月，针对宁夏回族自治区××市住房和城乡建设局（以下简称市住建局）呈报的《关于上报〈固原市房屋拆迁补偿基准价格及临时安置补助标准〉的请示》，宁夏回族自治区××市人民政府（以下简称市政府）发布《关于房屋拆迁补偿基准价格及临时安置补助标准的批复》（以下简称 3 号批复），主要内容为：（1）房屋拆迁重置价（基准价）：砖混楼房：500 元/平方米……（2）临时安置补助费：居住用房：3 元/月·平方米……（3）搬迁补助费：3 元/平方米。2006 年 6 月，市政府对各县（区）人民政府，市政府各部门、直属机构，各事企业单位作出《关于停止执行固原市人民政府〈关于规范房屋拆迁补偿的通知〉的通知》（以下简称 83 号通知），内容为停止执行市政府第 5 号令公布的《城市房屋拆迁管理暂行办法》中的第 18 条……的规定，调整为"拆迁补偿安置的方式只实行产权调换（等价值调换）"；停止执行第 19 条……的规定，调整为"按重置价由有资质的房屋评估中介机构进行评估"。同年 9 月，市住建局作出 02 号拆迁裁决，该拆迁裁决载明的申请人系××市市政公司，被申请人为马××，并载明："如当事人对裁决不服的，可在接到裁决书之日起 60 日内申请行政复议或在接到裁决书之日起 3 个月内向人民法院起诉……"

次年 7 月，市政府各县（区）人民政府，市直各有关单位作出《关于停止执行××市人民政府〈关于规范房屋拆迁补偿的通知〉的通知》（以下简称 87 号通知），主要内容为停止执行市政府 83 号通知，关于城市规划区征收集体土地地上附着物的原补偿标准不变，另行公布。

马××以市政府作出的 3 号批复中关于房屋拆迁重置价的行政批复行为违反《城市房屋拆迁管理条例》的规定，且市政府以职权确定该市"房屋拆迁重置价"的 3 号批复和 83 号通知，停止执行第 5 号政府令公布的该市房屋拆迁补偿方式，侵犯了被拆迁人合法权益为由，提起诉讼，请求判令：确认市政府批复该市房屋拆迁重置价及停止执行第 5 号令部分内容的行政行为违法，撤销市住建局作出的 02 号拆迁裁决，并审查 83 号通知和 87 号通知，一并解决安置问题；同时判令市政府和市住建局赔偿两次拆除其国有土地上房屋总建筑面积 422.69 平方米，曾经未按规定补偿的各项损失合计 3 082 631.25 元。

一审裁定后，马×× 不服，提起上诉。

判决主文

一审法院裁定：不予立案。

二审法院裁定：驳回上诉，维持原裁定。

裁判要旨

当事人提出的多项诉讼请求如系对多个行为提出起诉，则明显有违"一行为一诉"原则，构成诉讼请求不具体。此时人民法院应当进行必要的指导和释明，以便协助诉讼能力不足的公民、法人或其他组织在一个行政案件中恰当确定一个被诉行政行为。

重点提示

"一行为一诉"原则，是指在行政诉讼案件中，行政相对人只能对一个行政机关作出的一个行政行为，或者多个行政机关共同作出的一个行政行为进行起诉，相对人所提出的诉讼请求均应当以被诉的一个行政行为为基础。在司法实践中，审理行政案件时应当注意以下两点：（1）"一行为一诉"原则在行政诉讼中的必要性。在实践中，不同行政机关作出的行政行为所依据的事实和法律依据一般不同，如果在同一案件中允许当事人对多个行政行为进行起诉，不仅影响法院审查行政行为合法性的范围、内容以及强度，不利于行政机关应诉，而且对人民法院聚焦被诉行政行为、归纳争议焦点、组织举证质证、认定案件事实、安排法庭辩论、准确适用法律、作出清晰明确的裁判等诉讼活动的有序开展产生阻碍，进而影响行政案件的公正、及时审理及保护相对人或其他利害关系人的合法权益，还无益于行政争议的实质性化解。这一原则的例外情况为，复议机关对原行政机关的行政行为予以维持，行政相对人可以将行政机关与复议机关一并作为被告，由法院对原行政行为和复议行为在同一诉讼中一并进行审理，但应当注意的是，在此类诉讼中，法院的审查重点仍然是原行政行为的合法性，复议决定的合法性只是一并予以审查。（2）行政相对人在同一案件对多个行政行为进行起诉时法院的处理。《最高人民法院关于适用〈中华人民共和国行政诉讼法〉的解释》第 68 条第 3 款规定："当事人未能正确表达诉讼请求的,人民法院应当要求其明确诉讼请求。"当行政相对人对多个行政行为提起诉讼时,法院应当进行必要的指导和释明,以便协助诉讼能力不足的公民、法人或其他组织在一个行政案件中恰当确定一个被诉行政行为。若当事人在法院释明后变更诉请,但其诉讼请求仍不符合起诉条件时,人民法院应当裁定不予立案。

4.预签征收补偿协议引发争议的处理

【案例】韩××诉辽宁省锦州市××新区国有土地上房屋征收办公室不履行预征收行政协议案

案例来源

发布单位:最高人民法院发布的第二批十起行政协议诉讼典型案例(2022年4月29日)

审判法院:辽宁省锦州市中级人民法院

判决日期:2018年11月15日

案　　号:(2018)辽07行终173号

基本案情

2015年11月,××省××市××新区国有土地上房屋征收办公室(以下简称房屋征收办)发布《政协周边房屋征收补偿实施方案征求意见稿》,并告知该地段采取预约式征收方式,征收人与被征收人订立附生效条件的预约式补偿协议,在规定的时间内预签约比例达到70%以上,所订立的房屋征收补偿安置协议生效,该地段正式征收。2016年4月,韩××与房屋征收办订立《国有土地上房屋征收产权调换安置预签约协议书》(以下简称《预签约协议》),对搬迁费、临时安置费、附属物补偿等作出约定,并约定安置回迁住宅。《预签约协议》订立后,因未达到房屋征收补偿安置协议70%的生效比例,该地段未进行征收。

韩××以房屋征收办未履行《预签约协议》,造成其经济损失为由,提起诉讼。

一审判决后,韩××不服,提起上诉。

房屋征收办辩称:征收补偿方案上规定签约比例达到70%协议生效。后未达到补偿方案规定的70%，故《预签约协议》不能生效；该签约比例依法制定。

判决主文

一审法院判决：驳回原告韩××的诉讼请求。

二审法院判决：驳回上诉，维持原判。

裁判要旨

行政协议当事人可以在不违反法律规定的条件下，协商一致订立约定生效条件的行政协议。若最终行政协议因未达成生效条件而不能成立，且行政协议相对人认为其权益受到侵害的，行政协议相对人有权就尚未成立生效的行政协议提起行政诉讼。人民法院应当依法受理并进行实体审理，而不能程序性地进行裁驳。

重点提示

随着全国按照《土地管理法》及其实施条例开展全新的征地程序，预签征收补偿协议成为征地拆迁项目的核心，在地方征收项目中得到广泛运用。在司法实践中，对于因预签征收补偿协议而引发的争议，人民法院在处理的过程中应当注意以下三点：（1）预签征收补偿协议的作用及效力。为了更好地实现行政管理或者公共服务目标，在不与法律规定相冲突的前提下，行政协议当事人之间可以协议签订附生效条件的行政协议。在房屋征收过程中，为了促进征收，行政机关作为征收人也可以与被征收人预签定附生效条件的房屋补偿安置协议。上述预签订的房屋征收补偿安置协议属于附生效条件的行政协议，生效条件成就时协议生效，反之则协议不生效。此类附条件生效的预签征收补偿协议中所附的条件通常是签约比例，在签约人数到达一定比例时，协议生效，生效后与一般的征收补偿协议具有同等效力，行政机关以及相对人均应按照协议约定履行义务。（2）行政协议相对人能够就生效条件尚未成立的行政协议提起行政诉讼。行政协议相对人与行政机关预签订附生效条件的行政协议，但预签订的附条件新行政协议因未达到生效条件而未能成立，此时，行政协议相对人就生效条件尚未成立的行政协议提起行政诉讼的，人民法院应当先对行政协议生效条件的成立与否进行实体审查，若人民法院认定该生效条件不成立，则应当依法判决驳回行政相对人的诉讼请求。即行政相对人若在签订附生效条件的行政协议后试图提起行政诉讼救济权利，人民法院应当依法受理案件并进行实体性审理，而非程序性地进行裁驳，以获得更佳的裁判效果。（3）被征收人对附条件生效的预征收房屋补偿协议不服的，可以向人民法院提起诉讼。附条件的房屋征收补偿协议，补偿方案系订立房屋征收补偿协议的主要依据，故其生效条件可在补偿方案中明确标明，而不直接明确在补偿协议中，并也可以推定被征收人明确且认可补偿方案中补偿协议的生效条件。被征收人向人民法院提起行政诉讼的，人民法院应当重点审查协议的生效条件是否违反法律规定、生效条件是否成立、生效条件未能成立归责及原因等。对于不满足生效条件而未能生效的房屋征收补偿行政协议，被征收人要求履行征收协议中的权利义务的，人民法院可以依法判决驳回其诉讼请求。

5. 土地行政管理部门不履行征地协议时相对人的救济途径

【案例】广东省××市城区××镇××村郑×财等243户村民诉广东省××市国土资源局土地行政合同案

案例来源

发布单位：最高人民法院行政审判庭《中国行政审判指导案例》（第3卷）
审判法院：广东省高级人民法院
判决日期：2010年12月8日
案　　号：（2010）粤高法行终字第88号

基本案情

1994年12月，广东省××市国土资源局（以下简称国土局）与广东省××市城区××镇××村（以下简称××村）签订《征地协议书》，协议约定：征用××村的土地作为××花园建设用地。2007年5月，国土局又与××村村委会签订了《征地补充协议》，协议主要内容为国土局同意留成用地指标15%的比例给××村计算留成用地面积，共计60亩；对于征地范围内的鱼池、青苗、附着物等，经双方实地调查后由国土局给予补偿等有关事项。国土局局长与××村委会干部及部分村民代表在该《征地补充协议》上签名盖章。同月15日，国土局向××村书面发出了《关于签订××村"××"、

"××"两个围补充征地协议后的承诺》(以下简称《承诺》)。《承诺》中提出，国土局会对征地后的留成土地同意给予填土；对地上青苗、附着物及建筑物，在现场清点核算后根据实际情况给予10万元以上的补偿；留成地在补充协议规定原有指标的基础上，适当增加10亩的留成用地指标，位置按补充协议规定的办法处理；××村分配的村民宅基地范围给予办理留成用地指标，村民办理宅基地国土证时给予优惠解决；××村南面汕可路边村民自行搭建的棚寮等建筑物，我局全力配合村委会处理并给予适当补偿；留成用地面积已一次性解决，今后新征地按规定给予结算。

××村郑×财等243户村民以国土局未能兑现《承诺》的条款为由，提起诉讼，请求判令国土局履行《征地补充协议》及《承诺》的内容。

一审判决后，××村郑×财等243户村民不服，提起上诉，请求撤销一审判决第二项中"对第六点作出回复"的内容，改判国土局按《承诺》中第六点约定的内容全面履行；撤销一审判决第三项，改判支持本方要求国土局履行《承诺》中第三点"适当增加十亩留成用地指标"的诉讼请求。

判决主文

一审法院判决：确认被告国土局与××村签订的《征地协议书》和《征地补充协议书》合法有效，双方按合同约定履行义务；由被告国土局在合理期限内履行《承诺》中的第一点、第二点、第四点、第五点内容的义务及对第六点作出回复；驳回原告××村郑×财等243户村民请求国土局履行《承诺》中的第三点"增加十亩留成用地指标"的诉讼请求。

二审法院判决：撤销一审法院判决；由被上诉人国土局履行《承诺》的义务。

裁判要旨

人民政府土地行政主管部门与相对人签订征地协议，双方意思表示明确，合同内容符合法律规定，未损害国家利益和集体利益的，为有效合同。该合同系与国家行政机关签订的，属于行政合同，双方应及时履行合同中的权利义务。人民政府土地行政主管部门未履行协议内容的，相对人有权提起行政诉讼以获得法律上的救济。

重点提示

行政合同是行政机关为维护公共利益、实现行政管理目标,而与行政相对人达成合意所签订的协议。司法实践中,认定相对人是否有权在行政机关不履行行政协议时提起诉讼的问题时,应当注意以下两点:(1)人民政府土地行政主管部门为征收农村集体土地与被征收土地人签订的土地征收协议的性质认定。行政合同具有一方当事人为行政主体、签订目的是实施行政管理及维护公共利益的特点。而土地征收协议的签订,签订一方为人民政府土地行政主管部门,属于行政主体;签订的目的是能够顺利地完成土地征收管理任务,减少社会矛盾。同时,行政机关征用农村土地所签订的征地协议,也是基于双方合意,即是双方的真实意思表示,因此,只要协议内容不违反法律规定,也未损害国家、公共利益,该协议合法有效,双方当事人就应当及时履行协议中约定的义务。(2)人民政府土地行政主管部门未按约定履行协议义务的,被征收人有权向人民法院起诉要求其履行。人民政府土地行政主管部门与被征收土地人依双方真实意思表示签订的征收协议未危害国家和公共利益安全,属于真实有效的协议双方应依协议履行。而人民政府土地行政主管部门与被征收土地人签订征收协议且未按约定履行的行为符合《行政诉讼法》第12条关于行政诉讼受案范围的规定,即当事人认为行政机关不依法履行、未按照约定履行或者违法变更、解除政府特许经营协议、土地房屋征收补偿协议等协议的,人民法院应当受理当事人提起的行政诉讼。故被征收人有权向人民法院提起诉讼,要求人民政府土地行政主管部门按照协议约定,及时履行。

6. 拍卖国有土地使用权并与竞得人签署成交确认书的行为是否可诉

【案例】 莱芜市泰×房地产开发有限公司诉山东省××市国土资源局土地行政确认案

案例来源

发布单位:最高人民法院行政审判庭《中国行政审判指导案例》(第3卷)
审判法院:山东省高级人民法院
判决日期:2010年8月13日

案　　号：（2010）鲁行终字第 143 号

基本案情

魏×忠系山东××建设集团有限公司（以下简称建设公司）和莱芜市正×房地产开发有限公司（以下简称正×公司）的法定代表人，二公司具有独立的法人资格，系两个独立的公司，正×公司于 2007 年以 9000 万元的成交价竞得了 2006-× 号宗地，但始终拖欠政府土地出让金 6000 万元。

2009 年 5 月，山东省××市国土资源局（以下简称国土局）向××市人民政府（以下简称市政府）作出关于公开拍卖出让国有建设用地使用权的请示，同日，市政府作出同意该局出让方案的批复。次月，国土局发出公告出让宗地编号为 2009-× 号的土地，并明确表示境内外的法人、自然人和组织均可申请参加，但无正当理由拖欠政府土地出让金的单位、自然人和其他组织不得参加竞买。同年 7 月，建设公司委托魏×东以个人名义参与了该宗地的竞拍，并与其达成了合作协议，约定竞买成功以建设公司子公司房地产开发公司名义开发该块土地。次日，莱芜市泰×房地产开发有限公司（以下简称泰×公司）及魏×东均向国土局提出竞买申请，国土局确认了竞买资格。经过竞拍，魏×东以 8600 万元的价格拍得此地，并签订确认书。同日，泰×公司对魏×东的竞买资格提出书面异议，并要求国土局查清魏×东竞买资金来源后，再行组织竞拍。国土局书面答复称，魏×东未拖欠政府土地出让金，符合参加竞买的资格。而后泰×公司在国土局与魏×东对成交确认书进行公证的前后，均分别提出调查魏×东竞拍资格，重新组织竞拍的要求。

泰×公司以魏×东无竞拍资格为由，提起诉讼，请求判令国土局与魏×东就编号为 2009-× 号地块所签署的成交确认书无效。

一审判决后，泰×公司、国土局、魏×东不服，均提起上诉。

泰×公司上诉称：建设公司应对正×公司欠政府出让金依法承担连带责任，其也是欠政府出让金的主体，魏×东自认因其个人没有能力参加竞拍，与建设公司签订协议；魏×东不是自己进行开发而参加竞买，而是因本公司欠政府土地出让金没有竞买资格，双方是恶意串通进行竞买；魏×东资格取消后，在特定时间段内只有泰×公司一家已经确认资格有效的竞买人，且泰×公司已经有 8500 万元报价已被国土局确认有效，该报价高于底价，应直接确认泰×公司为土地竞买的中标人。故请求二审法院确认泰×公司按土地竞拍出价 8500 万元摘牌有效，驳回国土局与魏×东的上诉请求。

国土局诉称：涉案土地竞买主体只有泰×公司和魏×东，经审查均符合竞买人资格，正×公司未参与涉案土地的挂牌竞买活动，不是竞买主体；原审判决根据《招标拍卖挂牌出让国有建设用地使用权规定》第 25 条之规定，认定被诉成交确认书无效，无事实依据；原审法院的立案时间为 2009 年 9 月 29 日，而原审法院审判人员在当月 14 日已向泰×公司的副经理及魏×东制作了调查笔录，未立案即对案件先介入，并将先行制作的调查笔录作为定案依据，违背行政诉讼法的规定；即使国土局与魏×东签订的成交确认书无效，泰×公司也不符合《招标拍卖挂牌出让国有建设用地使用权规定》第 19 条规定的条件，国土局不能直接与泰×公司签订成交确认书，应组织重新竞拍。故请求二审法院依法撤销原判，驳回泰×公司的诉讼请求。

魏×东诉称：《成交确认书》属于平等民事主体之间签订的协议，应当通过民事程序予以处理，一审法院将本案作为行政案件予以受理存在错误；本人与建设公司签订的合作协议，假如双方联合竞买成功，以正×公司名义进行开发建设不违反法律、法规的禁止性规定，且不能因正×公司拖欠政府土地出让金而否定本人的竞买资格；本人提交的竞买材料均为真实，不存在隐瞒；国土局对涉案宗地的建设用地使用权的挂牌出让程序合法，成交结果应当有效。故请求二审法院撤销一审判决，驳回泰×公司的诉讼请求。

判决主文

一审法院判决：确认被告国土局与魏×东就编号为 2009-×号地块所签署的成交确认书无效；驳回原告泰×公司的其他诉讼请求。

二审法院判决：驳回上诉，维持原判。

裁判要旨

土地行政主管部门通过拍卖出让国有土地使用权，并与竞得人签署成交确认书的行为，系国家机关对具体的事项作出的有关特定主体权利义务的单方面行为，属于具体行政行为，系土地行政主管部门作为国家机关在行使其招标拍卖出让国有建设用地使用权的职权，而非对平等主体之间民事权益的处分，属于行政诉讼受案范围。当事人不服提起行政诉讼的，人民法院应当受理。

重点提示

在司法实践中，对于某一行政行为是否具有可诉性常成为争议的焦点，而对于土地行政主管部门而言，其通过拍卖出让国有土地使用权并与竞得人签署确认书的行为是否属于行政诉讼的受案范围的问题，实务中应当注意以下三点：（1）行政诉讼受案范围的确定及意义。在我国现行的法律体系下，并非行政机关所作出的全部行政行为都在行政诉讼的受案范围内，故判断一行政行为是否具有可诉性就成了行政诉讼中的一项特有的问题。我国《行政诉讼法》第12条以及第13条对于可诉的行政行为及不可诉的行政行为均已作出了明确规定，只有明确了行政诉讼的受案范围，才能便于法院及时、正确地受理案件，也更有利于合法权益受到行政机关的行政行为侵害的公民、法人或其他组织，能够及时、有效地行使行政诉讼的权利。（2）具体行政行为与抽象行政行为的特征与区分。具体行政行为与抽象行政行为都是行政机关作出的行政行为的表现形式，二者存在很大的区别。一般来讲，具体行政行为指的是行政主体在国家行政管理活动中行使职权，针对特定的行政相对人，就特定的事项，作出有关该行政相对人权利义务的单方行为；而抽象行政行为则并非针对特定人、事与物，而是行政机关所作出的具有普遍约束力的行政行为，包括政府组织制定行政法规、规章等行为。由《行政诉讼法》第12条以及第13条中列举的可诉及不可诉的行政行为可知，抽象的行政行为不具有可诉性，不在人民法院行政诉讼案件的受案范围中，因此，判断一行政行为是否具有可诉性的关键就在于判断其是否属于具体行政行为。（3）国有土地使用权拍卖后土地管理部门签署确认书这一行为的性质。土地管理部门拍卖国有土地使用权的行为属于行政机关具有特定性具体事项，系行政机关行使行政职权的行为。而由前述分析可知，行政行为针对对象的"特定性"就是确定该行为是否属于具体行政行为，故土地管理部门拍卖国有土地使用权的行为系具体行政行为且具有可诉性。此外，《行政诉讼法》中规定，公民、法人或其他组织因行政机关等行使国家行政权的机关组织人员等实施的具体行政行为，使其合法权利受损，可以依法向人民法院提起行政起诉。而土地管理部门挂牌拍卖出让国有土地使用权，后竞买人取得并与其签署成交确认书。若上述竞买国有土地的行为与行政相对人在法律上存在一定利害关系，并影响其合法权益的，行政相对人即可提起行政诉讼，故国有土地使用权拍卖后土地管理部门与竞得人签署成交确认书的行为属于行政诉讼的受案范围。

7. 房屋被强拆后调解书确定的所有权人能否就强拆行为提起诉讼

【案例】罗×珍诉重庆市××区人民政府房屋拆迁行政强制案

案例来源

发布单位：最高人民法院行政审判庭《行政执法与行政审判》2011年第5集（总第49集）

审判法院：重庆市高级人民法院

基本案情

2009年6月，重庆市××区人民政府（以下简称区政府）责成相关部门对涉案房屋进行强拆，此时，涉案房屋登记的合法产权人为周×伦。次年5月，罗×珍与周×伦在人民法院达成民事调解书，约定涉案房屋产权归罗×珍所有。

罗×珍以区政府对涉案房屋进行强拆的行为违法为由，提起诉讼，请求确认区政府对涉案房屋进行强拆的行为违法。

一审裁定后，罗×珍不服，提起上诉称：本人为涉案房屋的真正产权人，与被诉具体行政行为具有法律上的利害关系，具体行政行为侵犯的系本人的合法权益，且被诉行政行为是否实施完毕不影响本人资格的认定，故本人作为产权人有权提起行政诉讼。

判决主文

一审法院裁定：驳回原告罗×珍的起诉。
二审法院裁定：驳回上诉，维持原裁定。

裁判要旨

人民法院受理行政诉讼首先要求当事人应当在法律规定的期限内提起诉讼，还要求当事人与其提起诉讼的行政行为之间具有法律上的利害关系。房屋被强制拆迁后，民事诉讼的当事人因房屋已灭失而不能通过达成调解书取得被拆迁房屋的所有权，故其与被拆迁房屋的强拆行为无法律上的利害关系，其不具备对强拆行为提起行政诉讼的主体资格。

重点提示

行政诉讼是当事人认为行政机关的行政行为侵犯其合法权益时向人民法院提起诉讼、寻求救济的一种方式。但为了避免当事人对行政诉讼的滥用，造成司法资源的浪费，我国现行法律体系中对行政诉讼的受案标准进行了一定的限制。在司法实践中，因为房屋拆迁而引发的纠纷时有发生，对于房屋已经被强拆后经法院出具调解书确认的房屋所有权人是否有权就强拆行为提起行政诉讼的问题，应当注意以下三点：（1）行政诉讼的特征以及受案条件。一般来讲，行政诉讼应当具备以下特征：①内容具有特殊性。行政诉讼的本质是解决行政机关和公民、法人或其他组织之间的争议，处理好行政机关和公民、法人或其他组织之间的关系对于社会稳定和发展具有重要意义。②当事人具有恒定性。在行政诉讼中，由于行政诉讼的起因就是公民、法人或者其他组织认为行政机关的行政行为违法，从而通过行政诉讼的方式维护自身合法权益，而行政机关认定公民、法人或其他组织的行为违法可以直接采取行政处罚等措施，无须提起行政诉讼，因此行政诉讼的原告只能是公民、法人或者其他组织，被告只能是行政机关。③行政诉讼中当事人地位的平等性。在一般的行政法律关系中，行政机关处于主导地位，但在行政诉讼中，行政机关作为被告，其与原告的法律地位是平等的，人民法院才是诉讼过程中的主导者。人民法院在受理行政诉讼案件时应当对案件的详细情况进行审查，首先应当审查案件的被告是否适格，即作出行政行为的行政主体是否具有行使行政行为的职权；其次应当审查当事人是否具有提起行政诉讼的主体资格，一般来讲，审查当事人的主体资格应当审查当事人是否在法定期限内向法院提起行政诉讼，若超出法定期限，人民法院应当不予受理，还应当审查当事人与其起诉的行政行为之间是否具有法律上的利害关系，即法律上的权利义务关系，若不存在，当事人也不具备提起行政诉讼的主体资格。（2）已被强拆的房屋不具有设立物权的基础。由前述分析可知，提起行政诉讼的一项前提条件，就是当事人与行政机关所作出的行政行为之间具有法律上的权利义务关系。就房屋拆迁所引发的纠纷而言，对将要被强制拆除的房屋享有权利的当事人，就是有权利提起行政诉讼的当事人。但对于已经被强制拆除的房屋而言，其自被强制拆除之时起,其上所设立的物权就已经随之消灭,无论过后达成何种协议,均不具有重新设立物权的效力,故房屋被强拆后经调解书确认的房屋所有权人无权就房屋拆除行为提起行政诉讼。(3)房屋被强拆时权利人的救济途径。在案件符合行政诉讼案件受案范围的情况下,选择提起行政诉讼当然是权利人对自身合法权益进行救济的方式,反之则要求当事人通过其他途径进行救济。通常来讲,救济方式包括以下几种:①双方签订拆迁安置协议时约定仲裁条款的,若一方反悔,可以申请仲裁;②若双方没有签订拆迁安置协议,且没有政府的拆迁裁决的,可以去有关部门申请拆迁行政裁决;③双方签订拆迁安置协议后,觉得不公平的,也可以去法院提起民事诉讼。因此,发生拆迁纠纷时,当事人应当理性、积极地寻求救济方式解决。

8. 债权人能否就登记机构为债务人办理的土地变更登记提起诉讼

【案例】洪×英等4人诉××市人民政府土地行政登记案

案例来源

发布单位:最高人民法院行政审判庭《中国行政审判指导案例》(第1卷)
审判法院:浙江省宁波市中级人民法院

基本案情

1998年6月,案外人沈×荣自慈溪市××工艺塑料厂处受让涉案房屋,并于10月取得该房屋所有权证,但未办理该房屋占用范围内的土地使用权变更登记手续。后因该房屋占用范围内土地由集体土地转为国有划拨土地后的土地使用权变更登记至沈×荣名下,据此沈×荣取得了××市人民政府(以下简称市政府)颁发的慈国用[2004]第020151号国有土地使用证。2004年6月,沈×荣与尹×鹤签订房地产买卖协议后共同向慈溪市国土资源局提出申请并提交房产证等相关证明文件,要求变更登记上述房屋的国有土地使用权,但未提供尹×鹤为权利人的该国有土地上所建房屋的所有权证书。同月,市政府核准土地变更登记,并颁发了确认尹×鹤为土地使用者的国有土地使用证。而后洪×英、方×芬、邓×儿、吴×丽因沈×荣夫妇欠其借款和贷款分别提起民事诉讼,法院查封了沈×荣夫妇所有的上述房屋,而未查封该房屋占用范围内的土地使用权。因法院判决沈×荣夫妇履行还款义务，洪×英等4人遂申请强制执行。在执行过程中，尹×鹤提出异议，以其与沈×荣订立了上述房屋的立绝卖契，并已交付相应的价款且取得了土地使用证等为由，请求解除对上述房屋的查封。一审、二审法院驳回了尹×鹤提出的异议。

洪×英、方×芬、邓×儿、吴×丽以市政府向尹×鹤颁发国有土地使用证的行为违反了法律的相关规定，损害了其合法权益为由提起诉讼，请求判令：撤销市政府颁发的上述国有土地使用证。

市政府辩称：2004年6月，尹×鹤向××市国土资源局提出变更土地登记申请，并提交房屋买卖协议书、身份证明、国有出让土地使用权转让合同、房屋所有权证、国有土地使用证等土地登记资料，因其申请办理土地变更登记提交的登记资料齐全，符合《国有出让土地使用权转让办事须知》的规定和目前该市相关土地使用权转让、登记的文件。且政府经地籍调查、权属审核后向尹×鹤颁发的国有土地使用证事实清楚，程序合法。同时法院仅是对房屋进行查封，并未及时对该房屋坐落的土地使用权的权属进行审查并采取有效的财产保全措施。因此，请求法院维持被诉土地登记颁证行为。

尹×鹤述称：市政府向本人颁发土地使用证的行为未妨碍洪×英等4人的合法权益，故洪×英等4人不具备提起行政诉讼的主体资格；根据《土地管理法》及建设部的有关规定，本案中涉案房屋的土地使用权不存在任何禁止转让的情形，且本人依法取得土地使用权的变更登记，市政府的颁证行为合法。

一审判决后，尹×鹤不服，提起上诉称：洪×英、方×芬、邓×儿、吴×丽不具备原告的主体资格。

判决主文

一审法院判决：撤销被告市政府向第三人尹×鹤颁发的国有土地使用证。
二审法院判决：驳回上诉，维持原判。

裁判要旨

人民法院应债权人要求查封债务人房屋后，债权人的债权即不同于普通债权，而受到法律的特别保护。行政机关在法院查封债务人房屋后，作出土地使用权变更登记导致房地的分离，减少了债务人可供执行的财产价值，并妨碍了债权的实现。因此，应认定行政机关的行为与债权人具有法律上的利害关系，债权人若对此行为不服,有权提起行政诉讼以保障其合法权益。

重点提示

土地使用权变更登记,是指因土地权利人、土地权利人名称或地址、土地用途等内容发生变更,从而进行的登记。司法实践中,厘清登记机构为债务人已被债权人申请查封的房屋办理土地使用权变更登记的,债权人是否有权提起行政诉讼的问题时,应当注意以下两点:(1)当事人可以提起行政诉讼的条件。根据《行政诉讼法》的有关规定可知,合法权益被行政机关的行政行为侵害的主体能够提起行政诉讼。在实务中,当事人提起行政诉讼时,应当从当事人的合法权益损害与行政机关的行政行为存在法律上的利害关系的角度来判断当事人是否具备提起行政诉讼的主体条件。《最高人民法院关于适用〈中华人民共和国行政诉讼法〉的解释》第12条已经明确规定了"与行政行为有利害关系的"行为类型,具体包括:①被诉的行政行为涉及其相邻权或者公平竞争权的;②在行政复议等行政程序中被追加为第三人的;③要求行政机关依法追究加害人法律责任的;④撤销或者变更行政行为涉及其合法权益的;⑤为维护自身合法权益向行政机关投诉,具有处理投诉职责的行政机关作出或者未作出处理的;⑥其他与行政行为有利害关系的情形。此外还应当注意的是,除涉及不动产等特殊情况下的行政诉讼外,一般来讲行政诉讼时效是利害关系人自知道或应当知道之日起6个月,若在超过了诉讼时效后当事人仍未起诉,则应视为当事人放弃提起行政诉讼的权利。(2)行政机关对债务人已被查封的土地房屋作出变更登记的行为构成对债权人合法权益的侵害。由前述分析可知,与行政行为有法律上利害关系的公民、法人或其他组织认为该行政行为侵害其合法权益的,可以依法提起行政诉讼。债权人请求法院依法查封债务人房屋后,其债权就相比于普通债权而更加受到法律的特别保护。行政机关在法院查封债务人房屋后仍核准登记机构将土地使用权变更登记,该行为将土地使用权与房屋所有权相分离,既减少了债务人的可供执行的财产价值,又使房屋所有权产生瑕疵,导致法院难以处分该房屋,使债权难以实现,切实影响债权人的利益。据此,应认定行政机关核准登记机构变更登记的行为与债权人之间存在法律上的利害关系,故该债权人具有行政诉讼原告资格,即有权提起行政诉讼以保障其合法权益。

二、诉讼当事人

1. 第三人撤销之诉中第三人主体资格的认定

【案例】 河南省××市××基金房地产开发有限公司诉××市××精细陶瓷材料有限公司等第三人撤销之诉案

案例来源

发布单位：最高人民法院《人民司法·案例》2021年第29期（总第936期）
审判法院：河南省焦作市中级人民法院
判决日期：2021年1月27日
案　　号：（2021）豫08民终746号

基本案情

2007年9月，××市××机电设备制造有限公司（以下简称制造公司）与河南省××市××基金房地产开发有限公司（以下简称房地产开发公司）签订了土地使用权转让协议，约定房地产开发公司分批向制造公司支付土地转让定金（由房地产开发公司账户转入制造公司账户的200万元，其余资金由张×生、宋×军等转入制造公司会计个人账户），购买其位于××路×号建设用地的使用权。后制造公司分次向房地产开发公司出具收据并加盖公司财务专用章。2012年11月，房地产开发公司与××市××精细陶瓷材料有限公司（以下简称材料公司）签订书面协议，约定将上述合同的权利义务转让给材料公司，同时该协议中明确制造公司欠房地产开发公司土地定金1200万元。2012年11月，材料公司与制造公司重新签订与前述土地使用权转让协议主要条款内容相一致的土地使用权转让协议。制造公司向材料公司出具盖有制造公司财务专用章的1200万元土地转让定金收据。后经制造公司于2013年、2014年退还给材料公司200万元定金。材料公司以制造公司未按约定履行合同义务为由，提起诉讼，请求判令解除材料公司与制造公司之间的合同，同时要求制造公司双倍返还土地定金并赔偿损失。一审判决后，制造公司不服，提起上诉。后制造公司向人民法院申请撤回上诉，人民法院予以准许。一审判决已发生法律效力。

另查明，××市××区××建筑设备租赁站作为异议人，曾就申请执行人焦作××银行股份有限公司申请执行材料公司、房地产开发公司、焦作市金××通建材有限公司、张×生、宋×红借款及担保合同一案，提出执行异议。

2019年5月，房地产开发公司提出破产申请，由××法本律师事务所担任其公司管理人。2020年8月，制造公司告知房地产开发公司管理人，法院已经执行扣划制造公司1450万余元，且认为房地产开发公司与材料公司签订转让合同是为了转移定金，该定金并非材料公司所有。

房地产开发公司以材料公司与制造公司的行为损害其债权人利益为由，提起诉讼，请求判令撤销（2018）豫0802民初3887号民事判决，确认材料公司申请执行制造公司款项中的14 252 471元归其所有。

一审裁定后，房地产开发公司不服，提起上诉。

判决主文

一审法院裁定：驳回原告房地产开发有限公司的起诉。
二审法院裁定：驳回上诉，维持原裁定。

裁判要旨

第三人撤销之诉中的第三人，应以其是否具备第三人诉讼地位作为基本判断依据，该判断标准应当符合《民事诉讼法》第59条的规定。第三人主张撤销之诉的时间起点，以其知道该生效法律文书作为知道或应当知道其民事权益受到损害之日的起算点，其怠于进一步了解生效法律文书具体内容的，不影响其应当知道的认定。

重点提示

第三人撤销之诉是一种非常的救济制度，它赋予因非自身原因未能参加诉讼，但有证据证明现有的已发生法律效力的判决、裁定等内容损害其民事权益的第三人对于上述内容提起诉讼的权利。由于该权利最终可能推翻前一判决、裁定等内容，因而会影响人民法院生效裁判的权威性，故更应当严格把握对于第三人撤销之诉主体资格的判断。司法实践中，认定第三人撤销之诉中第三人的主体资格的问题，应当注意以下三点：（1）第三人撤销之诉中适格的第三人认定。一般来说，第三人撤销之诉中的第三人应当是具备第三人诉讼资格的有独立请求权的第三人和部分无独立请求权的第三人。具体为：原诉讼当事人之外的，非因自身原因未受到诉讼保障且原判决对其权益存在损害的第三人。对于上述第三人资格的判断实务中未存在太多争议，但还应注意以下几类人可能不具备第三人撤销之诉的主体资格。①对于撤销之诉无诉讼利益关系的第三人不具有第三人撤销之诉的主体身份。根据《民事诉讼法》第59条的规定可知，第三人撤销之诉的第三人应当与该撤销之诉具有一定的权利义务关系。在实务审理中，一些人可能会为获取证据事实等资料而想要追加成为第三人。此时其仅有陈述事实的权利而不具有请求权，因此不具备第三人撤销之诉中第三人的资格。②造成原审中止审理的案外人并非第三人撤销之诉的第三人。原诉讼过程中因特殊情况造成原审中止审理的第三人，其仅对于案件的审理进程造成了影响，并未向原审主张权利，因此并不具备第三人撤销之诉的主体资格。（2）第三人撤销之诉中诉讼期限的认定。为避免对法律关系造成长期的不稳定，维持裁判的公信力，我国相关法律对于第三人提起撤销之诉作出了必要的限制。《民事诉讼法》第59条第3款规定，第三人可以自知道或者应当知道其民事权益受到原判损害之日起6个月内，向作出该判决、裁定、调解书的人民法院提起诉讼。对于第三人知道或应当知道的时间节点，可以从以下几点进行认定：①第三人知道其权益因诉讼受到损害，但由于该诉讼仍在进行且未作出最终裁判结果，故第三人权益是否受到侵害不能得到认定，因此，应当以原审判决发生法律效力之日作为第三人提起第三人撤销之诉的诉讼起算点。②第三人因不能归责于本人的事由未能参加诉讼，则应当以上述事由消除之日作为第三人提起第三人撤销之诉的诉讼起算点。③第三人对于可能侵害其权益的诉讼正在进行的情形并不知情时，应当以第三人首次取得该生效裁判文书之日作为第三人提起第三人撤销之诉的诉讼起算点。对于第三人虽已经取得侵害其合法权益的裁判文书，但未全面审查因而未发现该裁判文书已经损害其自身合法权益的情况。此种情况属于第三人怠于行使其诉讼权利的情况，故其第一次取得侵害其合法权益的裁判文书之日仍可作为其提起第三人撤销之诉的诉讼起算点。（3）第三人撤销之诉和破产管理人撤销权的区别。第三人撤销权之诉是对所有自然人和法人的利益的保障。对于法庭所作出的判决，其中凡是有涉及损害个人利益的事项，当事人可向法庭提起诉讼，请求法庭撤销该项判决。当第三人不具有第三人撤销之诉的主体资格时，其管理人亦不具有第三人地位。但管理人可基于管理职责行使管理人撤销权，依法对于损害债权人合法权益的行为，以自己的名义向人民法院提起诉讼，请求撤销债务人转让财产的行为，这与第三人撤销之诉具有显著区别。

2. 行政机关负责人在行政诉讼中的职责认定

【案例】××省××县××铁厂诉××省××市人民政府房屋拆迁行政征收案

案例来源

发布单位：最高人民法院发布的十五起行政机关负责人出庭应诉典型案例（2021年7月29日）

审判法院：贵州省遵义市中级人民法院

判决日期：2019年10月30日

案　　号：（2019）黔03行初330号

基本案情

××省××县××铁厂（以下简称××铁厂）的原厂房被征收，××省××市××区人民政府（以下简称区政府）与××铁厂于2010年11月达成拆迁补偿协议，后××省××市人民政府（以下简称市政府）所属项目部于2012年重新与××铁厂签订了《拆迁安置补充协议》，并约定区政府与××铁厂达成的原拆迁补偿协议不再执行，市政府应在红花岗区五号安置1425.06平方米职工住房给××铁厂。但由于多方面的因素，市政府一直未交付房屋给××铁厂。

××铁厂以市政府逾期交房给其造成损失为由，提起诉讼，请求判令市政府支付损失。

市政府辩称：本政府因未直接参与征收具体工作而不是适格被告，同时××铁厂的诉讼请求超出协议范围，没有法律依据，故请求驳回××铁厂的诉讼请求。

判决主文

市政府出庭负责人积极听取××铁厂陈述及人民法院的意见，后提出由市政府牵头负责、相关部门协商，对××铁厂提出的合理损失予以补偿的协调意见。双方通过充分协商、沟通，很快达成了调解协议。人民法院作出行政调解书，本案调解结案。

裁判要旨

在行政案件的审判过程中，行政机关负责人应当通过应诉的方式实际参与到司法实践中，与行政相对人平等地沟通与交流，倾听并采纳行政相对人的意愿，以此更加全面、准确地掌握行政争议的缘由，及时发现行政机关在执法工作中的不足，这是行政机关负责人的法定职责。若行政机关负责人存在无正当理由拒不到庭或者未经法庭许可中途退庭等情况并造成严重后果的，人民法院或有关部门可以追究其责任。

重点提示

行政机关负责人在行政争议案件的解决中起到关键的作用。在司法实践中，探究行政机关负责人的职责认定问题，应当注意以下三点：（1）我国法律对于行政机关负责人的具体规定。根据《最高人民法院关于行政负责人出庭应诉若干问题的规定》第2条的规定可知，行政机关负责人包括行政机关的正职、副职负责人，参与分管被诉行政行为实施工作的副职级别的负责人以及其他参与分管的负责人。被诉行政机关委托的组织或者下级行政机关的负责人，不能作为被诉行政机关负责人出庭。即我国法律对于行政机关负责人的范围进行了扩大，增加了参与分管被诉行政行为实施工作的副职级别的负责人以便出庭应诉制度的进一步完善。同时，明确规定相应的工作人员限于被诉行政机关中具体行使行政职权的工作人员。此外，被诉行政机关委托的组织或者下级行政机关的负责人，不能作为被诉行政机关负责人出庭。但行政机关委托行使行政职权的组织或者下级行政机关的工作人员，可以视为行政机关相应的工作人员。（2）出庭应诉是行政机关负责人的法定职责。行政机关负责人在行政案件审判中出庭应诉，对于实质化解行政案件的争议，保障人民群众的合法权益，确保行政机关依法行使职权，推进政府法治建设都具有重要的意义，故上述系行政机关负责人的法定职责。行政机关负责人应当掌握行政诉讼相关法律知识，熟悉庭审规则和基本流程，提高应诉技能。全程参与行政诉讼案件的审理、调解、履行等环节。其中涉及食品药品安全、生态环境和资源保护、公共卫生安全等重大公共利益，社会高度关注或者可能引发群体性事件等的案件及人民法院通知行政机关主要负责人出庭应诉的案件，行政机关主要负责人必须主动出庭应诉，其他案件由行政机关的有关负责人出庭应诉。（3）行政机关负责人怠于出庭应诉的后果。针对地方行政机关负责人出庭应诉不积极、不配合的情况，《最高人民法院关于行政机关负责人出庭应诉若干问题的规定》第12条明确有下列情形之一的，人民法院应当向监察机关、被诉行政机关的上一级行政机关提出司法建议：①行政机关负责人未出庭应诉，且未说明理由或者理由不成立的；②行政机关有正当理由申请延期开庭审理，人民法院准许后再次开庭审理时行政机关负责人仍未能出庭应诉，且无正当理由的；③行政机关负责人和行政机关相应的工作人员均不出庭应诉的；④行政机关负责人未经法庭许可中途退庭的；⑤人民法院在庭审中要求行政机关负责人就有关问题进行解释或者说明，行政机关负责人拒绝解释或者说明，导致庭审无法进行的。有上述情形之一的，人民法院应当记录在案并在裁判文书中载明。由此可知，行政机关负责人存在无正当理由拒不到庭或者未经法庭许可中途退庭，造成案件最终败诉且给行政相对人造成重大损失等恶劣情形的，人民法院可以根据上述法规的相关规定向有关机关或监察机关提出司法建议，依法追究相应责任；情节严重，构成犯罪的，也可依法追究相应刑事责任。

3. 有共同被告的行政案件出庭应诉人的确定

【案例】王××诉××省××市自然资源和规划局限期拆除决定及××省××市人民政府行政复议案

案例来源

发布单位：最高人民法院发布的十五起行政机关负责人出庭应诉典型案例（2021年7月29日）

审判法院：云南省保山市中级人民法院

基本案情

王××作为个体经营者，在与××省××市工业园区管委会签订优先供地合同后，未取得规划许可擅自建设11 000平方米钢结构厂房。××省××市自然资源和规划局（以下简称自然资源和规划局）经调查认定王××的涉案厂房紧邻高速公路，属于无法采取改正措施消除对规划影响的情形，遂责令王××限期拆除，王××不服向××省××市人民政府（以下简称市政府）申请行政复议，市政府作出复议维持的决定。

王××以市政府作出的复议维持决定侵害其合法权益为由，提起诉讼。

另查明，因本案涉及公民的重大财产权益，同时涉及当地工业园区的管理规范等问题，作出原行政行为的行政机关自然资源和规划局正职负责人以及复议机关市政府的副职负责人，都主动表示依法出庭应诉。自然资源和规划局正职负责人对案件涉及的具体专业性问题进行了解释说明，并发表了辩论意见，对法律适用问题进行了充分阐述。市政府副职负责人针对案件争议焦点发表辩论意见，准确指出通过案件审理发现政府工作中存在的问题，并对行政复议决定存在的瑕疵向王××道歉，对王××选择法治方式维权表示敬意，同时分析说明王××主张的权益无法得到法律保护的原因，并建议王××主动拆除违法建筑。

庭审结束后，王××申请撤诉。

判决主文

一审法院裁定：准予原告王××撤诉。

裁判要旨

为促进法治政府建设、化解社会矛盾纠纷、增强行政机关法治意识、促进行政争议实质解决，我国在行政案件审判时应当严格落实行政机关负责人出庭应诉制度。其中对于有共同被告的行政案件，我国相关法律规定可由共同被告协商确定行政机关负责人出庭应诉，也可由人民法院确定。

重点提示

行政机关负责人出庭应诉制度的出现，在体现行政机关解决矛盾具有积极性的同时，一定程度上也能平复行政相对人情绪、增加行政机关的公信力。在司法实践中，对于行政机关负责人出庭应诉制度的意义，以及有共同被告的行政案件的出庭应诉人的确定的问题，应当注意以下三点：（1）我国行政机关负责人出庭应诉制度的内容。《最高人民法院关于行政机关负责人出庭应诉若干问题的规定》向行政相对人及行政机关展示了行政机关负责人出庭应诉的具体标准，其第1条及第2条指出，被诉行政机关负责人应当出庭应诉，是指被诉行政机关负责人依法应当在一审、二审、再审等诉讼程序中出庭参加诉讼，行使诉讼权利，履行诉讼义务。而行政机关负责人则包括行政机关的正职、副职负责人、参与分管被诉行政行为实施工作的副职级别的负责人以及其他参与分管的负责人。被诉行政机关委托的组织或者下级行政机关的负责人，不能作为被诉行政机关负责人出庭。（2）行政机关负责人出庭应诉制度的意义。行政机关负责人出庭应诉制度为行政机关与行政相对人提供了平等交流的平台，保障行政诉讼案件审理能够顺利开展，为维护行政诉讼相对人的合法权益和矛盾的解决发挥了重要作用。具体体现在以下几个方面：一是有利于加快行政案件实体争议解决的进程。若仅由行政机关委托工作人员或律师出庭，对于行政相对人提出的诉求不能得到及时地处理，降低了庭审的效率。行政机关负责人出庭应诉制度能够使行政相对人的诉求在现场直接沟通处理，提高行政诉讼案件审理的效率。二是有利于化解行政机关和行政相对人之间的矛盾。行政机关负责人出庭应诉制度的出现使很多行政相对人都觉得自己与行政机关在诉讼中有着相同的地位，平复了行政相对人的对立情绪，使行政纠纷能够得到更好地解决。三是有利于推动法治政府的建设。行政机关负责人在行政案件审理中积极出庭应诉，是对法治政府的一种展示。行政机关负责人出庭应诉制度越来越多地运用到行政案件审判中，行政机关整体的法治意识、法治理念也将得到明显提高。（3）有共同被告的行政案件，其出庭应诉人的确定。根据《最高人民法院关于行政机关负责人出庭应诉若干问题的规定》第3条的规定，有共同被告的行政案件，可以由共同被告协商确定行政机关负责人出庭应诉；也可以由人民法院确定。由此可知，人民法院认同在复议机关作为共同被告的行政案件中，由共同被告协商作出以原行政行为的行政机关委派负责人出庭应诉的情形。此外，若出现共同被告均积极委派负责人出庭应诉的情况，人民法院应当给予鼓励和支持。出庭应诉人员的增多能够更大程度上发挥其作用，提高行政机关整体的法治意识、法治理念的同时也有助于化解社会矛盾。

4. 土地出让合同解除诉讼中必要当事人的认定

【案例】A公司诉 × 市国土资源局建设用地使用权纠纷案

案例来源

发布单位：最高人民法院民事审判第一庭《民事审判指导与参考》2014年

第 3 辑（总第 59 辑）

审判法院：××人民法院

基本案情

2010 年 11 月，×市国土资源局发布公告，挂牌出让国有建设用地使用权。次月，张×向××市土地收购储备中心（以下简称储备中心）交纳土地保证金共计 5400 万元后，×市国土资源局向张×颁发竞买资格确认书，确认张×的竞买资格。同月 26 日，张×与 A 公司签订协议，约定双方对上述土地进行联合竞买，5400 万元作为先期投入由张×负责，后续资金由 A 公司提供，后续手续办理及合同签订事宜均由 A 公司以其名义负责。双方签订的《协议书》在×市国土资源局进行了备案。3 日后，A 公司向储备中心缴纳了土地出让金的剩余部分 1400 万元，并与×市国土资源局签署了《成交确认书》，载明 A 公司为本地块竞得人。次年 1 月，×市国土资源局与 A 公司订立以前者为出让人，后者为受让人的《国有土地使用权出让合同》。2013 年 2 月，张×发布声明称：上述土地上所产生的权利义务全部由 A 公司承担，本人对该土地既不享有权利，亦不负有义务。该声明已经经公证处公证。此后，×市国土资源局未交付案涉土地。

A 公司遂以×市国土资源局未交付涉案土地，构成违约为由，提起诉讼，请求判令：解除《国有土地使用权出让合同》，×市国土资源局返还已支付的土地出让款 6800 万元，并支付违约金 3600 万元。

一审判决后，×市国土资源局不服，提起上诉称：涉案土地系张×与 A 公司共有，且一审判决遗漏了共同诉讼当事人，故请求撤销原审判决，发回重审。

判决主文

一审法院判决：解除涉案《国有土地使用权出让合同》；被告×市国土资源局返还土地出让款 6800 万元，并支付违约金 3600 万元。

二审法院判决：驳回上诉，维持原判。

裁判要旨

共同诉讼要求各诉讼人之间存在共同的权利或义务关系，在必要共同诉讼的前提下，若发生遗漏主体、调解不成时应当发回重审。在多个出资人签订联合竞买协议联合摘牌建设用地使用权,并委托一方出资人签订土地使用权出让合同的情况下,建设用地使用权未经登记前并未设立,出资人不构成土地使用权的共有人,出资人之间不具有相同的权利义务关系;且未签订建设用地使用权出让合同的出资人也并非合同当事人,根据合同的相对性原则不必对合同承担权利义务。因此,未签订合同的联合竞买人未参与诉讼不构成遗漏主体。

重点提示

在司法实践中,有时会发生多个当事人通过签订协议联合竞买的方式竞买建设用地使用权后由一方办理土地摘牌手续,并签订土地使用权出让合同的情形,在此情形下,若签订出让合同的竞买人就出让合同的履行、解除等单独起诉出让人,联合竞买人是否为必须共同提起诉讼的当事人的问题就成为争议的焦点,对此应当注意以下三点:(1)共同诉讼产生的原因。判断一类案件是否必须要求多个当事人进行共同诉讼,就需要判断各当事人之间是否满足共同诉讼的条件。共同诉讼一般分为两种基本类型,即权利义务共同型和原因共同型:在权利义务共同型的共同诉讼中,各共同诉讼人之间本身存在权利义务的共同关系,或存在连带债权、债务;而在原因共同型的共同诉讼中,共同诉讼人之前原本不存在共同的权利或者义务,但因为后来发生了同一事实或法律上的原因,使得共同诉讼人之间具有了共同的权利或义务。因此,若要进行共同诉讼,需要共同诉讼人之间满足以上条件。(2)共同出资的联合竞买人不是建设用地使用权的共有人。根据我国相关法律规定,共有财产权受到他人侵害,部分共有权人起诉的,其他共有权人应当列为共同诉讼人。由此可知,此情形属于必要的共同诉讼,在必要的共同诉讼中,如发生遗漏主体,即遗漏共同原告或共同被告的情况,在调解不成的情况下应当发回重审。如前所述,在共同出资联合竞买的前提下,判断解除国有土地使用权出让合同是否需要全部出资人参与,就需要判断各出资人是否具有相同的权利义务关系。根据《民法典》的有关规定,设立建设用地使用权的,应当向登记机关申请建设用地使用权登记,建设用地使用权自登记时设立。因此,建设用地使用权未经登记的,即使已经签订出让合同并交付出让金,购买人依然不享有土地使用权,故此时出资人并非土地使用权的共有人。在此情况下,不适用关于必要共同诉讼的规定,共同出资人未参加诉讼不构成遗漏主体的情况。(3)将共同出资的联合竞买人列为共同诉讼人不符合合同的相对性原则。合同的相对性原则作为我国民事法律关系中的一项基本原则,是在进行民事活动的过程中必须要遵守的,其主要内容包括主体、内容和责任的相对性,依法成立生效的合同,该合同关系只能发生在特定的主体之间,只有合同当事人一方能够向合同的另一方当事人基于合同提出请求的原则,即合同当事人的权利义务关系相对。在多个当事人通过签订联合竞买协议联合摘牌建设用地使用权,并委托一方签订土地使用权出让合同的情况下,未签订出让合同的出资人不属于合同的当事人,根据合同的相对性原则,其也不必对该合同承担相应的权利义务,不属于必要的共同诉讼人。因此,联合竞买建设用地使用权中的部分出资人未参与诉讼不适用遗漏主体的有关规定。

三、立案管辖

1. 行政行为与行政赔偿请求的处理可分时如何审理和裁判

【案例】 夏××英诉山东省××市人民政府土地行政复议案

案例来源

发布单位:《最高人民法院公报》2020 年第 12 期(总第 290 期)

审判法院:最高人民法院

判决日期:2018 年 12 月 27 日

案　　号:(2018)最高法行再 128 号

基本案情

2003 年 2 月,夏×英与××夼村村民刘×静就××夼村承包的 50 亩土地签订土地转包合同。2013 年,××镇政府(以下简称镇政府)因修建 7 号公路占用夏×英在××夼村的承包地。同年 3 月,××夼村收到补偿款后,刘×静向夏×英支付补偿款 7 万元。2013 年 7 月,××市国土资源局认定镇政府修建公路占用××夼等村集体土地的行为违法并作出行政处罚决定。2014 年,镇政府修建××大道占用××圈部分集体土地。同年 10 月,夏×英申请行政复议,请求确认镇政府占用其土地修建 7 号公路和××大道的行为违法。次年 2 月,山东省××市政府(以下简称市政府)作出《行政复议决定书》，该行政复议决定确认镇政府的行为违法并驳回了夏×英的行政赔偿请求。

夏×英以不服上述复议决定为由，提起诉讼，请求撤销复议决定中的第二项，并判令市政府重新审理其复议请求，并作出新的复议决定。

一审判决后，夏×英和市政府均不服，分别提起上诉。

二审判决后，夏×英不服，申请再审称：一审法院认定其对镇政府修建××大道占用土地的行为不具有行政复议申请人资格属认定事实错误，本人对涉案土地地上树木具有经营权和所有权，对镇政府修路造成的树木毁损存在利害关系，故具有申请行政复议的主体资格；本人提起本案诉讼是基于市政府对其请求行政赔偿的部分未予支持，对确认具体行政行为违法的部分不存在争议，一审法院超出本人诉讼请求范围进行越权审理，二审法院不应维持；一审法院对本人在行政复议阶段提交的证明损失的证据材料不予认定存在认定事实错误，在双方当事人均未申请中止审理的情况下中止审理，导致一审判决超期，属程序违法。综上，请求撤销一审、二审法院判决，发回重审或改判撤销涉案复议决定的第二项，判令市政府限期对本人提出的责令镇政府恢复土地原状及赔偿损失的请求重新作出复议决定。

市政府辩称：二审法院认定夏×英不具有行政复议申请人资格系事实认定错误。夏×英具有申请行政复议的主体资格；夏×英的行政赔偿和恢复土地原状的请求没有事实和法律依据，本政府作出的行政复议决定程序合法，请求维持本政府作出的复议决定。

判决主文

一审法院判决：撤销被告市政府作出的复议决定；责令被告市政府重新作出行政复议决定。

二审法院判决：驳回上诉，维持原判。

再审法院裁定：撤销一审、二审法院判决；驳回再审申请人夏×英的起诉。

裁判要旨

若行政复议机关对被申请复议的行政行为的处理，和对一并提出的行政赔偿请求的处理载于同一行政复议决定中，且彼此可分，公民、法人或其他组织仅就行政复议决定中有关行政赔偿请求的处理提出起诉，人民法院应遵循不告不理原则，不就行政复议决定中有关行政行为的处理进行审理和裁判。

重点提示

不告不理原则作为法院审理民事案件的基本原则，是指人民法院按照当事人提出的诉求进行审理，且无权变更与撤销的权利，同时也不得对超过当事人诉求的部分主动审理。在行政诉讼的司法实践中，若对具体行政行为的处理与相对人提出的行政赔偿请求的处理载于同一行政复议决定中，且当事人仅就行政赔偿请求的部分提起诉讼时，人民法院可否对超出当事人诉求的部分进行审理的问题，应当注意以下两点：（1）人民法院应当仅对当事人提出诉求的部分进行审理。不告不理原则的制定有利于保障双方在审判中的诉讼地位与职能平衡，防止人民法院先入为主产生偏倚。人民法院的审判范围应当与当事人的起诉范围是一致的，人民法院不得对当事人未提出诉讼请求的事项进行审判。当复议机关处理两项请求并记载于同一行政复议决定中时，由此产生两种独立的诉。根据《行政诉讼法》中关于不告不理原则的相关规定可知，当事人仅对其中一个提起诉讼时，人民法院不应当主动审理另外一个并作出裁判。如果人民法院对此进行全面审查，使当事人行使诉权的结果比不行使诉权更加不利，对诉权的充分行使和诉讼渠道的畅通产生阻碍效果，与行政诉讼制度的宗旨显有不合。（2）针对行政复议机关提起的行政赔偿诉讼应予裁定驳回。由前述分析可知，对于记载于同一行政复议决定中的针对具体行政行为与行政赔偿请求的处理，相对人仅针对行政赔偿请求提起诉讼的，人民法院不应当对具体行政行为的部分进行审理，而仅对行政赔偿请求提起的诉讼，其适格被告应当为赔偿义务机关，相对人起诉行政复议机关于法无据，应当予以裁定驳回。

2. 人民法院民事诉讼受案范围的判定

【案例】河南××纺织有限公司诉开封××置业有限公司土地使用权转让合同纠纷案

案例来源

发布单位：最高人民法院发布的"第四巡回法庭当庭宣判十大案例"（2017年12月25日）

审判法院：最高人民法院
判决日期：2017 年 10 月 19 日
案　　号：（2017）最高法民终 669 号

基本案情

2007 年 9 月，开封市工业领导小组同意由河南××纺织有限公司（以下简称纺织公司）投资建厂、形成生产能力，经评审验收合格后，对开封天马××有限公司（以下简称天马公司）原土地进行开发。在开发过程中，土地出让金及相关税费除国家规定的上缴部分外，地方留成部分可以奖励方式返还给由纺织公司设立或控股的新企业。2009 年 12 月，纺织公司与河南新龙××有限公司（以下简称新龙公司）签订《联合开发建设协议书》。同月，纺织公司与新龙公司签订《联合开发协议》。2012 年，开封市政府对纺织公司投资建设的新厂验收合格后，为了尽快完成房地产项目开发，纺织公司与开封××置业有限公司（以下简称置业公司）、置业公司控股股东朱×忠共同商讨决定，于 2012 年 8 月签订了一份《股权转让补充协议》，此协议名为股权转让，实为以股权转让形式进行房地产开发项目转让，协议中约定，由置业公司上缴开封市财政的土地出让金或契税返还时，扣除置业公司已经支付给纺织公司的价款，剩余部分归纺织公司享有。现开封市财政已返还置业公司 315 091 328 元，扣除置业公司已经支付给纺织公司的 10 980 万元，置业公司尚欠纺织公司 205 291 328 元未支付。

纺织公司以其已经将开发项目转让给了置业公司，而置业公司却未履行支付价款的合同义务为由，提起诉讼，请求判令置业公司支付项目转让费及相应利息。

置业公司辩称：纺织公司对案涉土地已无处分权，本公司是通过公开招投标程序取得涉案土地；本案纠纷系由开封市人民政府所实行的腾地置业土政策引发，应由开封市人民政府处理。不属于人民法院主管范围；开封市人民政府对案涉土地进行了公开拍卖出让，彻底否定了纺织公司的处分权，该协议自然无效。而《股权转让补充协议》作为《联合开发协议》的从协议也自然无效。综上，纺织公司与本公司之间并不存在房地产开发项目转让合同，应依法驳回纺织公司的诉讼请求。

一审判决后，纺织公司与置业公司均不服，提起上诉。

纺织公司上诉称：首先，一审法院认定事实错误，双方在签订《股权转让补充协议》时重新核算了置业公司应当支付的款项总额，扣除置业公司代纺织公司向案外人李×偿还的借款利息100万元，再减去纺织公司员工应当支付的购房款102.32万元，置业公司应当支付107 806 800元，继而双方在《股权转让补充协议》中约定在享有"即赠即返"优惠政策时，置业公司享有107 806 800元，超出部分归纺织公司享有。也就是说，案涉土地的出让金价款若高于前述金额，则超出部分由政府返还纺织公司所有，反之纺织公司则不再享有相关权利。但案涉地块拍出的金额达3亿余元，故扣除约定金额后纺织公司还应享有2亿余元。但一审法院核减了两次107 806 800元，严重损害本公司的合法权益。其次，本案案由应为房地产开发项目转让合同纠纷，一审认定为土地使用权转让合同纠纷错误，本案中的实际交易标的物为案涉土地的房地产开发项目，而不是一审判决认定的土地使用权。故请求二审法院改判撤销一审判决第一项，改判置业公司支付纺织公司201 124 600元及相应的利息。

置业公司辩称：首先，本公司前期向纺织公司支付了10 980万元的合同价款，该款项自然应从政府返还款中进行扣除，双方对此均无异议，而本公司接受土地后仍有诸如拆迁、相邻军事部门的协调等众多工作需要解决，故本公司再享有107 806 800元具有合理性。其次，即使本公司向纺织公司支付的10 980万元包括两项折抵款，但本公司在应支付纺织公司10 980万元之外，又替纺织公司支付了房款和利息款，本公司应享有的是10 980万元加上200余万元，而不是减去200余万元。所以，10 980万元与107 806 800元不能混为一谈。最后，一审认定本案案由为土地使用权转让合同纠纷符合法律规定。

新龙公司述称，同意置业公司的答辩意见。

朱×忠述称，同意置业公司的答辩意见。

置业公司上诉称：首先，本案纠纷源于政府行政部门在一定时期、地域条件下所采取的一系列行政措施，处理该起纠纷必然涉及对相关行政措施进行确认、审查，根据《最高人民法院关于房地产案件受理问题的通知》第3条的规定，本案不属于人民法院的主管范围，应当不予受理或驳回起诉。其次，本案诉争标的款的性质为政府专项资金，其使用事关社会公共利益，当事人不能协商进行"私分"，而《股权转让协议》的目的就在于私分该基金，对社会公共利益造成了损害，应当认定其为无效合同，而本公司系受到纺织公司胁迫才签订该协议。

纺织公司辩称：一审已对本案是否属于人民法院主管范围的问题作出了阐述，本公司同意一审法院意见；《股权转让协议》第8条的内容为本公司与置业公司关于项目转让价款数额的确定以及支付，不涉及损害社会公共利益，置业公司依据该协议起诉本公司要求支付违约金也可以证明该协议的签订不存在胁迫；本公司认定一审判决中"本院确认事实"部分，但对于开封市人民政府〔2013〕150号会议纪要内容存在异议，该部分内容引用的证据系伪造，应当予以纠正。

新龙公司述称，同意置业公司的上诉意见。

朱×忠述称，同意置业公司的上诉意见。

判决主文

一审法院判决：被告置业公司支付纺织公司93 317 800元，并自2014年1月7日起，按照中国人民银行规定的同期同类贷款利率计付利息至付清之日止；驳回原告纺织公司的其他诉讼请求。

二审法院判决：改判上诉人置业公司支付上诉人纺织公司201 124 600元，并自2014年1月7日起按照中国人民银行同期同类贷款利率计付利息至付清之日止；撤销一审法院判决第二项；驳回上诉人纺织公司的其他诉讼请求；驳回上诉人置业公司的上诉请求。

裁判要旨

对当事人的法律地位、是否存在意思表示以及设定权利义务的财产所有权、使用权是否为当事人合法所有等因素的认定，是判定某一案件是民事争议还是行政争议的方式。双方当事人之间的争议虽与行政机关出台的政策、措施相关，但双方签订合同时具有真实的意思表示，且争议的焦点仍在于该合同，则该案件仍属于人民法院民事诉讼受案范围。

重点提示

人民法院所受理的是公民之间、法人之间、其他组织之间以及他们相互之间因财产关系和人身关系而提起的诉讼。司法实践中，判断因行政机关出台的政策而引发的争议的案件是否属于民事案件的受案范围时，应当注意以下三点：（1）民事诉讼的受案范围。实务中，人民法院受理民事诉讼的范围一般包括以下三类：一是由民法调整的民事诉讼主体间的财产关系。这里的财产关系系平等主体之间的。与我国民法范围相对应的财产所有、流转、继承等横向的财产关系，而并非行政隶属关系的纵向财产关系。二是由民法调整的民事诉讼主体间的人身关系。这类案件主要包括基于人格权与身份权而产生的各类纠纷。但基于行政性的管理关系而产生的纠纷并不属于民法调整的范围，在解决该争议时也就不能按照民事诉讼法的规定来解决。三是由受劳动法调整的劳动关系所引起的劳动争议纠纷。劳动纠纷争议的解决我国采取"先仲裁，后诉讼"的方式，劳动争议当事人对于仲裁结果不服的，就可以在收到仲裁裁决书后向人民法院提起民事诉讼。（2）民事争议与行政争议的区分。判断人民法院诉讼范围时也应明确案件是属于民事争议还是行政争议。二者在争议性质、解决争议手段等方面均有所不同。首先，在争议性质方面。首先，在争议性质方面。行政争议是以实施具体行政行为的国家行政机关为一方，以作为该具体行政行为相对人的公民、法人或者其他组织为另一方，针对行政机关实施的具体行政行为是否合法（包括适当）而引起的争议。其次，在争议的解决手段方面。行政争议既可以由行政机关通过行政复议等行政司法途径解决，也可以由人民法院的行政诉讼程序进行解决。而对于民事争议，双方当事人通过协商仍不能解决的，则应通过民事诉讼程序解决。（3）虽争议涉及行政机关出台的政策、措施，但争议的来源并非行政机关的，当事人应向人民法院提起民事诉讼。当事人双方基于真实的意思表示签订合同并形成平等民事主体之间的财产关系。后当事人之间发生争议，虽该争议涉及行政机关出台的政策、措施，但双方的财产关系以及争议均源于所签订的合同，而非行政机关的政策、措施或者具体行政行为的，此类纠纷仍应由当事人向人民法院提起民事诉讼进行处理。

四、举证责任

1. 公房承租人的举证责任及信赖利益保护

【案例】祝××诉江苏省南京市××区住房保障和房产局房屋拆迁行政征收案

案例来源

发布单位：最高人民法院《人民司法·案例》2022年第32期（总第943期）

审判法院：南京市中级人民法院
判决日期：2021年1月29日
案　　号：（2020）苏01行终496号

基本案情

2018年5月21日，南京市××区人民政府作出《南京市××区人民政府房屋征收决定》（宁鼓府征字［2018］第3号），征收实施单位为××区房产局。南京市××区××路31号在该征收决定征收范围内。祝××承租的南京市××区××路×号×室（以下简称××路×号×室）系单位的自管公房，产权单位为中国江苏××经济技术合作集团有限公司（以下简称经济公司）。

2018年4月27日，祝××就××路×号×室与××区房产局签订了征收补偿约定书，载明被征收人祝××坐落于××路×号×室的房屋征收补偿事宜（房屋门牌及面积以产权单位确认为准），经征收当事人协商一致，做如下约定：（1）当事人同意按《南京市国有土地上房屋征收与补偿办法》《南京市国有土地上房屋征收补偿补助奖励规定》《××区国有土地上房屋征收补偿补助奖励规定》文件进行补偿……（4）被征收人已完成搬迁，屋内剩余物品丢弃，同意于2018年4月27日将上述被征收房屋交拆房队拆除。（5）本人承诺所移交房屋是合法取得，无任何纠纷，如有虚假本人承担责任。协议签订当日，祝××将××路×号×室交给征收部门，该房屋于2019年2月12日被拆除。

2019年4月，祝××、杨××等人曾向南京市××区人民法院提起民事诉讼，诉请依法确认其与经济公司的租赁关系合法有效。南京市××区人民法院认为，因单位内部建房、分房等引发的占房、腾房等房地产纠纷，不属于人民法院主管的范围，裁定不予受理。杨××提起上诉后，南京市中级人民法院裁定驳回上诉，维持原裁定。

嗣后，祝××以南京市××区住房保障和房产局（以下简称××区房产局）未按约定对其进行征收补偿为由，提起行政诉讼，请求判令：××区房产局履行征收补偿约定书，向其支付拆迁补偿款1 209 555.9元、搬迁补助2000元、提前搬迁费50 000元、交房奖励费80 000元、搬迁结束费30 000元、临时安置费30 000元、计奖期前安置补助15 000元、空调迁移费500

元，总计 1 417 055.9 元。

一审裁定后，祝××不服，提起上诉。

判决主文

一审法院裁定：驳回原告祝××诉讼请求。

裁判要旨

行政诉讼的前提是具有事实根据，原告能否就其起诉的事实尽到举证义务是行政诉讼案件能否继续审理的关键。在房屋征收拆迁的过程中，被征收人处于弱势地位，故对此引发的纠纷应当适当降低被征收人的举证责任。在起诉时所提交的证据或所作的说明能够表明被诉行政行为客观存在，且该行为与起诉人自身的合法权益存在着可能性的影响，即应当认定起诉人完成了对有具体的事实根据的举证或说明义务，人民法院应当对案件继续进行实体审理。

重点提示

在城市房屋征收过程中，被拆迁房屋系自管公房，此类房屋被拆迁时，涉及承租人的利益，且该部分人群的经济实力相对较弱，因房屋征收补偿产生纠纷，如何保障此类公房承租人群的合法权益，法院审理时应当注意以下两点：（1）行政诉讼具有事实根据的认定。《行政诉讼法》第49条第3项规定，提起行政诉讼应当有具体的诉讼请求和事实根据，在房屋征收拆迁类案件中，原告是否就其起诉具有具体事实根据尽到了举证义务就成为该案件能否继续审理的关键。在房屋征收拆迁的过程中，被征收人相较行政机关毫无疑问地处于弱势地位，而行政诉讼的目的就在于保护公民、法人以及其他组织的合法权益不受行政机关的侵害，因此在此类诉讼中应当适当降低对被征收人的举证要求，只要原告的举证可以证明被诉行政行为确实存在，且该行为与原告自身的合法权益之间存在利害关系，即应当认定其提起的行政诉讼具有具体的事实根据。（2）民事裁定不予受理时行政案件的处理。在实务中，部分房地产类案件不属于人民法院民事案件的受案范围，此类案件的原告提起的民事诉讼人民法院应当依法予以裁定驳回，但在被诉行为确实违法的情况下，不仅无法使原告的合法权益得到救济，客观存在的违法行为也难以得到纠正，显然不利于树立司法机关的权威和公信力，也不符合行政诉讼的立法目的。因此，在行政相对人的信赖利益与公共利益发生冲突时，人民法院应当对二者进行权衡和取舍，从而进一步作出是否在行政诉讼中对案件进行实体审理的决定。

2. 行政赔偿案件中行政机关可否在二审期间提供新证据

【案例】蔡×良诉浙江省××县××镇人民政府房屋拆迁行政强制案

案例来源

发布单位：最高人民法院《人民司法·案例》2021年第26期（总第935期）
审判法院：浙江省宁波市中级人民法院
案　　号：（2021）浙02行终202号

基本案情

蔡×良原系××县××镇××村村民，于2019年在其自留地××村东园道地上挖土坑用水泥浇筑灌水池、打桩后建造地基。浙江省××县××镇人民政府（以下简称镇政府）发现后，于2019年7月向蔡×良送达了整改通知书，告知其未经批准，私自在××县××镇××村东园建房，违反了《××省城乡规划条例》的规定，责令其停止建设，并在2日内进行整改。蔡×良收到该整改通知后未在限期内进行整改，镇政府遂拆除了蔡×良的上述建筑。

蔡×良以镇政府的拆除行为侵害其合法权益为由，提起诉讼，请求确认镇政府拆除其上述建筑行为违法，并赔偿损失。

一审判决后，蔡×良不服，提起上诉称：请求二审法院撤销原判，依法改判。

判决主文

一审法院判决：确认被告镇政府强制拆除原告蔡×良在××县××镇××村东园自留地上建筑的行政行为违法；驳回原告蔡×良的其他诉讼请求。

二审法院判决：驳回上诉，维持原判。

裁判要旨

一般来说，行政诉讼中被告的举证期限为自收到起诉状副本之日起15日内，一审举证期限届满后被告不得再提供证明其行政行为合法性的证据。但如果不是为了证明赔偿义务机关行政行为的合法性，而是证明赔偿请求人有没有合法利益受损及赔偿义务机关不应给予赔偿等免责或减少赔偿数额等事由,并且相关证据系事后产生,被告行政机关可以在二审中提供新证据。

重点提示

为克服诉讼相关人员随意在诉讼中提出证据的弊端,我国相关法律规定了举证期限,其是指当事人向人民法院履行提供证据责任的期间,当事人应当在举证期限内向人民法院提交证据材料,若当事人在举证期限未提交相关证据材料,则可视为放弃举证权利。司法实践中,认定行政赔偿中行政机关可否在二审期间提供新证据的问题,应当注意以下两点:(1)行政赔偿诉讼中赔偿义务机关可在二审中提供新的证据具有相关的法律依据。为了确保行政诉讼中涉案相关证据系作出行政行为时收集的证据,我国相关法律规定,被告在一审举证期限届满之后不能再提供证明其行政行为合法性的证据。(2)行政赔偿诉讼中赔偿义务机关可在二审中提供新的证据具有合理性。由前述分析可知,《行政诉讼法》并不限制行政赔偿诉讼中赔偿义务机关二审提供新的证据,这是由于:首先,行政行为合法性诉讼与行政赔偿诉讼的审理对象不同,前者的审理对象是行政机关行政行为的合法性,而后者的审理对象则是行政赔偿请求人的合法权益是否因赔偿义务机关的形成行为而造成损害,赔偿义务机关是否应当赔偿以及赔偿多少的问题。此外,行政行为合法性诉讼是用来解决行政机关作出行政行为时出现的实体和程序事实争议的。而行政赔偿诉讼则是用来解决行政机关的行政行为具体有无造成当事人合法利益损失,损失多少,是否存在不赔偿和少赔偿等事由的争议。其次,法律为保障行政赔偿诉讼中当事人合法利益的需要,也会允许赔偿义务机关在行政行为作出后提出新证据。行政行为合法性诉讼的事实并不会因时间的推移而变化,相反对于行政赔偿诉讼,行政行为相对人受到的损害可能因时间的变化而扩大,或产生新的损害事实。因此对于上述新出现的情况,为了查清事实就需要行政相对人提出新的证据。最后,现有的法律中并未明确规定行政赔偿诉讼中的举证责任应与行政诉讼相同,也并未明确规定行政赔偿诉讼的举证时限。故行政赔偿诉讼可适用国家赔偿中的相关规定,国家赔偿中的举证责任采用"谁主张,谁举证"的原则,特殊情况下举证责任倒置。综上,对于没有明确规定的行政赔偿诉讼,应当参照国家赔偿中的举证责任原则,而非参照行政合法性诉讼的举证规则。如果民事诉讼二审期间仍可提供新证据,那么行政赔偿诉讼二审期间也应当允许。

3. 土地行政登记诉讼中起诉期限的认定依据及举证责任的探究

【案例】陈玉×诉江苏省××市自然资源和规划局土地行政登记案

案例来源

发布单位：最高人民法院《人民司法·案例》2021年第32期（总第937期）
审判法院：江苏省盐城市中级人民法院
案　　号：（2021）苏09行终153号

基本案情

丁×珍生前生育长子陈金×、次子陈庆×、三子陈友×、四子陈玉×、五子陈桂×、长女陈×英。1982年6月，原××县伍佑人民公社管理委员会向陈庆×发放建房执照，同意陈庆×按执照表列各项规定施工建房。1989年3月，原××市郊区伍佑镇街道办事处跃进居民委员会出具国有土地使用证明材料一份。1993年4月，原××市郊区土地管理局向丁×珍颁发国有土地使用权登记证。1998年10月，丁×珍去世。1999年5月，陈庆×出具报告申请改建上述房屋，后以旧房破旧需改建为由，向相关行政主管部门提交盐都县宅基地报批表申报宅基地，原××县国土管理局于1999年9月审核同意陈庆×的宅基地报批申请。同日，原××县人民政府批准同意使用。嗣后，陈庆×将旧房进行了改建。1999年12月，原××县人民政府在陈庆×未提交土地权属来源证明和地上附着物权属证明等文件资料及陈庆×依法继承其母亲丁×珍案涉土地使用权有关证明文件等证据的情况下，向陈庆×颁发了都国用（1999）字第190266号国有土地使用证，载明土地地址为原××县××镇跃进居委会××巷××号。目前，涉案土地上的房屋已被拆除，都国用（1999）字第190266号国有土地使用证已于2021年1月被江苏省××市自然资源和规划局（以下简称自然资源和规划局）办理注销登记。

另查明，2016年4月，××市国土资源局成为××市不动产登记机构。后根据相关规定原××市国土资源局的职责与其他相关部门的职责进行整合，组建自然资源和规划局，不再保留××市国土资源局。

陈玉×以自然资源和规划局将丁×珍位于原××县××镇跃进居委会××巷××号土地使用权登记给陈庆×的行为违法为由，提起诉讼。

一审判决后，自然资源和规划局不服，提起上诉。

判决主文

一审法院判决：确认原××县人民政府将原告陈玉×母亲丁×珍位于原××县××镇跃进居委会××巷××号土地使用权变更登记至第三人陈庆×名下的行政行为违法。

二审法院判决：驳回上诉，维持原判。

裁判要旨

我国法律对于行政诉讼的法定起诉期限有着明确规定，对于行政机关作出具体行政行为时，未告知公民、法人或者其他组织诉权或者起诉期限的，起诉期限应当从公民、法人或者其他组织知道或者应当知道诉权或者起诉期限之日起计算，但从知道或者应当知道具体行政行为内容之日起最长不得超过1年。行政诉讼中，行政相对人之间对于原告有无超过法定起诉期限，即在某一特定时间是否已经知道行政行为内容存在争议，现有的证据以及采取日常生活经验法则推定的方式也无法解决此争议，且原告对此并不承认。此时，人民法院应当推定原告在上述特定时间并不知道行政行为的内容。

重点提示

行政诉讼的起诉期限是用以保护公民、法人或者其他组织诉权，维护社会平等的一项重要法律制度，是公民、法人或者其他组织对于行政机关的行政行为申请救济的司法条件。实务中对于当事人是否超过起诉期限的判定，经常会因是否应当知道行政行为的具体内容而产生不同的判定，进而影响当事人的诉权以及诉讼的进程。司法实践中，对于认定当事人应当知道行政行为的具体内容的举证责任承担的问题，应当注意以下三点：（1）起诉期限的认定中当事人是否应当知道行政行为的内容的判断。当公民、法人或者其他组织知道或者应当知道行政行为的内容，但行政机关在行政行为的内容中未告知其起诉期限时，可以根据《最高人民法院关于适用〈中华人民共和国行政诉讼法〉的解释》第64条第1款的规定判断当事人是否应当知道行政行为的内容。即行政机关作出行政行为时，未告知公民、法人或者其他组织起诉期限的，起诉期限从公民、法人或者其他组织知道或者应当知道起诉期限之日起计算，但从知道或者应当知道行政行为内容之日起最长不得超过1年。当行政诉讼案件事实不明时，也可以根据《最高人民法院关于行政诉讼证据若干问题的规定》第68条第5款的规定，采取日常生活经验法则对案件事实进行推定。（2）起诉期限举证责任的分配原则。《最高人民法院关于行政诉讼证据若干问题的规定》第4条第3款的规定："被告认为原告起诉超过法定期限的，由被告承担举证责任。"由此可知，被告在认为原告未在法律规定的法定期限提起诉讼时，应当对于原告知道或者应当知道行政行为的内容以及原告起诉是否超过法定的起诉期限进行举证并承担举证不能的法律后果。综上，公民、法人或者其他组织的合法权益受到侵害后，应当在法律规定的起诉期限内提起行政诉讼以寻求救济。一般来说在行政诉讼中，被告负有对作出的具体行政行为进行举证的责任，同时也要举证证明行政诉讼已超过起诉期限并承担举证不能的法律后果。但是，原告也应对超过法定起诉期限有正当理由承担举证责任。（3）被告在举证证明原告知道或者应当知道行政行为的内容时，应提交具有较高证明力的证据。行政诉讼是公民、法人或者其他组织用以保护自身合法权益的重要手段，因此，对于是否超过法定起诉期限的判断应以严谨的证明力度去证明。故被告提出原告知道或者应当知道行政行为的内容且诉讼时已超过起诉期限时，所提交的证据应该是能够排除合理怀疑且具有较高证明力的证据，即原告一定已经知道了行政行为的内容，以此来保障原告的诉权。

五、诉讼时效

1. 建设用地规划许可诉讼的原告资格和最长起诉期限的认定

【案例】王×长诉山东省××县自然资源和规划局土地行政许可案

案例来源

发布单位：最高人民法院《人民司法·案例》2020年第26期（总第901期）

审判法院：山东省东平县人民法院

判决日期：2019年11月20日

案　　号：（2019）鲁0923行初5号

基本案情

1994年1月,王×长与王×村村委会签订承包合同并约定将位于该村省道西"南边东西长51.5米,西边南北长208.4米,东边南北长133.5米"共计13.2亩土地(涉案土地)承包给王×长,承包期限为20年。2002年4月21日,王×长与孙×文签订《土地租赁合同》,将涉案土地中的0.6亩出租给孙×文,租期为10年。2005年3月,山东省××县自然资源和规划局(以下简称县自然资源和规划局)为孙×文颁发了建设用地规划许可证。后孙×文将平房五间及配房建在了涉案土地上。2015年1月,王×长与王×村村委会签订了两份土地租赁合同,约定将该村××公路的部分土地租赁给王×长30年,并收取了王×长租赁的相关费用。2016年,王×长以孙×文租赁其0.6亩土地期满未交回为由,向××县人民法院(以下简称县人民法院)对孙×文提起民事诉讼,请求判令孙×文交出租赁土地,清除物品,并支付拖欠的土地租赁费。2016年9月,县人民法院作出民事裁定驳回了王×长的起诉。王×长不服,提起上诉。2017年3月,中级人民法院撤销了县人民法院作出的民事裁定。2017年11月,县人民法院重新审理作出驳回了王×长的诉讼请求的民事判决。王×长仍不服,提起上诉。2018年7月,中级人民法院判决驳回上诉,维持原判。

王×长以县自然资源和规划局向孙×文颁发建设用地规划许可证,使孙×文在其承包地上建设房屋,侵害其合法权益为由,提起诉讼,请求判令撤销该建设用地规划许可证。

判决主文

一审法院裁定:驳回原告王×长的起诉。

裁判要旨

行政相对人之外的利害关系人提起行政诉讼时,判定起诉人是否具有提起行政诉讼的原告主体资格,在于准确把握其与被诉行政行为是否具有利害关系。建设用地规划行政许可行为不会导致不动产物权(土地使用权)变动,不属于直接发生设立、变更、转让和消灭不动产物权效力的行政行为,不属于涉及不动产的行政行为或者因不动产提起诉讼的案件,应当适用5年而非20年的最长起诉期限。

重点提示

利害关系，是指当事人的合法权益因被诉行政行为而存在被侵犯的可能性，此时当事人就是与该被诉行政行为有利害关系的利害关系人，其有权向人民法院提起行政诉讼。司法实践中，厘清建设用地规划许可诉讼的原告资格和最长起诉期限的认定问题时，应当注意以下两点：（1）建设用地规划许可诉讼的原告资格要求其与被诉具体行政行为具有利害关系。《行政诉讼法》第 25 条第 1 款规定："行政行为的相对人以及其他与行政行为有利害关系的公民、法人或者其他组织，有权提起诉讼。"由此可知，当有并不具有行政相对人身份的利害关系人提起行政诉讼时，判定其是否具有提起行政诉讼的原告主体资格，就要判断其与被诉行政行为之间是否具有利害关系。这是判断行政诉讼主体资格的客观标准。利害关系就是起诉人的合法权益可能受到被诉行政行为侵犯。如果认为被诉行政行为在客观上不具有侵犯起诉人合法权益的可能性，那么起诉人与该行政行为之间就没有法律上的利害关系，其也就无权提起行政诉讼。只有存在利害关系才存在利益，人民法院才会启动行政诉讼程序，对被诉行政行为进行合法性审查并作出最终裁判。故建设用地规划许可诉讼的原告资格也要求诉讼人与被诉用地规划许可行为具有利害关系。（2）建设用地规划许可诉讼最长起诉期限的认定。行政机关没有告知相对人或利害关系人且相对人或利害关系人不知道行政机关作出行政行为内容情况下的起诉期限就是法律所规定的最长起诉期限。行政机关在作出行政行为时，应当告知相对人行政行为的内容。若行政机关没有告知相对人行政行为的内容，这时采取一般的起诉期限则并不利于相对人和利害关系人主张其权利。因此，为了保障相对人和利害关系人的合法权益，法律就规定了最长起诉期限。即《行政诉讼法》第 46 条第 2 款的规定："因不动产提起诉讼的案件自行政行为作出之日起超过二十年，其他案件自行政行为作出之日起超过五年提起诉讼的，人民法院不予受理。"其中涉及不动产变动提起诉讼的案件最长起诉期限为 20 年，其他案件则是 5 年。有关部门建设用地规划许可证的发放，并不会直接导致不动产物权发生设立、变更、转让或消灭等变动。因此，建设用地规划许可诉讼属于一般诉讼，仅适用最长起诉期限为 5 年的其他案件起诉期限。

2. 普遍登记背景下相对人对登记行为起诉期限的计算

【案例】 陈 × 顶诉贵州省 × × 自治县人民政府土地行政确认案

案例来源

发布单位：最高人民法院行政审判庭《中国行政审判指导案例》（第 4 卷）

审判法院：贵州省安顺市中级人民法院

判决日期：2011 年 6 月 21 日

案　　号：（2011）安市行终字第 16 号

基本案情

农村第一轮土地承包时，陈 × 顶户口簿上的人口为 5 人，承包经营土地的人口亦为 5 人。1983 年，陈 × 顶户的承包人口中有 4 人转为非农业户口，× × 二村村委会（以下简称村委会）广播通知收回陈 × 顶承包经营的 1.057 亩田地，并交由同组的杨 × 华耕种管理。1998 年 8 月，土地承包期限延长登记时，村委会按照相关文件与本村二组的实际情况，将该 1.057 亩土地发包给杨 × 华耕种管理。同月，贵州省 × × 布依族苗族自治县人民政府（以下简称县政府）颁发《土地承包经营权证》给杨 × 华。同时县政府查明：杨 × 华自 1983 年耕种该地至 2011 年 2 月，期间陈 × 顶与杨 × 华未就该宗土地发生争议，亦未向任何单位申请解决。

陈 × 顶以县政府 1998 年颁发给杨 × 华的农村土地承包经营权证行为违法为由，提起诉讼，请求判令撤销县政府颁发的上述农村土地承包经营权证。

一审判决后，陈 × 顶不服，提出上诉称：本案争议的具体行政行为是 1998 年县政府颁发给杨 × 华的土地承包经营权证而不是村委会收回土地的行为，且本人直到 2011 年 2 月杨 × 华提起民事诉讼时才知道县政府 1998 年颁发土地承包经营权证给杨 × 华的事实，故本人对该土地承包经营权证的诉讼没有超过二年的起诉期限。遂请求撤销一审判决，依法改判。

判决主文

一审法院判决：驳回原告陈 × 顶的诉讼请求。

二审法院裁定：撤销原审行政判决，并驳回上诉人陈 × 顶的起诉。

裁判要旨

在行政机关就与相对人特定权益密切相关的事项开展普遍登记活动期间，相对人未获登记或领取相关权证，且对他人获取登记或相关权证的事实已知的，推定其知道行政机关已经将该事项登记在他人名下。行政诉讼的起诉期限应当从知道具体行政行为内容之日起计算，且直接向法院提起诉讼的不得超过6个月，其他案件最长不得超过5年，不动产案件则最长不得超过20年。

重点提示

行政诉讼的起诉期限，是指公民、法人或其他组织就行政机关作出的具体行政行为向人民法院提起行政诉讼时，其应当在法律规定的期限内起诉。司法实践中，认定普遍登记背景下相对人对登记行为起诉期限的计算问题时，应当注意以下两点：（1）行政相对人就行政机关的具体行政行为向人民法院提起诉讼时已超过起诉期限且无正当理由的，人民法院应当不予受理或裁定驳回行政相对人的起诉。根据《行政诉讼法》第45条、第46条的规定可知，对于起诉期限的区分首先要看该行政诉讼案是否复议前置，经过复议且对复议结果不服的，可以在收到复议书之日起15日进行起诉；直接提起诉讼的起诉期限应为知道或者应当知道作出行政行为之日起6个月。此外，根据《最高人民法院关于适用〈中华人民共和国行政诉讼法〉的解释》第65条的规定可知，公民、法人或者其他组织不知道行政机关作出的行政行为内容的，其起诉期限应当从知道或者应当知道该行政行为内容之日起计算，不动产案件的行政诉讼，最长起诉期限为20年；其他行政诉讼案件，最长起诉期限为5年。因此，当行政相对人起诉行政机关的具体行政行为已超过法定起诉期限且无正当理由的，根据相关法律规定，超过起诉期限的人民法院应当裁定不予受理；已经受理的，裁定驳回起诉。故对于超过起诉期限的行政起诉，人民法院应当不予受理或裁定予以驳回。（2）起诉期限与诉讼时效的区分。实务中，经常会有人将行政诉讼起诉期限与行政诉讼时效混淆，认为它们是相同的。实际上，起诉期限与诉讼时效在性质、起算方式与依据、期间是否有中断变化以及法律后果方面都有所不同。首先，两者性质有所不同。起诉期限规定在《行政诉讼法》当中，系程序法制度；而诉讼时效在《行政诉讼法》中并无规定，而是规定在《民法典》中，系实体法制度。其次，两者起算方式与依据有所不同。行政诉讼的起诉期限视情况计算，一般从知道或者应当知道行政机关作出行政行为之日起计算；而诉讼时效则是从当事人知道或应当知道权利被侵害之日起计算，即要求当事人已经知道其权利受损情况并知悉侵权人身份。再次，两者有无中断变化也有所不同。起诉期限并无中止、中断的情形，只有根据《行政诉讼法》的规定，存在延长事由时，向法院申请延长起诉期限的情形；而诉讼时效则属于可变期间，可以进行中止、中断以及延长。最后，两者在法律后果方面的不同。当事人提起诉讼后，经法院审查得出行政诉讼案件已超过起诉期限的情况时，法院应当裁定不予受理或受理后裁定驳回起诉；而对于诉讼时效届满后提起诉讼的情形，法院受理后仍有审查权。

六、审理裁判

房屋征收案件中仅补偿决定不合理时能否单独撤销

【案例】徐××等十六人诉×××市人民政府房屋拆迁行政征收案

案例来源

发布单位：最高人民法院《人民司法·案例》2016 年第 35 期（总第 766 期）

审判法院：福建省高级人民法院

判决日期：2016 年 7 月 7 日

案　　号：（2016）闽行终字第 323 号

基本案情

2014 年 4 月，福建省×××市人民政府（以下简称市政府）根据×××市××路棚户区改造项目的需要，作出《关于××路棚户区二期项目房屋征收决定》（以下简称《征收决定》），并对项目范围内的国有土地上房屋征收制定了《补偿方案》。次月，市政府在其官网上公布了房屋征收决定及征收补偿方案的内容。徐××等十六人的房屋系 2000 年开发建设的商品房，房屋所在的"××花园"位于征收范围内，因对《征收决定》不服，徐××等十六人向上一级人民政府申请行政复议。复议机关维持了《征收决定》。

另查明，××路棚户区二期项目是经过市城乡规划局、发展和改革局、土地管理局等部门审查批准的保障性安居工程项目，已经被纳入《×××市国民经济和社会发展第十二个五年规划纲要》，有利于改善当地居民的居住环境。同时，××路是连接高铁与城区的重要通道，完成后将实现高速铁路的出口与市中心的连接贯通，有利于加快市国际性旅游度假城市建设，符合公共利益需要。

徐××等十六人遂以其房屋不是棚户房因而不在征收范围内为由，提起诉讼，请求撤销市政府作出的房屋征收决定。

一审判决后，徐××等十六人与市政府均不服，分别提起上诉。

徐××等十六人上诉称："××花园"A、B两栋房屋不是"棚户"因而不在棚户区改造范围内，且一审法院分别审查《征收决定》与《补偿方案》的做法违反法律规定。因此，请求撤销一审法院判决，改判撤销市政府作出的《征收决定》。

市政府上诉称：《补偿方案》中对"××花园"与周围其他被征收房屋采用同一补偿标准公平合法，且文件制定程序合法，一审法院认定《补偿方案》未对经营性用房与棚户进行区别补偿，从而确认《补偿方案》对"××花园"的补偿违法，属认定事实不清，适用法律错误。因此，请求驳回徐××等十六人的诉讼请求。

判决主文

一审法院判决：驳回原告徐××等十六人撤销《征收决定》的诉讼请求；确认被告市政府作出的《征收补偿方案》中对××花园的补偿违法，由被告市政府采取相应补救措施给予公平补偿。

二审法院判决：驳回上诉，维持原判。

裁判要旨

房屋征收案件能否调整好政府公益建设与被征收人个人利益之间的公正平衡是裁判的关键。将征收决定与补偿方案在裁判文书中分项说理、分项裁判，改变了以往征收决定与补偿方案只要有一项不合法、不合理就一律判决征收行为违法或撤销的传统裁判模式，做到了公益保障与私益救济的"双兼顾"，较好地体现了办案的法律效果与社会效果。

重点提示

房屋征收拆迁要求征收部门依法作出征收决定与补偿决定，但当二者中仅有补偿决定不合理时，人民法院应当如何进行裁判，我国相关法律法规并未作出明确规定。司法实践中，认定人民法院应当如何裁判征收决定与补偿决定的问题时，应当注意以下三点：（1）撤销会损害公共利益的行政行为应不予撤销。《行政诉讼法》第74条规定了人民法院确认行政行为违法，但不予撤销的法定情形中，包括依法应当撤销，但撤销会给国家利益、社会公共利益造成重大损害的行政行为。人民政府决定征收房屋均是出于公共利益的需要，故就征收决定而言，其一经作出即已经事关公共利益，随意撤销必然会对社会公共利益造成重大损害，故当征收决定不存在损害社会公共利益等明显不当时，不应当随意撤销。（2）分项裁判不违反法律及行政法规的规定。被征收人与征收部门因征收决定及补偿决定产生争议而提起诉讼时，人民法院应当依法对二者的公平性、合理性，程序及内容的合法性等进行全面、审慎地审查。其中，针对房屋征收决定合理，但补偿决定不合理的情形，根据《行政诉讼法》第70条、第76条的规定可知，人民法院可以在法定情形下判决撤销或者部分撤销行政行为，并可以判决重新作出行政行为，人民法院判决确认违法或者无效的，可以同时判决责令被告采取补救措施。因此，人民法院对征收决定和补偿决定进行分项裁判，即维持征收部门作出的房屋征收决定，撤销不合理的补偿决定，并责令征收部门采取相应补救措施的，并不违反法律规定。（3）分项裁判有利于调整个人利益与公共利益的公正平衡。征收部门所作的征收方案包括征收决定与补偿决定两部分，其中补偿决定与被征收人自身的实际利益更为密切相关，故在实务中，通常情况下被征收人是就征收部门作出的补偿决定不满才要求人民法院判决撤销征收决定，从而达到要求征收部门作出对其更为有利的补偿方案，以获得更多的利益的目的。而人民法院在审判过程中对征收决定与补偿决定进行分项判决，对无明显不当的征收决定予以保留，并要求征收部门对因不合理的补偿决定而利益受损的被征收人予以补偿，既避免了撤销征收决定对公共利益造成的不良后果，也对损害被征收人合法权益的行为进行了纠正，有利于调整公共利益与个人利益的公正平衡。

附录　房屋拆迁、土地纠纷相关规定

一、法律类

1. 中华人民共和国黑土地保护法（2022 年 6 月 24 日）
2. 中华人民共和国民事诉讼法（2021 年 12 月 24 日）
3. 中华人民共和国契税法（2020 年 8 月 11 日）
4. 中华人民共和国民法典（2020 年 5 月 28 日）
5. 中华人民共和国土地管理法（2019 年 8 月 26 日）
6. 中华人民共和国城市房地产管理法（2019 年 8 月 26 日）
7. 中华人民共和国行政许可法（2019 年 4 月 23 日）
8. 中华人民共和国城乡规划法（2019 年 4 月 23 日）
9. 中华人民共和国农村土地承包法（2018 年 12 月 29 日）
10. 中华人民共和国耕地占用税法（2018 年 12 月 29 日）
11. 中华人民共和国行政复议法（2017 年 9 月 1 日）
12. 中华人民共和国行政诉讼法（2017 年 6 月 27 日）
13. 中华人民共和国资产评估法（2016 年 7 月 2 日）
14. 中华人民共和国拍卖法（2015 年 4 月 24 日）
15. 中华人民共和国农业法（2012 年 12 月 28 日）
16. 中华人民共和国国家赔偿法（2012 年 10 月 26 日）
17. 中华人民共和国行政强制法（2011 年 6 月 30 日）
18. 中华人民共和国农村土地承包经营纠纷调解仲裁法（2009 年 6 月 27 日）

二、法规类

1. 广东省土地管理条例（2022 年 6 月 1 日）
2. 海南省土地权属确定与争议处理条例（2022 年 5 月 31 日）
3. 海南经济特区换地权益书管理办法（2022 年 5 月 31 日）
4. 福建省土地管理条例（2022 年 5 月 27 日）
5. 河北省土地管理条例（2022 年 3 月 30 日）

6. 江西省征收土地管理办法（2022年3月29日）

7. 江西省实施《中华人民共和国土地管理法》办法（2022年3月29日）

8. 湖南省实施《中华人民共和国土地管理法》办法（2022年1月19日）

9. 黑龙江省黑土地保护利用条例（2021年12月24日）

10. 天津市土地管理条例（2021年11月29日）

11. 重庆市国有土地上房屋征收与补偿条例（2021年11月25日）

12. 黑龙江省耕地保护条例（2021年11月1日）

13. 深圳经济特区土地使用权出让条例（2021年10月30日）

14. 浙江省土地管理条例（2021年9月30日）

15. 中华人民共和国土地管理法实施条例（2021年7月2日）

16. 吉林省黑土地保护条例（2021年5月27日）

17. 青海省国有土地上房屋征收与补偿条例（2021年5月26日）

18. 江苏省土地管理条例（2021年1月15日）

19. 国有资产评估管理办法（2020年11月29日）

20. 中华人民共和国城镇国有土地使用权出让和转让暂行条例（2020年11月29日）

21. 城市房地产开发经营管理条例（2020年11月29日）

22. 辽宁省实施《中华人民共和国农村土地承包法》办法（2020年11月25日）

23. 浙江省国有土地上房屋征收与补偿条例（2020年9月24日）

24. 湖南省城镇划拨土地使用权管理条例（2020年7月30日）

25. 长春市土地管理细则（2019年8月15日）

26. 吉林省土地管理条例（2019年5月30日）

27. 不动产登记暂行条例（2019年3月24日）

28. 上海市实施《中华人民共和国土地管理法》办法（2018年12月20日）

29. 土地调查条例（2018年3月19日）

30. 汕头经济特区征地补偿条例（2017年12月29日）

31. 青岛市国有土地上房屋征收与补偿条例（2017年7月28日）

32. 大中型水利水电工程建设征地补偿和移民安置条例（2017年4月14日）

33. 内蒙古自治区国有土地上房屋征收与补偿条例（2015年11月25日）

34. 国务院办公厅关于引导农村产权流转交易市场健康发展的意见（2014年12月30日）

35. 四川省国有土地上房屋征收与补偿条例（2014年9月26日）

36. 土地复垦条例（2011年3月15日）

37. 国有土地上房屋征收与补偿条例（2011年1月21日）

38. 基本农田保护条例（2011年1月8日）

三、司法解释及文件类

1. 最高人民法院关于审理森林资源民事纠纷案件适用法律若干问题的解释（2022年6月13日）

2. 最高人民法院关于审理行政赔偿案件若干问题的规定（2022年3月20日）

3. 最高人民法院关于为全面推进乡村振兴 加快农业农村现代化提供司法服务和保障的意见（2021年7月14日）

4. 最高人民法院关于正确确定县级以上地方人民政府行政诉讼被告资格若干问题的规定（2021年3月25日）

5. 最高人民法院关于办理行政申请再审案件若干问题的规定（2021年3月25日）

6. 最高人民法院关于破产企业国有划拨土地使用权应否列入破产财产等问题的批复（2020年12月29日）

7. 最高人民法院关于国有土地开荒后用于农耕的土地使用权转让合同纠纷案件如何适用法律问题的批复（2020年12月29日）

8. 最高人民法院关于审理涉及农村土地承包经营纠纷调解仲裁案件适用法律若干问题的解释（2020年12月29日）

9. 最高人民法院关于审理涉及国有土地使用权合同纠纷案件适用法律问题的解释（2020年12月29日）

10. 最高人民法院关于审理涉及农村土地承包纠纷案件适用法律问题的解释（2020年12月29日）

11. 最高人民法院关于审理买卖合同纠纷案件适用法律问题的解释（2020年12月29日）

12. 最高人民法院关于审理商品房买卖合同纠纷案件适用法律若干问题的解释（2020年12月29日）

13. 最高人民法院关于国有土地开荒后用于农耕的土地使用权转让合同纠纷案件如何适用法律问题的批复（2020年12月29日）

14. 最高人民法院关于充分发挥审判职能作用推动国家新型城镇化发展的意见（2014年11月14日）

15. 最高人民法院关于在征收拆迁案件中进一步严格规范司法行为积极推进"裁执分离"的通知（2014年7月22日）

16. 最高人民法院关于征收国有土地上房屋时是否应当对被征收人未经登记的空地和院落予以补偿的答复（2013年5月15日）

17. 最高人民法院关于严格执行法律法规和司法解释依法妥善办理征收拆迁案件的通知（2012年6月13日）

18. 最高人民法院关于办理申请人民法院强制执行国有土地上房屋征收补偿决定案件若干问题的规定（2012年3月26日）

19. 最高人民法院关于人民法院委托评估、拍卖工作的若干规定（2011年9月7日）

20. 最高人民法院关于审理涉及农村集体土地行政案件若干问题的规定（2011年8月7日）

21. 最高人民法院关于审理房屋登记案件若干问题的规定（2010年11月5日）

22. 最高人民法院印发《关于当前形势下进一步做好房地产纠纷案件审判工作的指导意见》的通知（2009年7月9日）

四、部门规章及规范性文件

1. 哈尔滨市人民政府关于确定部分历史遗留国有建设用地土地评估期日的意见（2022年6月28日）

2. 南京市人民政府关于贯彻落实《江苏省被征地农民社会保障办法》的实施意见（2022年6月12日）

3. 江西省高级人民法院、江西省自然资源厅、国家税务总局江西省税务局、江西银保监局关于协同推进不动产登记有关工作的通知（2022年6月7日）

4. 浙江省自然资源厅关于印发《浙江省土地征收程序规定》的通知（2022年5月27日）

5. 金华市人民政府办公室关于印发金华市区征收集体所有土地上房屋补偿

实施意见的通知（2022年5月18日）

6. 重庆市住房和城乡建设委员会关于印发《重庆市国有土地上房屋征收评估技术规范》的通知（2022年4月26日）

7. 重庆市住房和城乡建设委员会关于印发《重庆市国有土地上房屋征收评估管理办法》的通知（2022年4月26日）

8. 贵港市人民政府关于同意办理贵港市港南区人民法院木格人民法庭项目国有建设用地使用权划拨手续的批复（2022年4月15日）

9. 财政部、住房城乡建设部关于下达2022年中央财政农村危房改造补助资金预算的通知（2022年4月9日）

10. 北京市园林绿化局关于印发《建设项目使用林地行政许可事项服务程序》的通知（2022年3月23日）

11. 河北省自然资源厅关于印发《河北省临时用地管理办法》的通知（2022年3月22日）

12. 湛江市人民政府关于印发湛江市征收农村集体土地留用地安置管理实施细则的通知（2022年3月9日）

13. 淄博市国有土地上房屋征收评估管理规定（2022年3月4日）

14. 山东省人民政府办公厅关于规范征收土地管理工作的意见（2022年3月2日）

15. 上海市人力资源和社会保障局、上海市医疗保障局关于本市征地养老人员若干问题处理意见的通知（2022年2月27日）

16. 江西省自然资源厅关于进一步加强闲置土地处置工作的意见（2022年1月29日）

17. 合肥市人民政府关于印发合肥市国有土地上房屋征收与补偿办法的通知（2022年1月11日）

18. 长沙市人民政府办公厅关于调整国有土地上房屋征收装饰装修补偿以及临时安置费房屋搬迁费相关标准的通知（2021年12月29日）

19. 农业农村部行政许可实施管理办法（2021年12月14日）

20. 自然资源部、农业农村部、国家林业和草原局关于严格耕地用途管制有关问题的通知（2021年11月27日）

21. 安徽省农业农村厅关于印发安徽省农村土地经营权流转管理办法实施细则的通知（2021年11月26日）

22. 住房和城乡建设部办公厅关于加强农村自建房安全常识宣传的通知（2021年11月22日）

23. 厦门市自然资源和规划局关于印发厦门市征收补偿决定操作规定的通知（2021年11月19日）

24. 厦门市自然资源和规划局关于印发厦门市集体土地征收住宅房屋应安置人口认定办法的通知（2021年11月19日）

25. 国务院关于印发"十四五"推进农业农村现代化规划的通知（2021年11月12日）

26. 湖南省自然资源厅关于印发《湖南省土地征收成片开发实施暂行办法》的通知（2021年11月10日）

27. 自然资源部关于规范临时用地管理的通知（2021年11月4日）

28. 厦门市人民政府办公厅关于印发集体土地征收与补偿若干规定的通知（2021年10月25日）

29. 上海市人民政府关于印发《上海市征收集体土地房屋补偿规定》的通知（2021年9月29日）

30. 石家庄市住房和城乡建设局关于印发《石家庄市国有土地上房屋预征收和协议搬迁工作规则》的通知（2021年9月21日）

31. 西安市人民政府关于印发国有土地上房屋征收评估办法的通知（2021年8月26日）

32. 厦门市人民政府关于进一步加强农村宅基地和村民住宅建设管理的实施意见（2021年8月25日）

33. 济南市人民政府办公厅关于印发济南市建设用地使用权转让、出租、抵押二级市场管理办法的通知（2021年8月7日）

34. 西安市人民政府办公厅关于进一步规范集体土地征收工作的通知（2021年8月6日）

35. 七台河市人民政府关于国有土地上房屋征收的决定（2021年7月29日）

36. 自然资源部办公厅关于印发《国土空间用途管制数据规范（试行）》的通知（2021年7月2日）

37. 住房和城乡建设部房地产市场监管司关于做好房地产开发企业资质审批制度改革有关工作的函（2021年6月30日）

38. 北京市人民政府关于《北京市国有土地上房屋征收与补偿实施意见》的补充通知（2021年6月15日）

39. 桐乡市人民政府办公室关于印发完善被征地人员生活保障的实施意见的通知（2021年5月28日）

40. 湖南省高级人民法院关于印发《国有土地上房屋征收补偿决定案件裁判指引（试行）》的通知（2021年1月28日）

41. 农村土地经营权流转管理办法（2021年1月26日）

42. 中共中央、国务院关于全面推进乡村振兴加快农业农村现代化的意见（2021年1月4日）

43. 江苏省高级人民法院关于国有土地上房屋征收与补偿行政案件若干问题审理指南（2020年11月11日）

44. 国务院办公厅关于同意建立第二轮土地承包到期后再延长三十年试点部际联席会议制度的函（2020年11月9日）

45. 自然资源部关于印发《土地征收成片开发标准（试行）》的通知（2020年11月5日）

46. 国务院办公厅关于坚决制止耕地"非农化"行为的通知（2020年9月10日）

47. 自然资源部、农业农村部关于保障农村村民住宅建设合理用地的通知（2020年7月29日）

48. 自然资源部、农业农村部关于农村乱占耕地建房"八不准"的通知（2020年7月29日）

49. 湖南省高级人民法院关于审查征收、补偿、安置再审申请行政案件若干问题的指导意见（2020年5月18日）

50. 自然资源部关于加快宅基地和集体建设用地使用权确权登记工作的通知（2020年5月14日）

51. 国家林业和草原局、国家市场监督管理总局关于印发集体林地承包合同和集体林权流转合同示范文本的通知（2020年5月7日）

52. 国务院关于农村集体产权制度改革情况的报告（2020年4月26日）

53. 自然资源部关于贯彻落实《国务院关于授权和委托用地审批权的决定》的通知（2020年3月6日）

54. 国务院关于授权和委托用地审批权的决定（2020年3月1日）

55. 自然资源部办公厅关于加快制定征收农用地区片综合地价工作的通知（2019年12月9日）

56. 中共中央、国务院关于保持土地承包关系稳定并长久不变的意见（2019年11月26日）

57. 中央农村工作领导小组办公室、农业农村部关于进一步加强农村宅基地管理的通知（2019年9月11日）

58. 土地调查条例实施办法（2019年7月24日）

59. 节约集约利用土地规定（2019年7月24日）

60. 土地复垦条例实施办法（2019年7月24日）

61. 不动产登记暂行条例实施细则（2019年7月24日）

62. 国务院办公厅关于完善建设用地使用权转让、出租、抵押二级市场的指导意见（2019年7月6日）

63. 山东省高级人民法院印发关于建立行政争议审前和解机制意见的通知（2019年6月4日）

64. 自然资源部办公厅关于印发《划拨国有建设用地使用权地价评估指导意见（试行）》的通知（2019年5月31日）

65. 国务院办公厅关于压缩不动产登记办理时间的通知（2019年2月26日）

66. 天津市高级人民法院关于印发《天津法院国有土地上房屋征收案件审判指引》的通知（2018年12月27日）

67. 国务院办公厅关于印发跨省域补充耕地国家统筹管理办法和城乡建设用地增减挂钩节余指标跨省域调剂管理办法的通知（2018年3月10日）

68. 惠州市中级人民法院关于审理农村土地承包纠纷案件的裁判指引（2017年10月21日）

69. 国土资源部、住房城乡建设部关于房屋交易与不动产登记衔接有关问题的通知（2017年9月11日）

70. 广东省高级人民法院关于明确土地、房屋征收征用补偿协议纠纷案件作为行政案件处理的通知（2017年7月24日）

71. 财政部关于《中央财政农村土地承包经营权确权登记颁证补助资金管理办法》的补充通知（2017年6月12日）

72. 国土资源部办公厅关于加强省级征地信息公开平台建设的通知（2016

年 12 月 12 日）

　　73. 国土资源部办公厅关于妥善处理少数住宅建设用地使用权到期问题的复函（2016 年 12 月 8 日）

　　74. 建设用地审查报批管理办法（2016 年 11 月 29 日）

　　75. 建设项目用地预审管理办法（2016 年 11 月 29 日）

　　76. 建设项目使用林地审核审批管理办法（2016 年 9 月 22 日）

　　77. 耕地质量调查监测与评价办法（2016 年 6 月 21 日）

　　78. 农业部、财政部、国土资源部、国家测绘地理信息局关于进一步做好农村土地承包经营权确权登记颁证有关工作的通知（2016 年 4 月 18 日）

　　79. 国务院关于深入推进新型城镇化建设的若干意见（2016 年 2 月 2 日）

　　80. 住房城乡建设行政复议办法（2015 年 9 月 7 日）

　　81. 国务院关于稳定和完善农村土地承包关系情况的报告（2015 年 8 月 27 日）

　　82. 国务院关于进一步做好城镇棚户区和城乡危房改造及配套基础设施建设有关工作的意见（2015 年 6 月 25 日）

　　83. 农业部办公厅关于印发农村土地（耕地）承包合同示范文本的通知（2015 年 6 月 19 日）

　　84. 房地产估价机构管理办法（2015 年 5 月 4 日）

　　85. 北京市高级人民法院关于进一步严格规范征收拆迁案件立案工作的通知（2014 年 11 月 21 日）

　　86. 国务院关于同意建立不动产登记工作部际联席会议制度的批复（2014 年 2 月 24 日）

　　87. 国土资源部、财政部、中国人民银行、中国银行业监督管理委员会关于加强土地储备与融资管理的通知（2012 年 11 月 5 日）

　　88. 闲置土地处置办法（2012 年 6 月 1 日）

　　89. 通化市人民政府关于强制执行房屋征收补偿决定案件由人民法院执行的批复（2012 年 4 月 16 日）

　　90. 国务院法制办公室关于依法做好征地补偿安置争议行政复议工作的通知（2011 年 5 月 18 日）

　　91. 建制镇规划建设管理办法（2011 年 1 月 26 日）

　　92. 土地权属争议调查处理办法（2010 年 11 月 30 日）

附录　房屋拆迁、土地纠纷相关规定　295

93.国务院办公厅关于进一步严格征地拆迁管理工作切实维护群众合法权益的紧急通知（2010年5月15日）

94.农村土地承包仲裁委员会示范章程（2009年12月29日）

95.农村土地承包仲裁委员会示范章程（2009年12月29日）

96.大连市公安局、大连市人民检察院、大连市中级人民法院关于依法办理暴力拆迁案件的工作意见（2009年10月19日）

97.国家税务总局关于政府收回土地使用权及纳税人代垫拆迁补偿费有关营业税问题的通知（2009年9月17日）

98.浙江省高级人民法院关于为推进农村土地流转和集体林权制度改革提供司法保障的意见（2009年7月23日）

99.重庆市高级人民法院印发《关于农村集体经济组织成员资格认定问题的会议纪要》的通知（2009年5月31日）

100.国务院办公厅关于促进房地产市场健康发展的若干意见（2008年12月20日）

101.国务院办公厅关于规范国有土地使用权出让收支管理的通知（2006年12月17日）

102.国务院办公厅关于认真做好城镇房屋拆迁工作维护社会稳定的紧急通知（2003年9月19日）

103.协议出让国有土地使用权规定（2003年6月11日）

104.城市房地产转让管理规定（2001年8月15日）

105.国务院办公厅关于加强土地转让管理严禁炒卖土地的通知（1999年5月6日）

106.宁夏回族自治区自然资源厅、宁夏回族自治区住房和城乡建设厅、宁夏回族自治区高级人民法院、国家税务总局宁夏回族自治区税务局关于落实不动产登记领域营商环境有关工作的通知（2022年5月23日）

107.北京市高级人民法院关于认真贯彻落实《最高人民法院关于在征收拆迁案件中进一步严格规范司法行为积极推进"裁执分离"的通知》的通知（2014年8月11日）

108.北京市高级人民法院关于认真贯彻落实《最高人民法院关于严格执行法律法规和司法解释，依法妥善办理征收拆迁案件的通知》的通知（2012年7月10日）